"十四五"职业教育国家规划教材

山东省"十四五"职业教育规划教材

精品教材

旅行社运营实务

（第二版）

主　编　魏　凯　韩国华

副主编　王振林　谢　璐　陈　静

中国人民大学出版社

·北京·

第二版前言

随着时代的变迁和科技的飞速发展，旅行社行业正经历着前所未有的变革。自2020年《旅行社运营实务》首次出版以来，我们见证了全球政治经济的巨大震荡、产业数字化的加速推进、智慧旅游的兴起以及文旅融合的深度发展。这些因素不仅重塑了旅游业的面貌，也对培养旅行社的专业人才提出了新的要求。

为了紧跟行业发展的步伐，我们对本教材进行了全面的修订，以确保内容的时效性和实用性。本次修订的核心目标是将最新的行业动态、政策导向和市场需求融入教材，为学生提供一个更加贴近现实的学习平台。

此次修订，项目任务划分更加细化，每个任务的内容篇幅都经过优化，降低了阅读压力，以更好地适应高职学生的学习习惯。教材中增加了反映时代特征的新内容，强调了文旅经济现代化、数字化转型、新媒体营销对旅行社行业的影响。我们根据行业现状和形势，对任务描述和任务实施内容进行了修订，使之更加贴合实际工作需求，增强了教材的可操作性。同时，我们更换了案例和延伸阅读材料，用最新的信息和知识替换了原有的案例和延伸阅读，对教材的某些语言表达形式进行了修正，使之更加规范和易于阅读。更重要的是，我们在教材中增加了对党的二十大报告的解读，强调了中国式现代化对文旅产业发展的指导意义。

经过此次修订，本教材将更好地服务于学生的学习和成长，为他们的未来职业生涯打下坚实的基础。我们期待，通过本教材的学习，学生不仅能够掌握旅行社经营与管理的专业知识，还能够培养出适应行业发展的创新思维和实践能力。

最后，我们对参与本次教材修订的编写团队成员、审稿专家以及所有支持本教材出版的人士表示衷心的感谢。我们期待大家的宝贵意见，以便我们不断改进和完善教材内容。

编者

2025年1月

第一版前言

职业教育想要提升人才培养质量，离不开紧密结合行业、紧贴职业岗位能力、具有鲜明职业教育特色的高质量教材。旅行社经营管理专业及相关专业教学更急需具有前瞻性、创新性、引领性，运用新理念、新体系、新内涵的教材提升学生的综合实践能力和水平。《旅行社运营实务》一书以1个导读、7个项目为中心组织和编写相关教学内容，转变传统的以学科体系来构建知识的现状，加强课程内容与实际岗位技能和社会行业发展的联系，精选学生职业需求和终身学习必备的基础知识和技能。课程以多样性项目成果为载体，围绕项目任务和项目成果促使学生主动参与、乐于探究、勤于动手，改变原来强调接受学习、死记硬背、机械训练的状态，培养学生搜集和处理信息的能力、主动学习获取新知识的能力、分析和解决问题的能力、与人交流沟通和团队合作的能力、应对挫折和困难的能力、统筹规划的能力、逻辑思维和表达的能力等。课程内容的设计秉承先进的教育理念，将“教师教课”转变为“学生学习”，以“学生学习”为中心，贯彻“项目引领、任务驱动”的教学思想，改革课程学习评价方法，重视及时反馈，提升学生学习的信心和兴趣，发挥评价促进学生发展、教师提高和改进教学实践的功能。

本书由山东省优秀专业教学团队——山东旅游职业学院旅行社经营管理专业师资团队编写。二十多年来，该团队执着于产学研融合实践，深耕旅行社行业人才培养。本书凝聚了这些年来该团队探索的成果和宝贵的经验。我们在撰写本书的过程中，还得到了业界专家的鼎力支持和有力指导，在此表示深深的谢意！

由于编者水平有限，书中不足之处在所难免，恳请读者不吝赐教。

编者

2020年1月

目　录

导 读

认知旅行社

旅行社从诞生至今已经走过了 100 多个春秋，可是，2000 多年前，已经有游客参加旅游活动，为什么旅行社没有随之产生？旅行社行业究竟是个什么样的行业？它究竟能做什么呢？旅行社行业的现状和形势如何呢？让我们一起来了解一下吧！

任务一　解密世界旅行社行业的产生和发展

学习目标

知识目标	1. 掌握旅行社行业产生的背景； 2. 了解旅行社行业的发展历程。
能力目标	能够利用思维导图梳理出世界旅行社行业产生和发展的脉络。
素质目标	1. 提高旅行社行业素养； 2. 树立“时代创造英雄，英雄推动时代发展”的唯物史观。

任务描述

旅游业又进入了繁荣发展的春天，旅游地到处都是人山人海。旅行社的数量快速增长，你的朋友认为这是入局的最好时机。但他对旅行社行业并不了解，想让你给他讲讲旅行社产生和发展的历程。你决定制作一幅思维导图，带他去穿越历史，寻找旅行社行业产生与发展的秘密。思考一下，那些使旅行社行业产生和发展的驱动因素现在是什么样的？

知识准备

旅行社是为人们出行提供服务的专门机构，它是以营利为目的，从事旅游业务的企业。世界上任何事物都不可能凭空出现，也不会无缘无故发展壮大，旅行社也是如此。它必须根植于社会经济的土壤，是社会经济发展到一定阶段的产物，同时随着社会经济的发展而完成一次次蜕变，展现当前行业发展现状。

一、世界旅行社行业产生的背景

旅行社产生于18世纪中叶的第一次工业革命时期，这次工业革命使整个世界经济和社会结构发生了巨大的变化。三大产业在经济发展中的作用和排序发生重构，第一产业渐渐失去第一经济比重的位置，第三产业在经济中的比重逐渐增加。旅游业作为一个产业开始登上经济的舞台，并发挥着越来越重要的作用，世界范围内旅行的发展方向随之改变。工业革命对旅行社产生的影响集中体现在以下 5 个方面：

（一）生产力的提高扩大了外出旅行的人数

工业革命大大解放了生产力，社会财富急剧增加，在满足人们基本的生活需求之外，还有结余。有产阶级的人数日趋扩大，具备了外出旅行的经济条件。工业革命之前，只有达官贵人等少数特权阶层的人才有金钱从事非生产性的旅游活动，出游的人数较少，不足以形成一个行业。工业革命使得大量财富流向新兴的工业资产阶级，他们也具有了外出旅行的经济条件，这个阶层的人数较特权阶层的人数大大增加，也扩大了有财力外出旅行的人的规模。

（二）商品经济的发展使外出旅行成为生产方式的组成部分

工业革命之前，人们被束缚在土地上，自给自足是当时经济形势的主要特点，人们无需旅行便可以完成所有的生产过程。工业革命之后，商品经济获得极大发展，由简单的商品经济过渡到发达的商品经济阶段，并且成为占主导地位的经济形式，打破了自然经济的封闭性和落后性。商品经济的表现形式是人们互相交换其劳动，以社会分工为前提，反过来又促进社会分工的发展，使生产专业化和社会化水平不断提高。商品经济中各经济单位互相依赖、密切联系，具有开放性、竞争性的特征。商品经济的发展促使人们外出旅行的内在需求增长。

（三）科技进步尤其是交通运输业的发展为人们外出旅行提供了物质条件

率先进行工业革命的欧美国家为了促进商品交流，大规模从事交通运输建设。它们为了扩大海外殖民地，掠夺和抢占市场，致力于远洋运输网的开拓，逐渐促进了全球性的交通网络的形成。交通运输的大力发展，使得运输能力大大提高，运输时间缩短，大规模人员流动成为可能。瓦特发明的蒸汽机技术很快被运用于制造新型的交通工具，18 世纪末，蒸汽机轮船问世。1814 年，“火车之父”史蒂芬逊在前人创造的机车模型的基础上制造出了一台能够使用的蒸汽机车。随后，经过 11 年的艰苦研究，世界上第一台客货运蒸汽机车——“旅行号”诞生了。

（四）城市化进程和社会分工的发展使外出旅行的需求越来越强烈

工业革命前，人们过着日出而作、日落而息、忙闲有致的生活。工业革命改变了人们的工作性质。随着城市化进程和社会分工的精细化，人们的工作和生活的中心从农村转向工业城市，工作流程日趋专业化。这一改变导致人们需要适时逃避节奏紧张、拥挤嘈杂的城市环境，回归宁静自由的大自然，度假和放松身心成了人们的强烈需求。

二、世界旅行社行业的产生与托马斯·库克的贡献

大规模旅行爆发的条件已经形成，但大众旅游形成燎原之势还需要一个“助推器”，即为人们外出旅行提供服务的中介组织。在信息流动非常缓慢的年代，人们外出旅行还面临着“人生地不熟”的窘境，迫切需要为身在异地的旅游需求者与旅游供应商搭建桥梁的旅行服务商。早在工业革命之前就已经存在为别人安排旅行的组织和个人，如中世纪的威尼斯教会曾组织朝圣旅行；德国出版商卡尔·贝德克尔编写并出版了旅行指南。这些旅行服务组织规模小，只有一些零星的旅行业务，不是专门的旅行服务机构，因而还不是现代意义上的旅行社。

在这种历史背景下，托马斯·库克作为第一位专职的旅行服务商登上了历史舞台，建立了世界上第一家专业旅行服务机构。托马斯·库克把组织旅游活动作为自己的正式职业，成为世界上第一位专职的旅游代理商。

托马斯·库克被称为“世界旅行之父”。1841 年，托马斯·库克组织的从英国莱斯特至拉夫巴勒参加禁酒大会的活动，被认为是世界上第一次大众团体旅游活动，开启了近代旅游的历史。1845 年，托马斯·库克创立了世界上第一家旅行社——托马斯·库克旅行社，标志着世界旅行社行业的诞生，把旅游活动带上了产业化发展的道路。从此，这位行业开拓者开始了行业发展的探索之路。1845 年，托马斯·库克组织了从莱斯特到利物浦的旅游活动，这次旅游活动被认为是世界上第一次真正意义上的消遣旅游。在这次旅游活动中，托马斯·库克编发了世界上第一本旅游指南——《利物浦之行手册》，并且开创了旅行社业务的基本模式，体现了现代旅游的基本特征。1846 年，托马斯·库克在组织的苏格兰旅行中，成功地把铁路、水运和地上交通设施紧紧联系在一起。1851 年，托马斯·库克组织了前往第一届世界博览会的旅游活动，并创办了世界上第一本旅游杂志——《观光者》。1855 年，托马斯·库克组织了从英国莱斯特到法国巴黎的团体旅游，这次团体旅游被认为是世界上组织出境包价旅游活动的开端。1872 年，托马斯·库克组织了世界上第一次环球旅行，历时 222 天。1892 年，托马斯·库克创办了旅行支票，可在世界各大城市通行。

延伸阅读

图 0-1　托马斯·库克

1808 年 11 月 22 日，托马斯·库克（见图 0-1）出生于英格兰墨尔本。

1841 年 7 月 5 日，托马斯·库克包租了一列火车，将多达 570 人的游行者从英国中部地区的莱斯特送往拉夫巴勒参加禁酒大会。往返行程 11 英里，团体收费每人 1 先令，免费提供带火腿肉的午餐及小吃，还有一个唱赞美诗的乐队跟随。

这次活动在旅游发展史上占有重要的地位，它是人类第一次利用火车组织的团体旅游，被认为是近代旅游活动的开端。与以往的旅游活动相比，它具有以下特点：一是参与规模扩大，旅行游览活动在历史上一直是以个人为单位的个体消费活动，组织 570 人参加这次禁酒大会是世界上第一次以一个组织的形式出现，并与运输业直接挂钩；二是参与主体为普通民众，与古代旅游相比，旅游活动主体的构成发生了很大的变化。在古代旅游阶段，旅游活动作为一种精神享受，其参与者主要以社会的上层人士、统治阶级为主。因此，这次活动也是大众旅游时代的开端。

禁酒大会的成功举办使托马斯·库克声名大噪，找他旅行的人络绎不绝。1845 年，托马斯·库克放弃了牧师的工作，开始尝试从事具有商业性的旅游组团业务代理，成立了托马斯·库克旅行社（即今天的通济隆旅行社），他本人也成为世界上第一位专职的旅行代理商。

同年夏，出于商业营利目的，他首次组织了一次真正意义上的团体消遣旅游。这次团体旅游是从莱斯特出发，途中经过若干地点停留访问，最终目的地是英格兰西部的海港城市——利物浦，全程历时一周，共 350 人参加。托马斯·库克编发了导游手册——《利物浦之行手册》，并把它分发给旅游者，这是世界上第一本旅游指南。由于当时人们对外出旅游的需求已趋成熟，加上托马斯·库克此前组织旅游活动的成功为其带来的名声，因此有关组织这次团体旅游的海报告示一经张贴，报名者就极其踊跃。为了确保这次团体旅游的成功，托马斯·库克不得不将组团规模控制在 350 人以内。很多人前来报名时，都因名额已满而不能如愿。在已办好预订手续的人中，甚至有些人趁机高价转手倒卖名额。这次旅游的组织方式更具现代包价旅游的特点，体现了现代旅行社的基本特征，开创了旅行社业务的基本模式。

1846 年，托马斯·库克亲自带领一个旅行团乘火车和轮船到苏格兰旅行。他为每个成员发了一份活动日程表，还为旅行团配置了向导，并于同年编写了《苏格兰之行手册》。此后，他每年都要组织大约 5 000 人在英伦三岛之间旅行。他本人每次都亲自陪同，编印旅游指南。他成功地把铁路、水路和地上交通设施紧密联系在一起，使旅行业务得到较大发展。

1851 年 5 月，为了展示英国工业革命成果，在“伦敦水晶宫”举办了一次大展览，此为第一届世界博览会。托马斯·库克决心抓住这个机会扩大旅行业务。在展览开幕前，他遍访英格兰中部和北部的主要城市，组织各地旅客赴伦敦参观展览。为此，他还创办了名为《观光者》的月刊杂志，专门介绍各地风光和旅游者的见闻。这一年，他组织了 165 000 多人到伦敦参观展览。此后，他又成功地组织了旅客参观 1853 年的“都柏林展览”和 1857 年的“曼彻斯特展览”。

1855 年，托马斯·库克组织了从英国莱斯特前往法国巴黎参观第二届世界博览会的团体旅游。这次旅游活动在巴黎停留游览 4 天，全程采用一次性包价，其中包括在巴黎的住宿和往返旅费，总计 36 先令。

到 1864 年，经托马斯·库克组织的旅游人数已累计达 100 多万。

1865 年，托马斯·库克开办了一家旅游用品商店。同年，为了进一步扩展旅行社业务，他与儿子约翰·梅森·库克成立了托马斯父子公司（即通济隆旅游公司），迁址于伦敦，并在美洲、亚洲、非洲设立分公司。此后，托马斯·库克又组织了到法国等地的旅游活动。

1872 年 9 月，已经 63 岁的托马斯·库克从莱斯特出发，开始了他为期 8 个月的环球之旅。这一次，他从埃及旅行到中国。托马斯·库克和他的伙伴们乘坐蒸汽船横跨大西洋，乘坐火车越过北美大陆，航行至日本，到达中国，之后又一路游览了新加坡、锡兰（今斯里兰卡）和印度。离开孟买后，他们又穿过印度洋和红海，途经开罗，最终返回伦敦。托马斯·库克还独自前往巴勒斯坦，穿越土耳其、希腊、意大利和法国，用 222 天时间完成了这次令人惊叹的环球旅行。

1878 年，托马斯·库克退休，业务由其子约翰·梅森·库克主持（截至 1939 年，通济隆旅行社在世界各地设立了 350 余处分社）。20 世纪初，英国托马斯·库克公司、美国运通公司、比利时铁路卧车公司，被称为世界旅行代理业的三大公司。

1892 年，通济隆旅行社发行了旅行支票，可在世界各大城市通行，凡持有旅行支票的国际旅行者均可在旅游目的地兑换等价的当地货币，更加方便了旅行者进行跨国和洲际旅行。通济隆旅行社还编印了世界上最早的旅行杂志，该杂志曾被译成 7 国文字，再次出版达 17 次之多。同年 7 月，84 岁的托马斯·库克离开人世，长眠于英格兰萨里郡泰晤士河畔的沃尔顿城。

托马斯·库克为旅游业的发展做出重大贡献，是旅游业的伟人。他的伟大之处就是发现了一个需求，并且加以满足。毕生从事旅游业的库克先生，以他伟大的业绩给我们以启示：旅游从业人员必须不断地发现游客的新兴趣，提出有特色的新服务。托马斯·库克作为世界近代旅游业的创始人，他的名字已成为旅游的代名词。今天，身背印有托马斯·库克标记的各式旅行包的旅游者的足迹已遍及世界各地。他的名字将永载旅游史册。

【启发思考：如果世界上没有托马斯·库克，旅行社行业会不会产生？如果托马斯·库克早出生 200 年，旅行社行业会不会早 200 年产生？】

延伸阅读

世界上第一家旅行社破产

托马斯·库克旅行社是世界上第一家正式成立的旅行社，也是中国第一家旅行社的引导者。托马斯·库克旅行社从成立至 2019 年，已经有长达 170 多年的历史了，其标志如图 0－2 所示。

图 0－2　托马斯·库克旅行社标志

资料显示，截至 2018 年，托马斯·库克旅行社营收总额是 96 亿英镑，门店数量2 975 间，旅行飞机 94 架。旗下共有 8 个品牌、190 个度假村以及 22 000 名员工。托马斯·库克旅行社的业务遍布全球的多个国家或地区，每年要接待近 2 000 万人次，是全球综合实力第二强的旅游集团。

2019 年 9 月 23 日，托马斯·库克旅行社宣布进入破产清算。根据相关程序，托马斯·库克旅行社的债权人将在 9 月 27 日就提议的一系列安排进行投票。

不过，让人十分不解的是，在公司面对资金危机、困难重重的时候，公司的高管却依旧享受着高额的薪资待遇以及奖金。

据了解，由于托马斯·库克旅行社宣告破产，60 万游客度假被困。还有一些原本预订了婚礼套餐的新人，也不得不重新计划自己的婚礼事宜。

三、世界旅行社行业的发展历程

从1845年托马斯·库克创立世界上第一家旅行社至第一次世界大战爆发是世界旅行社行业的初步创立阶段。在托马斯·库克之后，由于其示范效应和人们旅游需求的不断增长，旅行社行业在世界各地迅速发展起来。19世纪下半叶，欧洲成立了需求类似的旅游组织。英国于1857年成立了登山俱乐部，于1885年成立了帐篷俱乐部；法国、德国都于1890年成立了观光俱乐部；美国运通公司于1850年起兼营旅行代理业务，并于1891年发售了与现代使用方法相同的旅行支票。这个阶段的旅行社数量少、规模小，主要经营以轮船、火车为交通工具的国内旅行和短途旅行。

第一次世界大战结束至第二次世界大战爆发是旅行社行业的发展阶段。20世纪初，旅行社行业得到了更大的发展，旅行社数量快速增加，行业竞争加剧，英国的托马斯·库克旅行社、美国的运通公司和以比利时为主的铁路卧车公司成为当时世界旅行社的三大巨头。旅行社经营的产品种类增多、交通工具增加，除火车、轮船之外，还有汽车，大大方便了人们的旅行生活。

第二次世界大战结束以后，世界旅行社行业逐步过渡到成熟阶段。长期战争局面结束了，经济开始持续稳定地发展，人们收入不断增加，支付能力提高，闲暇时间增多，交通稳步改善，飞机在旅游中的应用和私人汽车逐渐普及。旅游需求持续稳定地扩大，促进旅游供给不断增长。同时，各地区、国家之间旅游竞争也越来越激烈。旅游需求的增长也推动了旅游方式的改变。在传统度假旅游的基础上，各种新兴旅游活动层出不穷，如生态旅游、绿色旅游、探险旅游等。世界范围内旅游业的发展与繁荣，为旅行社行业的发展提供了前所未有的机遇，旅行社行业进入高速发展的时期。

进入成熟阶段的旅行社行业呈现集中化、规模化特点，行业竞争格局形成并趋于稳定，旅行社数量增长放缓甚至减少，出现了区域性、国际性的行业自律组织——旅行社协会，竞争变得有序。

任务实施

教师指导学生利用思维导图梳理思想和观点。学生每人绘制一幅思维导图，梳理世界旅行社行业产生和发展的历程，内容包括：（1）世界旅行社行业产生的背景；

（2）世界旅行社行业的发展阶段，每个阶段的背景和特点。形式要求：（1）语言简洁；（2）条理清晰。教师根据学生提交的作品进行指导和打分。

评分标准

序号	评价项目	分值	得分
1	内容的完整性	50 分	
2	语言的简洁性	20 分	
3	内容的条理性	20 分	
4	形式的创新性	10 分	

任务二　解密中国旅行社行业的产生和发展

学习目标

知识目标	1. 了解中国第一家旅行社产生和发展的历程； 2. 熟悉中华人民共和国成立后中国旅行社行业的发展历程。
能力目标	能够利用思维导图梳理出中国旅行社行业产生和发展的脉络。
素质目标	1. 提高旅行社专业素养； 2. 树立正确的经营管理理念。

任务描述

你的朋友通过你整理的思维导图，对国外旅行社行业的产生和发展非常清楚了，他还想了解一下中国旅行社行业的产生和发展情况。请你用思维导图把中国旅行社行业产生和发展的历程整理出来，并且比较两幅思维导图，分析中外旅行社行业产生和发展的异同点。

知识准备

一、中国旅行社行业的产生和经营

（一）第一家旅行社的产生与发展

第一次世界大战中，西方发达国家受到重创，放松了对中国的经济侵略和商品倾销，国内市场悄然兴起。交通运输业和新式旅馆等设施也随之发展，为人们的出行提供了便利。经济的发展必然促进出于各类目的外出人群的流动。当时交通、食宿不够便利，客观上需要专门的旅行机构为其提供服务。我国近代旅行社行业就是在这样的背景下产生和发展起来的。

当时的中国已有几家“洋商”开办的旅行服务机构，包括英国的通济隆公司、美国的运通公司和日本的国际观光局等，专门为“洋人”和少数上层社会华人服务，缺少专门为中国普通民众服务的民族资本旅行社。爱国民族资本家、上海商业储蓄银行创始人陈光甫先生因在外资旅行代理机构购买船票时受到冷遇，立志创办一家中国人自己的旅行服务机构。除了爱国和维护民族尊严，陈光甫创办旅行社的目的还在于让“国人及各国人士了解中国古老悠久的文化和名胜古迹”以及“辅助工商”和“服务社会”。

1923 年 4 月，由陈光甫任总经理的上海商业储蓄银行正式呈文北洋政府交通部，提请代售火车票，办理旅行业务。当时，交通部正召开全国铁路联运会议，该案一经交议，立即遭到身居要职的铁路洋员的反对。表面理由是英、日、美、法等国在华均有旅行机构，绝无再设的必要，实际上是担心会削减外国在华旅行机构的既得利益。幸好获得爱国人士的竭力支持，该提案经激烈辩论后终获通过。同年 8 月 1 日，上海商业储蓄银行旅行部正式宣告成立。这一天是中国旅游史上值得大书特书的一天。因为按照国际惯例，商业性旅行社的产生是一个国家近代旅游业诞生的标志。

旅行部成立一个月后，就在杭州设立分部，以后陆续扩大规模，1923 年至 1927 年间，陆续设立分部 11 处，形成了初级专业化旅行社服务网络。1927 年，上海商业储蓄银行董事会开会研究，决定投资 5 万元（后增资至 50 万元）让旅行部自立门户。6 月 1 日，旅行部正式改名为“中国旅行社”，并向国民政府交通部申请注册。经该部核准，中国旅行社于 1928 年 1 月拿到了第一号行业执照。至此，中国旅行社成为独立的旅行商业机构。

中国旅行社业务发展最迅速的阶段是 1931 年至 1937 年，陆续增设分社和办事处，遍及我国 30 多个城市和地区，到 1937 年 8 月，共有旅游分支机构 66 处，职工近千人。中国旅行社经营实力越来越强，经营范围不断拓宽，业务波及的地域从国内大中城市到偏远地区，进而转向世界各地；服务水平、信誉、质量不断提高，形成了旧中国第一个也是唯一一个功能齐全、结构合理、分布广泛、财力雄厚、知名度高的综合性旅游连锁企业集团，从一个小小的旅行部跻身于世界旅游业之林，成为当时国际上著名的大旅行社之一。

1937 年至 1945 年抗日战争期间，中国旅行社在自身资产和业务遭受巨大损失的同时，本着爱国和服务社会的经营宗旨，以协助民众战时流动和物资转移作为其主要职能。抗战结束后，中国旅行社的业务虽然有所恢复，但随着国内战争的推进，旅行社的经营最终未能完全恢复。上海解放后，陈光甫离开内地去了香港，中国旅行社的重心也随之转移到香港。1954 年 7 月 1 日，陈光甫以香港中国旅行社为名向香港当局申请注册，后发展成为香港中旅集团公司。

中国旅行社的产生和发展，对我国近代旅行社行业的发展具有极大的带动和示范作用。之后，全国各地相继出现了一些地方旅行社及类似的旅游组织，但规模均较小，且适逢乱世，在历史上没有留下太大影响，大多在战乱中消亡了。只有中国旅行社作为我国近代旅行社行业的典型代表，以其不凡的经营理念和管理思想，为我国旅行社行业的发展提供了宝贵的经验。

（二）第一家旅行社的经营管理经验

1. 业务拓展

中国旅行社以需求为导向，不断调整经营方向，沿国内新开辟的交通线同步拓展业务，先后开办了 20 多个经营项目。其业务范围非常广泛，既办客运，又办货运；既办招待所、旅馆、饭店，又代办火车上的餐饮；既组织国内旅游，又组织国外观光；既代办出国手续，又发行旅行支票；既设立旅行社游览团体，又直接投资开发景点；并牢牢抓住大型会议的机会开展业务。中国旅行社不受自身职能的限制，适应随时变化的市场趋势，以顾客需求为中心，实行开拓式业务推进和经营。

2. 创立会员制

从 1935 年 8 月起，中国旅行社还主办了旨在营造集体旅游氛围、领略祖国名胜风光的经常性旅游团体——“中旅社旅游团”。团员分普通、特别、永久三种。普通团员每年团费二元，特别团员十元，永久团员一次性缴纳二十五元。入团的团员有很多福利，比如下榻本社招待所及购买本社刊物等，均可享受优惠折扣。此外，总社二楼还设有康乐室，供团员业余集会及消闲之用。另外，中国旅行社在社会上还租有网球场、游泳池、足球场、篮球场多处，供团员锻炼身体之用。到 1937 年春，团员人数已从初创时的 150 人增加到 900 多人。这种团体对稳定和发展客源、增强中国旅行社的凝聚力起到了一定的作用。

3. 组织国内外散客、团队的旅游活动

中国旅行社开创了我国最早的包价旅游活动。社内专设游览部，每年春季与铁路局协商特开游杭专列，并适时组织海宁观潮、惠山游湖、超山探梅、富江览胜等游览活动。旅行社代游客购买联运客票、安排食宿、提供沿途中转接送服务、汇兑旅行支票、配备专业导游、安排详细游览日程等，使旅游活动秩序井然，让游客深感便利。

1926 年春，中国旅行社首次办理赴日本观樱团，开了出境包价旅游的先河。此后，中国旅行社不断开拓海外市场。1936 年，中国参加柏林第十一届奥运会的代表团及参观团的出国手续、票务及行前指导等均由中国旅行社办理。

由于世界政局稳定，人们收入水平提高、交通网络建设发达，来我国旅游的游客逐渐增多，中国旅行社抓住机遇，开发国际入境旅游市场，丰富旅游线路，组织旅游活动的形式更加灵活。仅 1931 年春与日本国际观光局合作，中国旅行社就接待了日本游览团体计 20 余批，参加者 3 000 余人，他们在我国共消费了 20 余万元，这在当时是一个相当可观的数字。由于中国旅行社声名远播，1932 年国际联盟组织来华的“李顿考察团”指名让中国旅行社接待。1937 年中国旅行社承办了大型京滇公路周览会考察团。

4. 会展接待服务

1927 年以后，全国性的博览会、交易会、专业学术会逐渐增多。中国旅行社抓住机会进入了会展市场。其陆续接待的大型会议有：中国国货展览会、西湖博览会、太平洋学会年会、第 17 届华北运动会、中国经济学社年会、第六届全国运动会等。他们在会场设立旅游办事处，向与会者散发宣传品和旅行指南，提供旅游咨询，代办游览，提供导游、票务、行李服务，安排食宿、办理储蓄、汇兑、票据等银行服务。他们还在办事处柜台处放置风扇和座椅供游客休息，并安排会场来往市内的交通工具，放置路标等，赢得了会议主办方和与会代表的赞誉。

5. 开办饭店招待所

20 世纪二三十年代的中国，饭店招待所的数量、设施、服务及卫生方面都比较落后，难以满足旅游者的需求，影响了中国旅行社的服务质量水平。1931 年，中国旅行社开始开办饭店和招待所。至 1937 年抗战前夕，中国旅行社先后建成开业和受委托承办各类饭店、招待所共 21 家。饭店招待所按照档次高低、规模大小、客源对象和分布区域分为三种类型。其中一类规模大、档次高、设备豪华、功能齐备、管

理和服务现代化，向欧美旅馆业看齐，为中国旅馆业的经营管理创造了极好的示范效应。

6. 发行旅行支票

为解决游客携带现金的风险以及因不同币值引起的兑换麻烦和损失，1924 年，中国旅行社首次在国内发行英文旅行支票。旅行部和分支机构代为发行并兑现，向初购支票的游客赠送高级票夹，鼓励其使用和做市场宣传。这一促销办法非常有效，旅行支票很快便打开了销路。

7. 旅游宣传促销

1927 年，中国旅行社创办了旧中国最早、最有影响力的旅游刊物——《旅行杂志》。该杂志图文并茂、印刷精美、风格独特、内容生动丰富、雅俗共赏，受到众多中外读者的欢迎和青睐，发行范围遍及海内外。除此之外，中国旅行社还出版发行了大量中英文旅游全书、旅行便览、导游手册、风景名胜折页、旅游地图、车船飞机时刻表等宣传品。

中国旅行社注重品牌建设。1924 年迁入新址后，上海商业储蓄银行旅行部就设计了品牌标识。旅行部以五角红星作为标志，星有指示方向之意。初始样式为红星之中加上黄色“上海”二字，外加蓝边于星的四周。红色有警示作用，强调向导行旅责任重大，在红五星周围镶上蓝边，表示其如夜空中闪耀的明星，缀以黄色的“上海”二字代表上海商业储蓄银行的附属部门，既突出了旅行部的行业特征，又给人鲜明、亮丽、醒目的感觉，使人耳目一新、印象深刻。1927 年 6 月 1 日，上海商业储蓄银行旅行部改组为中国旅行社，但标志却一直沿用未改，仅将“上海”二字改为“旅”字（见图 0－3）。旅行社里的工作人员一律穿制服，到车站码头接待的人员还头戴专门的帽子，帽子上的“旅”字标识熠熠生辉，五角星红光闪烁，十分引人注目。

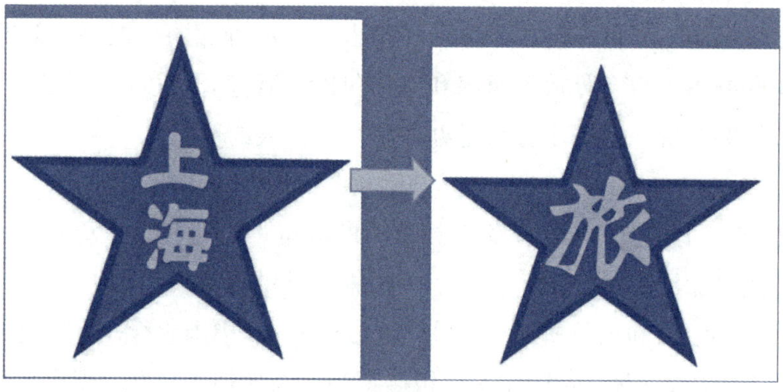

图 0－3　中国旅行社品牌标识的演变

8. 重视服务质量

中国旅行社重视服务质量，树立良好的信誉，求长远发展，不急功近利。其要求自己的员工在对客服务中必须做到以下四点：（1）笑脸迎人，热爱待客；（2）衣着整洁，和蔼殷勤；（3）面向大众，对富人、穷人一个样；（4）不论生意大小，一概恭谨款待，营造柜台热闹气氛。中国旅行社的服务细微、周到、富有人情味和个性化，为其赢得了良好的声誉。

9. 尊重知识和人才

中国旅行社采用科学的管理体制，员工一律招考录用，通过培训、实习、严格的考试达到一定水平后才安排工作。新员工先在各部门进行轮岗，成为适应各个岗位工作的多面手。在人员的升迁上，一律以才能、学识和贡献大小为标准，并且可以越级任用；引进竞争机制，做到优胜劣汰。中国旅行社的员工业务素质高、忠于职守、具有责任心和凝聚力。

10. 基础理论研究

中国旅行社引进西方发达国家的旅游基础理论和研究成果，结合旧中国的实际状况，形成了近代中国较完整的旅游理论体系和观点。从 20 世纪 30 年代开始，《旅行杂志》连载了数十篇高水平的学术论文，涵盖了旅游基本概念、旅游业的地位和作用、旅游宣传促销、旅游资源开发、交通住宿与餐饮娱乐设施建设、旅游接待与服务、导游业务等各方面。这些研究成果指导了中国近代旅游发展的实践，充分反映了当时的学术研究水平，成为今天研究中国旅游发展史的重要历史文献。

延伸阅读

陈光甫

陈光甫（1881—1976 年），中国近现代著名的金融家、旅游业创始人。原名辉祖，后易名辉德，字光甫，江苏镇江人。他读私塾数年后，去一家报关行当学徒，刻苦学习英文，后考入汉口邮政局。他 22 岁随中国代表团参加美国国际博览会，会后留学美国，入美国宾夕法尼亚大学商学院。1909 年毕业后他即回国。他办南洋劝业会初露才华，被江苏巡抚程德全任命为江苏银行总经理。由于自己的改革主张不能实现，他毅然辞职。1911 年辛亥革命后，他任江苏省银行监督。1914 年他转任中国银行顾问。翌年 6 月他创办上海商业储蓄银行，资本从最初的 10 万元发展到后来的 500 万元，分支机构遍布全国。他由此登上上海银行同业公会会长职位，成为上海金融界的领袖。1923 年 8 月，陈光甫的上海商业储蓄银行设立“旅行部”，1927 年该“旅行部”独立挂牌注册，并易名为“中国旅行社”。

这是中国近代旅游企业化的标志。1927 年他又任国民政府财政委员会主任委员。1928 年他出任江苏省政府委员、中央银行理事、中国银行常务董事和交通银行董事等职。1931 年他与英商太古洋行合资开设宝丰保险公司。1936 年 3 月，他任国民党政府财政部高等顾问。1937 年，他任大本营贸易委员会中将衔主任委员。抗日战争时期，他历任国民参政会参政员，国立复兴贸易公司董事长，中、美、英平准基金委员会主席。其间，他受指派赴美国谈判借款事宜。当时的中国驻美大使胡适曾赠诗与之共勉："偶有几茎白发，心情微近中年。做了过河卒子，只能拼命向前。"最终他们促成了数额为 2 500 万美元的中美"桐油借款"。1939 年和 1940 年他又促成了两笔总额为 4 500 万美元的贷款，为抗战做出了重要贡献。1947 年他任国民政府委员，并主管中央银行外汇平衡基金委员会。1948 年他当选为立法委员。1950 年他将上海商业储蓄银行香港分行易名为上海商业银行，在香港注册。1954 年他定居台湾。

二、中华人民共和国成立后旅行社行业的发展历程

（一）起步阶段（1949 年至改革开放初期）

中华人民共和国成立后，为了迎接海外侨胞和外国友人，在政府主导下设立了中国旅行社和中国国际旅行社两大旅行社系统，负责组织相应的接待工作。

中华人民共和国成立后的第一家旅行社是 1949 年 11 月 19 日成立的厦门华侨服务社。成立之初，厦门华侨服务社是为海内外侨胞、港澳台同胞和国际友人提供服务的专门机构。其后，重点侨乡如广东省、福建省和许多中心城市相继成立华侨服务社。1957 年 4 月 22 日，经国务院批准，华侨旅行服务社总社在北京成立，并明确其主要任务是为华侨等回国探亲、访友、参观、旅游提供方便，做好接待服务。1963 年，国务院又将港澳同胞纳入华侨服务社接待范畴。1974 年 1 月 3 日，经国务院批准，中国旅行社成立，与华侨旅行社合署办公，统称中国旅行社。

1954 年 4 月 15 日，中国国际旅行社在北京正式成立，其主要任务是负责访华外宾的食住行游等事务，发售国际铁路联运客票。之后，中国国际旅行社在直辖市、省会城市以及其他重要城市和国境口岸陆续设立了分、支社。1958 年 1 月 9 日，国务院发布《关于开展国外自费来华者接待工作和加强国际旅行社工作的通知》，决定将中国国际旅行社划归国务院直属，由国务院外事办公室①领导，各地分、支社归

---

① 国务院外事办公室现已撤销。

当地省市人民委员会直接领导，且必须接受中国国际旅行社分配的接待外宾的任务，并在接待业务上接受指导。1964 年 3 月 17 日，中共中央决定，改组和扩大中国国际旅行社为旅游事业管理局，负责对外国自费旅行者在华旅行游览的管理工作，领导各有关地区的国际旅行社和直属服务机构的业务，并在 7 月 22 日第二届全国人民代表大会常务委员会第 124 次会议上，批准设立中国旅行游览事业管理局，直属国务院领导，对外仍保留中国国际旅行社的名称，局、社合署办公。中国旅行游览事业管理局的局本部机构，经国务院确定为行政单位。1966 年 5 月，“文化大革命”开始，旅游业进入停滞状态。

中华人民共和国成立直到 1978 年改革开放前，全国只有中国国际旅行社（以下简称国旅）与中国旅行社（以下简称中旅）两大旅行社系统，垄断了中国的旅行社行业。其主要职能是为华侨归国探亲、访友、参观游览提供服务，兼及赚取少量的旅游外汇，政治意义较大。从规模上看，尽管其业务都有零星发展，但接待量一直不大，并不足以构成一个行业，且体制上属于行政事业单位，不具备企业性质。

（二）初步形成阶段（1979—1989 年）

自我国实施改革开放政策以来，旅游业也随之发展起来。改革开放当年，来华入境旅游人数就达到 180.9 万人次，旅游外汇收入 2.63 亿美元。在以后的 10 年中，来华旅游入境人数和旅游外汇收入都保持了较高的增长速度。为满足急剧增长的国际旅游需求，20 世纪 80 年代初期，我国大量进口豪华旅游汽车，促进旅游交通业发展。80 年代中期，众多旅游饭店建立起来，形成我国旅游饭店发展的第一个高峰期。旅游交通和旅游设施以及旅游资源的开发从不同方面缓解了我国旅游供给方面的短缺局面，大幅度提高了我国旅游业的综合接待能力。

改革开放以后，旅行社开始由事业单位转向企业化经营，开启了产业化进程。转变的起点是 1978 年 3 月中共中央批转了《关于发展旅游事业的请示报告》，建议“将目前的中国旅行游览事业管理局改为直属国务院的中国旅行游览事业管理总局”，这意味着新成立的中国旅行游览事业管理总局不再隶属于外交部，也不再是准外交行政管理机构，而是旅游经济的管理部门。1978 年至 1980 年期间，我国入境旅游人数高速增长，以国旅和中旅为核心的旅游部门的接待能力远远不能满足市场的需求。1980 年 6 月 27 日，国务院批复共青团中央，同意成立中国青年旅行社（以下简称青旅），其接待对象是各国青年旅游者。此时的国、中、青三大旅行社系统仍然归政府部门直接管理，事实上仍然实行统一领导、统一经营、领导经营一体化的管理体制，无法实现自主经营和自主决策，无法满足日益旺盛的市场需求。1981 年 3 月，中共中央书记处和国务院提出了旅游管理体制改革的重要指导思想，其中一项就是中国旅行游览事业管理总局作为旅游管理机构，必须和国际旅行社实行政企分开，国旅总社统一经营外国旅游者来华的旅游业务。1982 年 7 月 17 日，中国旅行游览事业管理总局和国旅总社正式分家，这是我国旅游管理中政企分开的第一步。从此，中国诞生了真正意义上的旅游企业和旅游行政管理机构，旅游业向着统一领导、分散经营、政企分开的管理体制迈进。

1984 年国家旅游局将旅游外联权下放，允许更多的企业经营国际旅游业务，并授予它们业务经营所必需的签证通知权。1981 年以前，全国具有外联权的旅行社只有国旅总社和中旅总社两家。但是 1978 年至 1984 年入境旅游人数的激增和对旅游需求的多样化，促使外联体制改革被提到日程上来。集中而统一的外联体制显然远远不能应对市场的变化，即使是两大社与其分社之间也因为外联和接待的利益分配问题而产生争议。1984 年，中共中央办公厅和国务院办公厅转发的《关于开创旅游工作新局面几个问题的报告》指出，旅行社业务要打破独家垄断的思想，允许国旅、中旅和青旅等单位开展竞争。之后，青旅被正式批准获得外联权和签证通知权。这一举措对我国旅行社的发展起到了积极的促进作用，旅行社行业在全国范围内迅速发展起来。到 1988 年底，我国的旅行社猛增至 1 573 家，并由此彻底打破了我国旅行社寡头垄断的局面。国旅、中旅和青旅接待人数占全国有组织接待人数的比例，由 1980 年的 80%降为 1988 年的 40%。

随着我国旅行社行业的迅速发展，为加强行业管理，国务院于 1985 年颁布了《旅行社管理暂行条例》。这是我国旅行社行业的第一部管理法规。《旅行社管理暂行条例》将我国旅行社的性质确定为“依法设立并具有法人资格，从事招徕、接待旅游者，组织旅游活动，实行独立核算的企业”。同时，《旅行社管理暂行条例》还按业务范围，将我国的旅行社划分为以下三类：

（1）经营对外招徕并接待外国人、华侨、港澳同胞、台湾同胞来中国、归国或回内地旅游业务的旅行社；

（2）不对外招徕，只经营接待第一类旅行社或其他涉外部门组织的外国人、华侨、港澳同胞、台湾同胞来中国、归国或回内地旅游业务的旅行社；

（3）经营中国公民国内旅游业务的旅行社。

根据这一标准划分，1989 年全国拥有一类旅行社 61 家、二类旅行社 834 家、三类旅行社 722 家。三类旅行社的出现和发展，是我国国内旅游业迅速发展的结果。根据国家旅游局提供的资料，1988 年，我国国内旅游已超过 3 亿人次，旅游支出达 187 亿元人民币。我国的国内旅游市场已初具规模，呈现良好的发展势头。

这个阶段旅行社的发展呈现三个明显的特征。首先，入境旅游人数和消费总额在整个 20 世纪 80 年代持续增长，在市场需求一路高歌的背景下旅游外联权力下放，从市场规模和制度环境两个方面推动旅行社产业供给规模的扩大；其次，《旅行社管理暂行条例》的颁布标志着政府开始将旅行社作为相对独立的经济行业实施有效的管理，旅行社作为旅游业重要组成部分的地位开始为人们所认识；最后，这一阶段国内旅游市场逐步形成，旅行社的业务由发展初期单一的国际入境旅游业务发展成为国际入境旅游业务与国内旅游业务并举。

（三）快速增长阶段（1990—1995 年）

1989 年，由于内政外交的影响，我国年轻的旅游业受到了巨大的冲击，当年国际旅游入境人数比 1988 年减少 22.7%，旅游外汇收入减少 17.2%。这是我国旅游业自 1978 年以来出现的第一次负增长。在此情况下，我国旅行社经营者第一次强烈地意识到旅游产品的脆弱性和经营旅行社的风险性，我国旅行社的数量因此由 1989 年的 1 617 家减少为 1991 年的 1 561 家。之后慢慢恢复，1991 年，国际旅游入境人数和旅游外汇收入均超过历史最高水平。国家旅游局和中国民航局联合举办的“92 中国观光年”对我国旅游业的迅速恢复也起到了积极的作用。

在此期间，我国政府开始允许中国公民出国探亲和旅游，这是我国旅游业发展中的又一重大突破。尽管此间经旅行社组织的出境旅游人数所占比例只有 30%左右，而且国家对出境旅游尚有许多政策限制，但我国的出境旅游市场已经开始形成，旅行社具有了更加广阔的客源市场，这也改变了我国旅行社在国际旅游合作中的地位。过去我国的旅行社只能单方面要求客源地的旅行社输送客源，而现在我国的旅行社同样可以向合作伙伴输送客源，极大地提高了我国旅行社在国际合作中的地位和影响力，有利于我国旅行社同客源地旅行社合作关系的巩固和发展。

在出境旅游崛起的同时，国内旅游也保持了持续发展势头。三大业务市场的繁荣为我国旅行社行业的进一步发展提供了更加广阔的天地。旅行社行业以其较少的固定资产投资、解决人员就业、相对便利的市场准入等条件，吸纳社会各界的投入，迅速发展壮大起来。仅 1992 年一年，我国就新增旅行社千余家。截至 1994 年底，我国共有各类旅行社 4 382 家，其中一类社 267 家、二类社 716 家、三类社 3 399 家。一批在市场竞争中成长起来并熟悉市场机制的旅行社群体，成为中国旅行社的新型推动力量。1992 年邓小平“南方谈话”以后，招商、康辉、铁旅成了旅行社行业的后起之秀。全国总工会、总政、体委、文化部和妇联系统所办的职工、金桥、体育、文化、妇女国际旅行社形成了旅行社行业第三层次的中坚力量。到 20 世纪 90 年代后期，产权制度改革效果比较突出的“上海春秋国旅”和广州“广之旅”走到了旅行社行业的潮头。

与上个阶段相比，这个时期我国旅行社发展呈现了新的特点：国内旅游的蓬勃兴起和逐步发育成熟，成为旅行社行业除入境旅游市场以外的另一个市场支点，为我国旅行社行业的规模扩张提供了广阔的空间；政策壁垒进一步降低，利润的驱使与行业本身投资少、见效快的特点，使旅行社行业成为投资热点，各种经济主体的旅行社企业在市场上参与角逐，市场集中度逐渐降低。一批在市场竞争中成长起来的旅行社，由于熟悉市场机制，成为中国旅行社行业的新兴推动力量。

（四）调整阶段（1996—2001年）

1997年7月1日，国务院批准的《中国公民自费出国旅游管理暂行办法》的发布和实施，标志着中国旅行社行业所面临的旅游市场开始从入境和国内的二元市场转向出入境和国内游的三元市场。旅游市场的蓬勃发展，以及1996年《旅行社管理条例》对于投资主体性质的放宽，大大刺激了多种投资主体进入旅行社行业的热情，使我国旅行社的数量迅速增长。市场主体快速增加的结果是直接导致了市场竞争趋向完全化，甚至过度竞争。在这种市场结构下，我国旅行社行业体现出行业集中度低、企业规模小、行业退出壁垒高、恶性价格竞争、市场秩序混乱和行业长期利润水平低下等特点。在此背景下，一系列法律法规相继出台，规范旅行社行业发展。

1. 质量保证金制度

我国旅行社行业蓬勃发展的同时也出现了许多问题，突出表现为市场秩序混乱。面对旅行社行业发展中出现的问题和新兴的世界潮流，国家旅游局自1995年1月1日起，开始依照国际惯例实行旅行社质量保证金制度。其先后颁布并实施了《旅行社质量保证金暂行规定》《旅行社质量保证金暂行规定实施细则》《旅行社质量保证金赔偿暂行办法》《旅行社质量保证金赔偿试行标准》。根据《旅行社质量保证金暂行规定》，旅行社质量保证金是用于保障旅游者权益的专用款项，当出现以下四种情形而旅行社不承担或者无力承担赔偿责任时，此款项对旅游者进行赔偿。

（1）旅行社因自身过错未达到合同约定的服务标准而造成旅游者的经济权益损失；

（2）旅行社的服务未达到国家和行业规定的标准而造成旅游者的经济权益损失；

（3）旅行社破产后造成的旅游者预交旅行费损失；

（4）国家旅游局认定的其他情形。

旅行社质量保证金制度的实施标志着国家旅游局对旅行社实行行业管理的两个巨大转变：其一是适应国家旅游法制化管理的潮流，采取切实有效的措施保护旅游消费者的合法权益；其二是引导旅行社行业的发展，由单纯追求行业规模向追求企业素质转变，并希望通过这一转变改善旅行社行业混乱的市场秩序。旅行社质量保证金制度实施后，许多效益较差的中小旅行社无力承担规定数额的质量保证金，因而被迫退出经营。

2. 改革行业管理制度

中国旅游业的快速恢复和增长，高额利润的引诱与一二类社之间行使外联权的界限模糊问题使中国旅行社行业面临另一个难题。很多二类社看到外联社业务的高利润、高回报，在缺乏足够的商誉和能力的情况下，通过由当地一类社代办签证通知的方式获得了事实上的外联权。多头外联在某种程度上满足了当时各地旺盛和日渐多元化的旅游需求，但是也带来了削价竞争、互相拆台、拖欠款项等市场秩序混乱的问题。国务院于 1996 年 10 月颁布了《旅行社管理条例》，对我国旅行社又进行了重大调整：

（1）对旅行社的分类进行调整。将我国旅行社按照经营的业务范围划分为国际旅行社和国内旅行社两种类型。国际旅行社的经营范围包括入境旅游业务、出境旅游业务和国内旅游业务；国内旅行社经营范围限于国内旅游业务。

（2）大幅度提高旅行社注册资本金额。新条例规定，国际旅行社注册资本不得少于 150 万元人民币，国内旅行社注册资本不得少于 30 万元人民币。此外，国际旅行社每增加一个分社应增加注册资本 75 万元人民币，国内旅行社每增加一个分社应增加注册资本 10 万元人民币。

（3）年接待 10 万人次以上的旅行社可以设立不具有法人资格的分社。

（4）将旅行社质量保证金制度合法化。

（5）赋予旅游行政管理部门行政处罚权。

3. 加强企业运营管理

除了规范旅行社的市场经营和竞争行为，国家旅游局也对旅行社的经营管理人员做出了相应规定。1997 年 5 月 8 日，国家旅游局发布了《旅行社经理资格认证管理规定》，要求旅行社在设立后的经营期间，其所聘用的持有国家旅游局颁发的资格证书的经理人员必须达到规定的数量。旅行社经理资格证书包括：国际旅行社总经理资格证书、国际旅行社部门经理资格证书、国内旅行社总经理资格证书、国内旅行社部门经理资格证书。该规定涉及旅行社经营管理人员的任职资格、培训与考核、监督与检查几个方面，对提高旅行社经营管理人员素质和企业信誉起到了积极的促进作用。

1999 年 5 月 14 日，国务院发布了《导游人员管理条例》。《导游人员管理条例》对导游人员的范围进行了界定，对导游人员的入职资格、导游服务要求以及违规处罚做了规定；对规范导游活动，保障旅游者和导游人员的合法权益，促进旅游业的健康发展起了积极作用。

4. 实施外资开放策略

此外，为适应全国服务贸易自由化的趋势，在先期允许在国家旅游度假区内开办中外合资旅行社的基础上，国家旅游局和对外贸易经济合作部于 1998 年 12 月联合发布了《中外合资旅行社试点暂行办法》，不再限定合资试点的地域范围，开始了我国旅行社市场开放的进程。同年，云南力天旅游有限公司作为我国第一家合资旅行社宣告成立。

这个时期，旅行社行业发展与市场竞争出现新的特点。首先，旅行社行业相关的法律法规密集出台，政府加强了对这一行业的监管，使我国旅行社行业的市场运行基础更加完善。其次，随着国内旅游市场的兴起和产业投资管制的放松，一些非政府的投资机构开始进入这一领域，熟悉市场运营机制的民营旅行社很快占领行业潮头；市场违规成本加大，一系列的专项治理使得一部分违规经营的旅行社退出了市场，从而净化了产业运行环境，市场秩序逐渐向好的方面转化。

（五）全面开放竞争阶段（2002—2009 年）

这一时期，旅游市场借助宏观面上的开放导向，强有力地推动了旅行社产业的全面开放进程。

2001 年，我国加入世界贸易组织，旅游事业呈现全面开放的态势。2003 年，我国提前兑现了允许设立独资旅行社的承诺。2007 年，我国又提前取消了对外商投资旅行社设立分支机构的限制，对外资旅行社的注册资本实行国民待遇，外资旅行社在中国落地生根。至 2009 年末，获得国家旅游局批准的外商投资旅行社超过 30 家。2010 年 8 月，国家旅游局和商务部联合发布《中外合资经营旅行社试点经营出境旅游业务监管暂行办法》，批准了中旅途易、国旅运通、交通公社新纪元三家旅行社经营出境游。2010 年全国百强旅行社中，三家外资旅行社榜上有名。

电子商务技术在技术层面上向传统旅行社提出了前所未有的挑战，信息技术开始在旅行社被广泛应用。1997 年至 2009 年是我国在线旅行服务从萌芽走向成熟的发展阶段。1997 年 10 月，全国首家旅游网站——华夏旅游网成立。同年，国家旅游局的中国旅游网、西安马可孛罗国际旅行社的英文网和桂林国旅的英文网开通。1999 年，携程和艺龙相继成立，这两家公司的成立，标志着我国真正意义上的在线旅行服务业的开端。2003 年至 2009 年是我国在线旅行服务业的快速成长期，一些如今已经在不同细分市场居于垄断地位的企业陆续成立，如 2004 年的同程、遨游和穷游；2005 年的去哪儿、芒果网和悠哉网；2006 年的酷讯、蚂蜂窝和途牛；2008 年的驴妈妈和 2009 年的欣欣等。在线旅行服务业的成长极为迅速，至 2009 年，我国在线旅游渗透率已达 4.8%，携程已名列我国旅游集团 20 强的第五位。面临市场环境的巨大变化，传统业态旅行社的优势受到严峻挑战，众多旅行社都在“线上线下”“何去何从”的问题上思考着自身的生存与发展空间。

2009 年，《旅行社条例》颁布，对旅行社的管理采用了“宽进严管”的思路，降低了旅行社的设立门槛；但同时对旅游行政管理部门的责任提出了具体要求，明确了旅游、工商、价格、商务、外汇等有关部门的职责，进一步扩大了旅行社的监督管理机构范围。

这一时期，行业发展呈现扩大开放、深化改革和竞争加剧的特点。首先，对外商投资主体，旅行社行业的开放步伐正以前所未有的力度展开；其次，在对外开放程度越来越高的同时，中国旅行社行业也在积极地对内改革，政策门槛进一步降低。优胜劣汰的竞争机制作用呈现，行业兼并逐步增多，旅行社行业集中度提高，集团化趋势明显。

（六）转变阶段（2010 年至今）

自 2010 年以来，我国旅行社行业面临的市场环境有两个突出变化：一是由散客化带来的消费模式的变化；二是以移动互联、云计算和大数据为代表的信息技术的发展带来的旅行社商业模式的变化。整个行业呈现出逐步向旅行服务业转变的趋势，具体表现为：服务对象由“旅游者”向“旅行者”扩展，其服务的人群已经从以旅游为目的的旅游者扩大到出于任何动机出游的旅行者；经营主体的范围扩大和多元化，旅行社业务的经营主体除传统业态旅行社外，还包括各类在线旅游企业、俱乐部、留学机构等；业务范围从纯粹的旅游业务延伸至异地化生活服务。面对这一发展趋势，传统业态旅行社如何走出一条“传统优势＋现代技术＋品质建设”的创新发展之路，是一个值得深思的问题。

从管理体制角度来说，旅行社行业向旅行服务业的转变，要求我国旅游监管部门以简政放权为核心，逐步从政府主导型管理转向政府引导型管理，更多地用法律、法规和产业政策为旅行社行业的发展指明战略方向。通过产业政策、竞争政策和监管政策，营造公平、开放、透明的市场环境，形成职责明晰、积极作为、协调有力的长效工作机制和创新治理体系，最终促进我国旅行社行业的健康持续发展。2013 年 4 月 25 日，十二届全国人大常委会第二次会议通过了《中华人民共和国旅游法》（以下简称《旅游法》），自 2013 年 10 月 1 日起实施。《旅游法》的出台为建立健全旅游市场规则提供了法律依据。《旅游法》按照市场经济和法治政府的要求，对政府公共服务和监管、行业组织自律、企业依法自主经营及旅游者守法都做出了较为明确的规定，即遵循诚信经营、公平竞争原则，并建立健全了经营主体间的一系列规则。《旅游法》的出台实施为进一步加强旅游监督管理，维护旅游者和旅游经营者合法权益，规范旅游市场秩序，提高旅游服务质量，提供了坚实的法律保证。《旅游法》中涉及旅行社经营规范方面的有第四章“旅游经营”、第五章“旅游服务合同”、第九章“法律责任”，条款多达45条。这些条款规定了旅行社企业要如何依法经营以及违反法律规定应承担的法律责任。

任务实施

1. 教师指导学生利用思维导图梳理思想和观点。学生每人绘制一幅思维导图，梳理中国旅行社行业产生和发展历程。内容包括：（1）中国第一家旅行社的产生、发展历程、经营管理的理念与策略；（2）中华人民共和国成立后旅行社行业的发展阶段，每一个阶段的背景和特点。形式要求：（1）语言简洁；（2）条理清晰。教师根据学生提交的作品进行指导和打分。

2. 分析中国第一家旅行社经营管理策略给我们的启示。

评分标准

序号	评价项目	分值	得分
1	内容的完整性	50分	
2	语言的简洁性	20分	
3	内容的条理性	20分	
4	形式的创新性	10分	

任务三　认识旅行社的本质及行业特点

学习目标

知识目标

1. 了解并掌握旅行社的主要业务；
2. 了解并掌握旅行社的主要职能；
3. 了解旅行社的行业特点。

能力目标	学会从行业角度分析旅行社企业。
素质目标	1. 提高专业素养； 2. 培养团队合作精神。

任务描述

了解了旅行社行业的前世今生，你的朋友对旅行社行业产生了浓厚的兴趣。可是他认为旅行社就是一个中介机构，并没有创造多少价值。以前人们选择通过旅行社出游是因为信息不对称，现在数据技术的发展解决了信息不对称的问题，人们利用手机就可以轻松搞定旅行中各种服务的预订。如今，人们跟团旅游的意愿降低，旅行社还有存在的必要吗？你作为行业的专业人士，一定要用你的知识破除这些偏见。你决定使用思维导图梳理一下旅行社的性质、社会职能、经营内容和行业特点；并针对行业特点，分析一下行业存在的现象。

知识准备

一、旅行社的性质

旅行社是为人们旅行提供服务的专门机构，它在西方发达国家被认为是销售企业和服务性企业。国际官方旅游组织联盟（现称世界旅游组织，UNWTO）在其《现在和潜在销售渠道的研究》报告中认为，旅游经营商是一种企业，它们在消费者提出要求之前，事先准备好旅游活动和度假地，组织旅行交流，预订旅游目的地的各类客房，安排多种游览娱乐活动，提供整套服务，并事先确定价格及出发和回归的时间，即准备好旅游产品，由自己下属的销售处或旅行代理商将产品销售给团体或个体消费者。而旅行代理商是服务性企业，它的职能是向公众提供有关旅行、住宿条件以及时间费用、服务项目等信息，并出售产品；受交通运输、饭店、餐馆及供应商的委托，以合同规定的价格向旅游者出售其产品，销售合同表明购买者和消费者是两厢情愿的，旅行代理商只是起到中间人的作用；接受它所代表的供应商的酬劳，按售出旅游产品总金额的一定比例提取佣金。

在我国《国民经济行业分类》（GB/T 4754—2011）中，旅行社属于L门类租赁和商务服务业中的商务服务业。具体分类为：727 中类旅行社及相关服务，指为社会各界提供商务、组团和散客旅游的服务，包括向顾客提供咨询、旅游计划和建议、日程安排、导游、食宿和交通等服务。从中外相关组织对旅行社的行业界定可以看出，旅行社具有以下性质。

（一）服务性

旅行社就是要最大限度为游客出行提供方便，这种方便体现在各个环节、各个细节中，从预订机票到住宿、餐饮、娱乐、景区，不需要游客自己在人山人海中排队，旅行社的工作人员都能给客人安排得舒适便捷。小到下雨送上雨伞，大到出现意外事故及时妥善处理，无不彰显旅行社对顾客的人文关爱。从某种意义上讲，旅行社就是客人的出行管家，服务创造价值。服务工作管理到位，是旅行社塑造形象、使无形资产增值的根本。

（二）代理性

旅行社是基于旅游的异地性和信息的不对称性而产生的，它是旅游中间商，在不改变产品特质的前提下丰富产品的内涵，提高产品的使用价值，并通过提供中介服务获取收益。旅行社犹如一座桥梁，将处于异地的旅游供应商和旅游者联系起来，按照游客的需求，通过组合设计产品，实现旅游服务的销售，活跃旅游市场，繁荣旅游经济。旅行社本身的运作，主要是依托各类旅游吸引物和旅游供给设施，并设计旅游需求的全部内容来组织产品和创新产品，从而完成从资源到效益的转化。

（三）经营性

旅行社是自负盈亏、自主经营的企业，它必须不断地获取利润才能生存。因此旅行社要以市场需求为主导，进行产品的销售，完成从产品到商品的“惊人一跃”，实现从资源到效益的转化。经营是旅行社最基本的活动，是旅行社赖以生存和发展的第一职能。旅行社经营能力的高低以及经营效果的好坏，主要取决于其对市场需要及其变化能否正确认识与把握，企业内部优势是否得到充分发挥，以及企业内部条件与市场协调发展的程度。换句话说，即取决于旅行社适应市场能力的强弱。

二、旅行社的职能

旅行社作为社会经济发展到一定阶段的产物，在社会经济大舞台上承担了以下五大职能。这五大职能随着社会经济的发展呈现不同的形式。

（一）组合设计职能

旅行社首先调查旅游者需求，按照旅游者需求向饭店、旅游交通和其他旅游供应商采购旅游活动中所需要的各种服务项目，为达到旅游者的旅游目的，进行组装加工，并融入旅行社自身的服务内容，形成独具特色的旅游产品，采用一次性报价的形式在市场上出售。就团体旅游而言，旅行社最终出售的是一个完整的产品而非组成旅游产品的零散部件，向旅游供应商采购的服务项目作为产品的“原材料”，旅行社作为“加工车间”，将零散的“原材料”组合设计，形成具有特殊意义和使用价值的旅游产品。它没有改变“原材料”的原貌，但组合设计的旅游产品不是原来服务项目的堆积，而是融入了旅行社工作人员的智慧和服务，提高了服务产品的附加价值。

（二）销售职能

旅行社被归属于商务服务业，销售是其基本的职能之一。从旅游者的角度来讲，旅游是一种跨区域的综合性活动，食、住、行、游、购、娱涉及众多的服务和环节，如果没有旅行社，旅游者需要与提供各项旅游服务的供应商打交道，意味着在信息不对称的情况下，旅游者要从海量的旅游服务中进行挑选和组合，必然是一个不小的挑战。而旅行社可以依据掌握的旅游供应商信息和专业旅行技能，帮助挑选，大大节约旅游者的精力和时间，提高旅游者的旅游体验。由于旅游生产与消费的同步性以及旅游消费者的异地性和分散性，旅游供应商如果不借助任何中间组织，将产品直接销售给旅游者，就意味着其要和每一个旅游消费者个体打交道，销售工作将变得十分复杂和繁重。旅行社作为重要的销售渠道介入旅游供应商的销售活动中，旅游供应商只需要与少数旅行社打交道就可以完成销售任务，大大提高了销售效率。

（三）组织协调职能

旅行社是为旅游者在旅游过程中提供服务的专门机构，帮助旅游者完成旅游活动并获得较好的旅游体验。旅游者的旅游活动涉及食、住、行、游、购、娱各个方面，并且需要在预定的时间内完成旅行计划，不断地转换空间和服务商。旅行社要保障旅游活动的顺利进行，就离不开旅游业各部门和其他相关行业的合作和支持。旅游业各部门之间以及旅游业与其他行业之间因为面对同样的旅游消费者而暂时形成一种相互依存、互利互惠的合作关系，但彼此之间是相互独立运营的个体。旅行社作为旅游活动的组织者，并不具备对其他部门的管辖指挥权，因此旅行社要确保旅游者旅游活动顺利进行就必须进行大量的组织协调工作，在确保合作各方实现各自利益的前提下协同旅游业各有关部门和其他相关行业，保障旅游者在旅游过程中各环节的衔接与落实。因此，组织协调就成为旅行社的基本职能。

（四）分配职能

旅行社提供的产品一般为包价产品，将旅游者在旅游过程中所需要的食、住、行、游、购、娱相关服务组合成不同的包价产品包，旅游者一次性预付全部或部分费用。旅游活动开始后，旅行社要根据旅游者的要求，在不同的旅游服务项目之间合理分配旅游者的支出，以最大限度满足旅游者的需要，而且要在旅游活动结束后根据接待过程中各相关部门提供服务的数量和质量合理分配旅游收入，这就是旅行社的分配职能。

（五）提供信息职能

旅游活动是一项复杂的综合性活动，旅游者在对旅游目的地知之不多，甚至一无所知的情况下广泛搜集相关旅游信息，办理各种烦琐的旅游手续，特别是当旅游者所需要的不仅是本国或本地区的个别旅游项目，而是一种跨国度、综合性旅游产品时，这种状况无疑会在一定程度上扼杀旅游者外出旅游的需求。社会生产的社会化分工，确实需要这样一种组织，它专门从事旅游产品的组装和加工，并广泛存储各种有效信息以满足旅游者对旅游产品信息的广泛需求，方便旅游者购买产品。旅行社恰好适应了这种社会需求，承担起沟通买卖双方的任务，使旅游产品更加顺利地进入消费领域。一方面，旅行社在为游客提供服务的过程中，及时、准确、全面地将旅游目的地各相关部门最新发展的变化传递给旅游市场和旅游者。另一方面，旅行社作为旅游供应商相关产品的重要销售渠道，始终处于旅游市场最前沿，熟知旅游者的需求变化和市场动态，若能将这些信息及时提供给各相关部门，将对他们的经营管理具有指导意义，而相关部门进行的改善和服务质量的提高，也有利于旅行社自身的发展。

三、旅行社的业务

（一）旅行社业务产生的原因

旅行社是为旅游者出游提供服务的组织，需要了解旅游者整个消费过程，针对过程中旅游者的需要提供个性化的服务。旅游者的消费从产生外出旅游的愿望开始，如何激发旅游者的消费动机是旅行社提供服务的第一步。旅行社要考察旅游者旅游动机是如何产生的，驱动因素是什么，以便激发旅游者进行旅游消费的热情，并据此进行产品设计和促销活动。旅游者在产生外出旅游的想法之后，会考虑去哪里、消费哪些内容和预算。旅游消费属于弹性消费，特别是对于支出较大的旅游消费，消费者一般经过一段时间思考和多方对比才能做出决定，为此，他们需要搜集和分析大量的旅游资料和产品信息。这时，旅行社应关注旅游消费者查询资料和信息的方式、途径和习惯，将合适的信息推送给有需要的旅游者，以便减轻旅游者的搜索时间和精力。这一点在可以便捷获取海量信息的现代社会显得尤为重要。尽管游客通过网络获取信息非常方便，但获取的信息呈现碎片化，真伪难辨，似是而非，因此旅游消费者希望获得专业而肯定的解答。这时，旅行社的工作是向旅游者提供准确的出行和消费信息，并针对消费者的个性化需求，推荐最佳的出游线路。消费者在做出购买决定时，旅行社有义务向消费者讲清楚一些注意事项，帮助消费者签订旅游合同和结清相关款项。之后，旅行社根据旅游合同约定的内容，向旅游供应商采购零散的服务和产品，落实旅游交通和线路节点服务的各个环节。旅游者开始外出旅游，即旅游消费开始进行，旅行社根据签订的合同，为旅游者提供接待或联络服务。旅游者旅游结束返回自己的家园，旅行社的销售收入才可以落袋为安。但是旅行社的工作并未结束，售后服务是旅行社业务的重要组成部分，包括处理旅游者在旅游过程中出现的一些问题，与旅游者售后的联系和推销，把老客户变为忠诚的客户，实现旅游产品的多次销售。

（二）旅行社的基本业务

围绕着旅游者购买和消费的整个过程，旅行社在合理分工的基础上，形成了面向消费市场的一线经营业务以及为一线提供服务和支持的二线业务。

1. 旅行社一线经营业务

（1）旅游产品策划与市场推广。主要业务是进行旅行社市场细分与定位管理、品牌管理、旅游产品策划、市场推广活动策划等。

（2）旅游服务项目开发。由于旅行社经营的产品大都具有很强的综合性，涉及旅游者在旅游过程中食、住、行、游、购、娱的各个环节，加之其中绝大多数服务项目都不是旅行社自身能够提供的，因此旅行社在产品开发过程中必须与航空公司、饭店等旅游服务供应商保持密切的合作关系。旅游服务项目开发主要是完成这方面的工作，业务内容包括制订采购计划、采购调查、采购过程管理、维护采购关系、采购成本管理等。

（3）旅行社产品销售管理。主要业务包括旅游市场信息收集、旅行社产品销售、管理客户关系等。

（4）旅游业务调度。主要业务包括客户接待、制订和安排接待计划、协调与旅游服务提供商的关系、办理签证及相关旅游手续、预订管理、信息收集与资料统计等。

（5）旅游门市接待服务。主要业务包括旅游产品展示、旅游咨询服务、旅游产品销售等。

（6）导游服务。主要业务包括地陪、全陪、出境领队服务等。

（7）电子商务管理。主要业务包括网络管理、网站内容管理、交易服务管理等。

（8）客户服务管理。主要业务包括旅游质量管理、旅游投诉处理等。

2. 旅行社二线经营业务

（1）人力资源管理。主要业务包括人力资源管理制度建设、人力资源规划、员工招聘、员工日常管理、员工培训、绩效考核、薪酬与福利管理等。

（2）行政事务管理。主要业务包括内部协调沟通事务、接待活动、会议的组织管理、安全保障管理、后勤保障管理、文书档案管理、行政费用控制、财产物资管理等。

（3）财务管理。主要业务包括财务预算管理、融资管理、日常会计核算管理、财务分析管理、财务监督管理、税务管理、财务审计等。

四、旅行社的行业特点

（一）资金投入少

旅行社是旅游中间商，是通过提供中介服务获取收益的企业。作为企业，旅行社出售的产品，无论是单项的还是综合的，都是一种服务产品，该产品的无形性决定了旅行社的全部生产活动都表现为人的劳务活动，它无须借助于耗资巨大的机器设备来完成。因此，旅行社常被人们视作较为典型的劳动密集型企业。事实上，旅行社除了必要的营业场所、办公设施和通信设备外，其经营几乎不需要有更多的固定资产。与一般商贸企业相比，旅行社对流动资金的需求量也是有限的，尤其是作为组团社的旅行社，在经营中它依照“先付款后接待”的惯例，在招徕顾客时可以暂时拥有一笔数量可观的流动资金。即便旅行社业务以接待为主，其经营资金也为垫付资金。因此，旅行社经营所需投资较少。而这一特点给我国旅行社经营活动带来三方面不利影响：

（1）由于资金投入较少，因此新进入者面临的行业壁垒较低，若政府对数量不加以控制，旅行社在数量上迅速增长，容易形成更为激烈的市场竞争。

（2）由于资金投入较少，因此企业经营基础薄弱，在市场竞争激烈或企业资金周转发生困难时，旅行社容易出现亏损甚至破产，企业行为普遍短视，投机性较强。

（3）由于资金占有数量较小，因此多数旅行社难以获得较高的商业信用，而结算手段的落后又为相互拖欠款提供了可能，由此导致流动资金周转速度缓慢，势必使旅行社的经济效益受到影响。

（二）依附性较强

旅行社经营的依附性主要体现在两个方面。一方面是客源市场的依附，尤其是国际旅行社必须依靠客源地的旅行社为其提供客源。没有一个由一批分布合理、数量充足、关系稳固的异地旅行社组成的销售网络，旅行社的自下而上发展是难以想象的。另一方面是服务市场的依附，旅行社必须依靠当地众多的其他旅游企业为其提供各种相关服务。旅行社必须与各旅游企业进行广泛联络，以建立起一个完善的旅游服务供给网络，从而获得经营所需的各项服务。

旅行社对客源市场与服务市场的严重依赖，决定了其经营活动的重心之一就是要积极主动、千方百计地与相关企业建立长期可行的相互协作与信任的关系。在部分经营管理不善的旅行社中，这种企业之间的业务协作关系常常被个别具体经营人员的个人关系代替，从而导致公司行为个人化。因此，旅行社作为信用程度不高的企业，如何与自己必须依靠的相关企业（其中也包括一些信用程度同样不高的异地旅行社）建立长期和稳定的协作关系，是摆在旅行社经营管理者面前的重要课题。

（三）无形资产要求高

无形资产主要是指一个企业所拥有的良好声誉与信用。旅行社是服务性中介机构。有人说旅行社是出售“承诺”或让旅游者购买“梦想”的企业。旅游者外出旅游，购买具有不可感知特性的旅游产品，之所以选择旅行社，除了购买的方便之外，更重要的原因在于旅游者对旅行社中间商的信任，而这种信任通常基于对旅行社已有的声誉与信用等无形资产的良好评价。可见，无形资产对任何一家旅行社的经营都是非常重要的，旅行社的生存需要它，旅行社的发展更离不开它。从某种意义上讲，在既无雄厚资金实力，又无自己独特产品的条件下，旅行社要在激烈的市场竞争中取胜并立于不败之地，唯一依靠的就是企业自身的无形资产，依靠的是企业经过自身努力树立起来的良好声誉与信用。

（四）风险较大

旅行社业务的一个显著特点是客源与效益的不稳定，这增加了旅行社经营的难度与风险，而这种经营风险又是由旅游市场特殊的供求关系决定的。

从供给方面看，由于旅行社几乎不生产什么，旅行社的供给能力受制于各个旅游生产者的生产能力。从需求方面看，整个旅游市场的需求波动较大，其中既有颇具规律的周期性淡、旺季变化，又有随机性较强的个别旅游者需求的变化。除此之外，国际局势的稳定与动荡、各国经济的繁荣与萧条、汇率的上升与下降等也都会对旅游需求造成突发性的影响。这些变化使得旅行社总处于旅游服务供求不平衡的状态之中。如何在这种状态中保持企业经营的相对稳定并做到处变不惊，是旅行社经营管理所面临的巨大挑战。事实证明，理智地正视现实，积极地应对挑战，适时地调整战略，是旅行社降低经营风险的有效途径。

任务实施

1. 教师指导学生利用思维导图梳理思想和观点。学生每人绘制一幅思维导图，梳理旅行社的性质与行业特点。内容包括：(1) 旅行社的性质；(2) 旅行社的社会职能；(3) 旅行社的工作内容；(4) 旅行社的行业特点。形式要求：(1) 语言简洁；(2) 条理清晰。教师根据学生提交的作品进行指导和打分。

2. 分析旅行社行业现状的本质原因。

评分标准

序号	评价项目	分值	得分
1	内容的完整性	50 分	
2	语言的简洁性	20 分	
3	内容的条理性	20 分	
4	形式的创新性	10 分	

任务四　预测中国旅行社行业的发展趋势

学习目标

知识目标	1. 了解中国旅行社的发展现状； 2. 熟悉中国旅行社未来的发展趋势。
能力目标	具有分析旅行社发展现状和预测未来趋势的能力。

素质目标

1. 提高旅行社专业素养；
2. 树立数字化运营的意识。

任务描述

2023年，旅行社行业开始重启。但重启不是重复，旅游产业、旅游消费和旅游企业运营都发生了重大变化，旅行社已经回不到2019年了。后疫情时代，这个行业变成什么样了？未来它又会走向何方呢？请继续利用思维导图这个工具帮你的朋友分析旅行社行业的现状，并预测一下未来的发展趋势。

知识准备

2023年，中国宏观经济实现恢复性增长，“重启”效应使得中国经济的需求面和供给面均得到明显改善，特别是消费和服务业增速大幅反弹。2023年是党的二十大召开之后加快构建新发展格局和推进经济高质量发展、全面建设社会主义现代化国家的一年。在宏观经济政策调整、微观市场主体修复以及“十四五”规划项目加快落实等有利因素的作用下，2023年中国宏观经济下行压力得到极大缓解，各方面增长表现逐步回归常态。在供给端，受疫情防控严重影响的服务业加快反弹；在需求端，受抑制的消费和投资需求将得到充分释放。

一、中国文旅产业发展现状与趋势

文旅产业是国民经济的战略性支柱产业，繁荣的文旅产业对经济平稳健康发展的综合带动作用明显，也能极大助力实现人民群众对美好生活的向往。《“十四五”旅游业发展规划》指出，“十四五”时期，我国将全面进入大众旅游时代，旅游业发展仍处于重要战略机遇期。

（一）旅游需求与供给更加多元化

旅游已不再是某个年龄或某个阶层独有的活动，它越来越成为国民大众的刚需。越来越多的人对旅游表现出浓厚的兴趣，一二线城市的渗透度优势依然明显，三四线城市与农村旅游消费快速增长。国民大众既有对大众旅游品质化的需求，也有多样性的需求。跟团观光游群体仍有较大的市场规模，自驾游、休闲游、乡村游、研学游、养生游等旅游形式也被更多人追崇。旅游目的地全域化，既有主流景区人潮汹涌，也有网红打卡地吸引众多粉丝。旅游餐饮各具特色，住宿产品也更加丰富，从快捷酒店、精品酒店、主题酒店到精品民宿，满足不同需求。适应人们旅游需求的新变化、新要求，实现高质量发展将是文旅产业发展的重要趋势。

1. 文化和旅游持续融合，推动文旅产业高质量发展

中央和地方政府纷纷出台各项文旅政策规划，引导文旅市场的规范化、专业化发展，从税收减免、金融支持、刺激消费、行业补贴、审批管理等多个层面推进文旅产业高质量发展。旅游消费市场正在发生新的变化，从商品买卖到体验产品诞生、从单向输出到双向互动，旅游者对文化消费的需求促进了文化和旅游产业的组织融合和市场融合。虚拟现实、增强现实等数字技术的广泛应用加速了文旅融合的进程，优化了文旅消费体验。文旅融合的边界不断拓展，通过产业升级和空间构建，拉长了文旅产业链，营造沉浸式文化感知和体验，打造新消费综合体，不断催生文旅新业态。在这样的背景下，乡村经济被激活，农文旅产业升级融合，沉浸式景观、创新研学体验、挖掘多元产品吸引力等方面得到提升，促使农文旅从观光旅游向休闲度假、生态康养、露营体验等新业态转变。

2. 消费市场分层加剧，新消费形态多元化

游客消费“升级”和“降级”并存，原来购买“大众旅游”产品的旅游消费者在积累了更多的旅游体验之后，转而追求更加个性化和更加精细化的“小众旅游”产品，他们一部分向更高级别消费升级，一部分由于进入新的生命周期阶段会调整其消费结构，还有一部分会由于增加小众市场的消费而减少大众产品的消费。碎片化的、细分的“小众市场”不断崛起，表现出强劲的吸引力，并可能实现在大众市场上很难培育出的客户高黏性与高忠诚度。内涵式体验、精神满足是未来的消费诉求，中国市场已经从美丽风景走向美好生活，从小康型观光消费进阶到休闲度假型消费，又转变为高级享受型消费，未来将迈向精神消费。

值得注意的是，随着新兴人群“Z 世代”崛起，他们享受着国家快速发展带来的福利，民族自信心和认同感高。他们生活在快速变化的数字经济时代，对新兴事物接受度更高，更愿意体验新的玩法。亲子游、小众体验游、疗愈游、周边游、微度假、寺庙游等旅游新形式层出不穷，向文旅产业注入了更多活力，促进新消费业态的多元化。

（二）数字技术推动文旅产业变革

2021 年是我国“十四五”的开局之年。根据规划，文旅行业的工作重点是完善现代旅游业体系，发展大众旅游、智慧旅游。这也意味着文旅行业在数字化转型上

将迎来更多的红利释放和发展机遇。5G、大数据、云计算、人工智能、虚拟现实、增强现实等新一代数字技术正广泛应用于文旅行业的数字基建、内容消费、产品创新、综合治理等各个方面，抖音、小红书等新媒体平台成为大众接受旅游信息的渠道之一，在线预订、刷脸入园、电子支付成为民众的文旅消费习惯……数字技术正在深刻变革文旅行业。

1. 促进文旅产业数字化管理

通过数据聚合、大数据基础库分析服务及物联网、云服务等技术，结合旅游目的地特点，帮助政府更好地进行全面统筹管理，引领文旅发展方向，构建产业互联网。在线旅游软件、社交软件等，既可以帮助游客实现线上预约与支付，优化出行体验，还可以帮助文旅项目进行全面数字化提升，实现线上线下全方位智能服务。

2. 提高文旅企业运营效率

人工智能、互联网、物联网、管理信息系统等数字技术的广泛应用，加速了文旅产业在线化、数字化、智能化发展，在优化旅游消费体验的同时提高了文旅企业的工作效率，重构了文旅企业的商业模式、组织模式和运营模式，提升了文旅企业的智能化管理水平。

3. 创新数字文旅场景和业态

借助元宇宙、区块链、虚拟仿真等多种技术手段，助力文旅产业超越时空限制。文旅产业不断探索数字技术与文旅展示、体验、内容、价值、平台等方面的结合，拓展数字文旅消费新场景、新业态、新产品，重视和挖掘个性化场景，将文旅元素融入日常生活，打造小而美的社交空间，提升文旅企业数字生产能力和数字场景创造能力。

（三）文旅经济发展更加现代化

党的二十大报告中强调，全面建成社会主义现代化强国、实现第二个百年奋斗目标，以中国式现代化全面推进中华民族伟大复兴。在第八部分“推进文化自信自强，铸就社会主义文化新辉煌”中提出“加大文物和文化遗产保护力度，加强城乡建设中历史文化保护传承，建好用好国家文化公园。坚持以文塑旅、以旅彰文，推进文化和旅游深度融合发展”。

中国式现代化离不开文旅产业的现代化，同时，中国式现代化为文旅产业发展提供了契机和机遇，也指明了文旅产业下一步发展的方向和路径。文旅产业作为我国现代化的组成部分，需与其他产业协同发展，融入国民经济发展的大潮，实施重大文旅产业带动战略，围绕塑造文旅产业优势，加强区域统筹和协同联动，建设文旅产业带、特色文旅集群等，以文旅消费促行动，激发消费潜力。主动融入中国式现代化建设体系，必将使文旅产业重新焕发生机与活力。

1. 人口规模的现代化与大众旅游新时代

我国已经进入大众旅游时代，旅游活动不再是少数人的特权行为。根据文化和旅游部发布的资料，2019 年全年国内旅游人数为 60.06 亿人次，入境旅游人数为 14 531 万人次，出境旅游人数为 15 463 万人次。2023 年上半年，国内旅游总人数为 23.84 亿人次，国内旅游总收入（旅游总花费）为 2.3 万亿元人民币。从数据可以看出，旅游活动已经成为人们追求美好生活的重要组成部分。

2. 全体人民共同富裕的现代化与旅游高质量发展

旅游产业将以推动高质量发展为主题，以满足人民日益增长的美好生活需要为根本目的，推出更多体现时代特征、中国气派的旅游产品。在文旅经济发展过程中，秉承“景地共生共荣，旅游致富百姓”的理念，在发展自身产业的同时，积极践行社会责任，让越来越多的乡村在青山绿水中吃上“旅游饭”，推动当地向着乡村振兴、共同富裕的目标迈出坚定的步伐。

3. 物质文明和精神文明相协调的现代化与文旅融合发展

以文塑旅，以旅彰文，文旅产业以文旅深度融合为抓手，加快从“卖风景”向“卖文化”转型，让旅游过程成为人们感悟中华文化、增强民族自信的过程。增进文化自信自强，铸就社会主义文化新辉煌。

4. 人与自然和谐共生的现代化与生态康养旅游业态发展

以“生态、绿色、文明、宜居、宜游”为文旅产业振兴的蓝图，探索“新文化＋新生态＋新健康＋新旅游”的复合发展模式，打造文旅产业全新的文化符号和旅游品牌形象，促进人与自然和谐共生，推动构建人类命运共同体，创造人类文明新形态。

5. 和平发展道路的现代化与旅游产业国际化发展

国内旅游、出境旅游与入境旅游业务齐头并进，深度融入世界旅游经济，以国内旅游业务为立足点，构建以国内大循环为主体、国内国际双循环相互促进的新发展格局。

延伸阅读

党的二十大报告——以中国式现代化全面推进中华民族伟大复兴

习近平在党的二十大报告中强调，从现在起，中国共产党的中心任务就是团结带领全国各族人民全面建成社会主义现代化强国、实现第二个百年奋斗目标，以中国式现代化全面推进中华民族伟大复兴。

习近平在报告中指出，在新中国成立特别是改革开放以来长期探索和实践基础上，经过十八大以来在理论和实践上的创新突破，我们党成功推进和拓展了中国式现代化。

中国式现代化，是中国共产党领导的社会主义现代化，既有各国现代化的共同特征，更有基于自己国情的中国特色。

——中国式现代化是人口规模巨大的现代化。

——中国式现代化是全体人民共同富裕的现代化。

——中国式现代化是物质文明和精神文明相协调的现代化。

——中国式现代化是人与自然和谐共生的现代化。

——中国式现代化是走和平发展道路的现代化。

习近平指出，中国式现代化的本质要求是：坚持中国共产党领导，坚持中国特色社会主义，实现高质量发展，发展全过程人民民主，丰富人民精神世界，实现全体人民共同富裕，促进人与自然和谐共生，推动构建人类命运共同体，创造人类文明新形态。

习近平在报告中指出，到二〇三五年，我国发展的总体目标是：经济实力、科技实力、综合国力大幅跃升，人均国内生产总值迈上新的大台阶，达到中等发达国家水平；实现高水平科技自立自强，进入创新型国家前列；建成现代化经济体系，形成新发展格局，基本实现新型工业化、信息化、城镇化、农业现代化；基本实现国家治理体系和治理能力现代化，全过程人民民主制度更加健全，基本建成法治国家、法治政府、法治社会；建成教育强国、科技强国、人才强国、文化强国、体育强国、健康中国，国家文化软实力显著增强；人民生活更加幸福美好，居民人均可支配收入再上新台阶，中等收入群体比重明显提高，基本公共服务实现均等化，农村基本具备现代生活条件，社会保持长期稳定，人的全面发展、全体人民共同富裕取得更为明显的实质性进展；广泛形成绿色生产生活方式，碳排放达峰后稳中有降，生态环境根本好转，美丽中国目标基本实现；国家安全体系和能力全面加强，基本实现国防和军队现代化。

未来五年是全面建设社会主义现代化国家开局起步的关键时期。

习近平在报告中指出，我国发展进入战略机遇和风险挑战并存、不确定难预料因素增多的时期，各种“黑天鹅”“灰犀牛”事件随时可能发生。我们必须增强忧患意识，坚持底线思维，做到居安思危、未雨绸缪，准备经受风高浪急甚至惊涛骇浪的重大考验。前进道路上，必须牢牢把握以下重大原则。

——坚持和加强党的全面领导。坚决维护党中央权威和集中统一领导，把党的领导落实到党和国家事业各领域、各方面、各环节，使党始终成为风雨来袭时全体人民最可靠的主心骨……

——坚持中国特色社会主义道路。……既不走封闭僵化的老路，也不走改旗易帜的邪路，坚持把国家和民族发展放在自己力量的基点上，坚持把中国发展进步的命运牢牢掌握在自己手中。

——坚持以人民为中心的发展思想。维护人民根本利益，增进民生福祉，不断实现发展为了人民、发展依靠人民、发展成果由人民共享，让现代化建设成果更多、更公平惠及全体人民。

——坚持深化改革开放。……不断彰显中国特色社会主义制度优势，不断增强社会主义现代化建设的动力和活力，把我国制度优势更好转化为国家治理效能。

——坚持发扬斗争精神。增强全党全国各族人民的志气、骨气、底气，不信邪、不怕鬼、不怕压，知难而进、迎难而上，统筹发展和安全，全力战胜前进道路上各种困难和挑战，依靠顽强斗争打开事业发展新天地。

二、我国旅行社的发展现状

文化和旅游部《2019 年度全国旅行社统计调查报告》显示，截至 2019 年 12 月 31 日，全国旅行社总数为 38 943 家。2019 年度全国旅行社营业收入为 7 103.38 亿元，营业成本为 6 512.90 亿元，营业利润为 32.10 亿元，利润总额为 43.28 亿元。从营业收入角度来看，三大市场分别占营业收入的比重如下：国内旅游营业收入占 53.25%，出境旅游营业收入占 41.54%，入境旅游收入占 5.21%。疫情前，国内旅游市场与出境旅游市场几乎各占旅游总收入的半壁江山，入境旅游的比重增长缓慢。由此可见，国内游客贡献了绝大多数旅游营业收入。从类别的角度来看，2019 年度全国具有出境旅游业务资质的旅行社旅游业务营业收入占比为 76.66%，表明在疫情前旅行社行业的集中度在提高。截至 2019 年底，全国旅行社直接从业人员为 415 941 人，其中大专以上学历为 282 214 人，签订劳动合同的导游人数为 121 710 人，领队人员为 57 148 人。

根据文化和旅游部《2023 年第二季度全国旅行社统计调查报告》，截至 2023 年 6 月 30 日，全国旅行社总数为 50 780 家。2023 年第二季度，全国旅行社国内旅游组织为 3 861.26 万人次、9 729.39 万人/天；接待 4 470.13 万人次、9 729.96 万人/天。国内旅游单项服务 1.88 亿人次。

旅行社行业呈现恢复和增长的态势，重新迎来了欣欣向荣的景象。同时，我们也应看到，不同于以往的经济周期，这次行业触底持续时间长，损失比较严重，行业秩序和市场需求修复都需要一个相对长期的过程。而且在复苏过程中，原来存在的潜在风险会不断显化和爆发，让旅行社行业出现一些“乱象”，集中表现在虚假宣传和低价恶性竞争上。如果不能及时治理，将影响行业复苏的进程和健康发展。

三、我国旅行社行业发展趋势

随着生活水平的提高，人们对健康和精神文化的需求日趋提升，带动了旅游业的发展。同时，在国家产业政策的引导下，旅游业作为服务行业中的高资本回收产业，得到了政策的大力支持和推动。伴随着信息与交通技术向旅游业的快速渗透，旅游业作为市场洼地不断聚集资本。在这种形势下，作为旅游产业的重要组成部分，我国旅行社未来的行业竞争格局将呈现以下趋势。

1. 需求多元，小团定制旅游渐成潮流

传统消费时代，为了追求规模效应，大众化的旅游产品总是千篇一律，量身打造的产品只能为少数人所享用。未来，旅游产品创新的速度加快，无数的新旅游产品冒出来，但大多数产品只能在市场上畅销一阵子，一两年甚至几个月就会退出历史舞台，消费者的“需求周期”越来越短，新的消费需求在不断爆发，多元、细分的消费诉求日益显现。迭代速度加快、产品生命周期变短，单靠几个大单品就可以获得发展的旅行社越来越难以经营下去。旅游消费者不再满足于单一商品带来的需求满足，多样化、差异化的需求成为趋势。这要求旅行社多渠道、低成本地收集不同消费者的资料和需求，通过灵活、柔性的管理提供多样化、定制化的产品和服务，并要求供应链的管理更加高效，大大降低旅行社进行小团规模定制旅游的成本，使得以往昂贵的私人定制旅游产品变得平价，开启大众的定制旅游时代。

2. 结构调整，异业联合经营成为常态

疫情使一些旅行社不堪重负，退出旅行市场。坚持下来的旅行社也在创新商业模式，加强与其他行业的融合发展，希望获得生存和发展。疫情后，旅行市场的空白将被更多跨界而来的企业填补，“旅游+”跨界融合的趋势将加速，旅行社行业与其他行业互动发展，异业联合经营的情况更加普遍。一方面，线上线下加速融合，在线旅游经营商的渠道下沉与传统旅行社的网络化运营仍将快速推进；另一方面，定制服务的大众化趋势继续加强，整合碎片化资源的能力、大规模定制与成本控制都成为关注核心。旅行社行业将面临深刻的行业结构调整和发展格局重塑，未来旅

行社企业应积极适应旅游业发展新趋势，坚持以游客需求为导向，专注内容开发，创新产品供给，推进业态升级，提供更加优质丰富的旅游服务；注重科技赋能，应用数字化手段，加强虚实结合，发展跨界融合新模式，促进文化体验游、数字虚拟游等新业态发展；搭建多边服务合作平台，推动资源共享，加强精品线路开发合作，重塑企业品牌形象。

3. 业务重构，组织结构形式更加扁平化

传统的业务架构中，采购、设计、销售、人力等关键活动归属于不同的部门，相互独立，各有各的运作系统和管理方式，当需要部门之间进行工作协调时，部门之间好像有一堵墙，每个部门只了解本部门的业务情况，对其他部门的业务活动知之甚少。工作之间的协调主要通过工作协调会和部门之间的沟通协调完成，信息传递依靠人工的方式进行。这种信息传递方式会造成信息的重复处理，由于人的主观性原因，信息传递出现扭曲，降低了工作效率，浪费了资源。重组业务流程是指对传统业务进行解构与重塑，将原先冗长的工作开展简化，减少中间节点，工作节点之间通过数字化技术实现自动化处理来提高效率和准确度，建立数字驱动的高效的业务流程。通过信息系统对数据进行充分整理、有效传递，使企业的采购、销售、设计、资金和物资等各个方面能够进行合理配置和利用。

未来的组织结构将打破层级和专业化部门的边界，实现组织扁平化设计，消除冗余的层级，基于细分市场组建小型团队作为运营的节点，赋予小型团队更多的决策权，使管理体制更加灵活多变；改变数据信息按照级层传播的路径，将运营数据和消费者需求信息无门槛地流动，提升数据体系质量，使数据无损共享、有效聚合，让数据在整个组织纵向的层级中与横向的职能间进行高效传输和共享，从而使所有人都能看得见市场、听得到客户。

4. 数字赋能，推动商业模式创新发展

由于疫情的影响，旅游消费者将消费需求从线下转移到线上，养成线上购买与消费的习惯。随着疫情结束，线下旅游消费活动必然爆发，但不会取代线上购买与消费的习惯。社交平台、新媒体平台和电商平台等成为旅行社行业更为重要的销售与提供服务的渠道。以线上高效输出内容进行“种草”造势引流，和以线下“拔草”消费提供服务形成一个闭环。线上付费直播的模式将被更多的旅游消费者接受，成为为旅游行业创造更为直接的线上效益的新模式。不仅如此，随着 AR、VR、MR、XR 虚拟技术在文旅垂直赛道进一步深耕与拓展，线上线下的消费界限也会越来越模糊，虚拟世界和现实世界融合在一起，重塑众多行业的产业链。

数字内容建构了当下人与人的文化价值认同关联、社交关系关联和商业消费关联。数字内容消费的旅游消费者不断扩大，催生了文旅消费新场景，国漫、国风、国创、国乐、国艺等大批中国文化数字内容 IP，正激发游客的文旅消费新需

求，引领着旅行社行业新产品开发和新业态打造。未来，随着文旅产业链和创新链的纵横联合，优质文旅数字内容创作、IP 协同出海将是旅行社行业资本布局的方向。

延伸阅读

旅行社行业产业链

旅行社在旅游产业链中位于中游，处于上游旅游资源和下游用户之间。在在线旅游经营商以及互联网没有兴起和普及之前，游客自己预订旅游资源较不便利，并且也拿不到较好的价格，因此旅行社主要通过压低上游资源价格，整合资源形成产品，而后销售给用户，赚取利润。但随着信息的透明化，旅行社对上游的议价能力日益减弱（见图 0－4）。

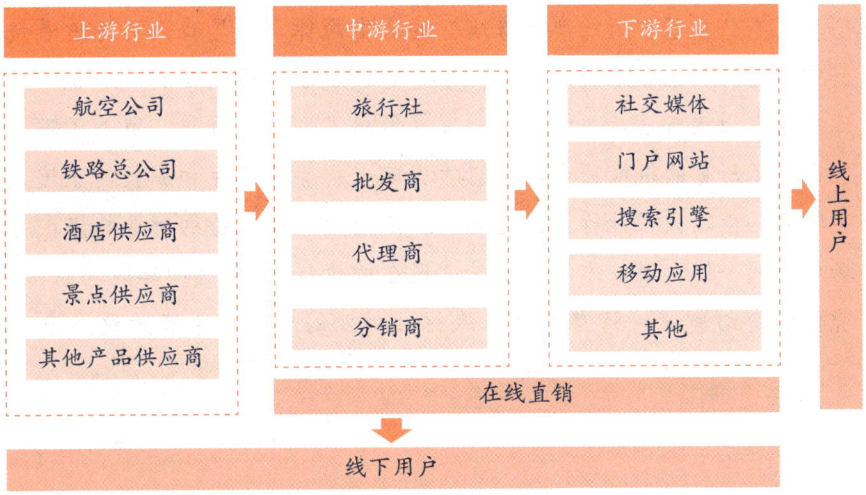

图 0－4 旅行社产业链

任务实施

1. 教师指导学生利用思维导图梳理思想和观点。学生每人绘制一幅思维导图，梳理中国旅游产业和旅行社行业的发展现状与未来趋势。内容包括：（1）中国旅游产业发展现状与特点；（2）中国旅行社发展现状与特点；（3）中国旅行社未来的发展趋势。形式要求：（1）语言简洁；（2）条理清晰。教师根据学生提交的作品进行指导和打分。

2. 针对中国旅行社行业的发展趋势发表见解。

评分标准

序号	评价项目	分值	得分
1	内容的完整性	50 分	
2	语言的简洁性	20 分	
3	内容的条理性	20 分	
4	形式的创新性	10 分	

项目总结

该项目主要分析了旅行社产生与演变的历史规律，指导我们更好地看清行业的现状。其中蕴含一个亘古不变的辩题：是时势造就了英雄还是英雄造就了时势？托马斯·库克等人为旅行社行业的开拓和推进做出了杰出的贡献，留下了难以磨灭的足迹。但离开了历史的机缘巧合，他们的成就也失去了萌芽和成长的土壤。每个行业都有独特的个性，旅行社行业也是如此。正因为这些独特的行业特点，与历史机遇和市场环境耦合的作用，才使它长成“现在的模样”。历史的车轮仍将滚滚向前，市场环境仍然变幻莫测，只有了解了旅行社行业的本质，才能大致看清它的发展方向。

项目一

组建旅行社

根据旅行社行业“经营许可”制度，想要成立一家旅行社，需要经过行业主管部门审核与许可。那么怎样通过这些“关卡”？需要哪些“通关文牒”？当你闯关成功，顺利地拿下营业执照和经营许可证时，就组建了一家正规的旅行社，可以开门经营了。可是万里长征才刚刚开始。第一步当然是招人了，把人招进来，怎么来安排他们的工作呢？如何既能让他们人尽其才，又能利用这些人力资源“玩转”旅行社，让它不断产生利润呢？

任务一　申请设立旅行社

学习目标

知识目标	1. 了解并掌握旅行社成立的条件； 2. 了解并掌握旅行社申报需要提交的材料； 3. 了解旅行社申报程序。
能力目标	能够完成旅行社申报工作。
素质目标	1. 增强统筹规划能力； 2. 增强团队合作精神； 3. 加强人际沟通能力。

任务描述

看着旅游业蓬勃发展，你的朋友决定投资设立一家旅行社。可是申报设立旅行社需要具备什么条件、准备哪些文件、经过哪些流程呢？如果将来旅行社做大了，想要扩大规模，又该怎么办呢？为了提高申报的效率，请你帮你的朋友把申报材料准备好，并和自己的同学一起模拟旅行社申报流程。

知识准备

一、旅行社的概念

旅行社是指从事招徕、组织、接待旅游者的活动，为旅游者提供相关旅游服务，开展国内旅游业务、入境旅游业务或者出境旅游业务的企业法人。为接待旅游者提供的相关旅游服务主要包括：

（1）安排交通服务；

（2）安排住宿服务；

（3）安排餐饮服务；

（4）安排观光游览、休闲度假等服务；

（5）提供导游、领队服务；

（6）提供旅游咨询、旅游活动设计服务。

旅行社还可以接受委托，提供下列旅游服务：

（1）接受旅游者的委托，代订交通客票，代订住宿，以及代办出境、入境、签证手续；

（2）接受机关、事业单位和社会团体的委托，为其差旅、考察、会议、展览等公务活动代办交通、住宿、餐饮、会务等事务；

（3）接受企业委托，为其各类商务活动、奖励旅游等代办交通、住宿、餐饮、会务、观光游览、休闲度假等事务；

（4）其他旅游服务。

以上所列出境、签证手续等服务，应当由具备出境旅游业务经营权的旅行社代办。

国内旅游业务是指旅行社招徕、组织和接待中国居民（不含港澳台地区居民）在境内旅游的业务。

入境旅游业务是指旅行社招徕、组织、接待外国旅游者来我国旅游，香港特别行政区、澳门特别行政区旅游者来内地旅游，台湾地区居民来大陆旅游，以及招徕、组织、接待在中国内地的外国人，在内地的香港特别行政区、澳门特别行政区居民和在大陆的台湾地区居民在境内旅游的业务。

出境旅游业务是指旅行社招徕、组织、接待中国居民（不含港澳台地区居民）出国旅游，或赴香港特别行政区、澳门特别行政区和台湾地区旅游，以及招徕、组织、接待在中国的外国人、在内地的香港特别行政区、澳门特别行政区居民和在大陆的台湾地区居民出境旅游的业务。

二、旅行社设立的条件

（一）申请经营国内旅游业务和入境旅游业务

（1）有固定的经营场所。旅行社的经营场所应当符合下列要求：

1）申请者拥有产权的营业用房，或者申请者租用的、租期不少于 1 年的营业用房；

2）营业用房应当满足申请者业务经营的需要。

（2）有必要的营业设施。旅行社的营业设施应当至少包括下列设施、设备：

1）2 部以上的直线固定电话；

2）传真机、复印机；

3）具备与旅游行政管理部门及其他旅游经营者联网条件的计算机。

（3）有不少于 30 万元的注册资本。

（4）有指定银行存入质量保证金 20 万元或依法取得银行担保的证明文件。

（二）申请经营出境旅游业务

（1）旅行社取得经营许可满两年。

（2）连续两年未因侵害旅游者合法权益受到行政机关罚款以上处罚。

（3）增存质量保证金 120 万元或依法取得银行担保。

（三）外商投资旅行社

外商投资旅行社实行国民待遇，但外商投资旅行社不得经营中国居民（不含港澳台地区居民）出国旅游业务以及赴香港特别行政区、澳门特别行政区和台湾地区旅游的业务，但是国务院决定或者我国签署的自由贸易协定和内地与香港特别行政区、澳门特别行政区关于建立更紧密的经贸关系的安排另有规定的除外。

在旅行社发展过程中，旅行社如需扩展业务规模，可以建立分社和服务网点。旅行社分社及其服务网点，不具有法人资格，也就是分社和服务网点都不可独立经营，其经营范围不能超出设立社即设立分社和服务网点旅行社的经营范围，比如：一家经营国内旅游和入境旅游业务的旅行社设立分社或者服务网点，其分社和服务网点只能经营国内旅游和入境旅游业务，不能超出这个经营范围。如果在经营过程中出现任何问题，分社和服务网点也无法独立承担责任，由此造成的责任和后果需要设立社来承担。

（四）设立旅行社分社

（1）经营场所规定。同旅行社设立。

（2）经营设施规定。同旅行社设立。

（3）质量保证金。旅行社每设立一个经营国内旅游业务和入境旅游业务的分社，应当向其质量保证金账户增存 5 万元；每设立一个经营出境旅游业务的分社，应当向其质量保证金账户增存 30 万元。

（4）旅行社分社的设立不受地域限制。

（5）分社的名称中应当包含设立社名称、分社所在地地名和“分社”或者“分公司”字样。

（五）设立旅行社服务网点

服务网点是指旅行社设立的，为旅行社招徕旅游者，并以旅行社的名义与旅游者签订旅游合同的门市部等机构。

（1）设立社可以在其所在地的省、自治区、直辖市行政区划内设立服务网点及其分社所在地的设区的市的行政区划内设立服务网点。

（2）服务网点设立不受数量限制。

（3）分社不得设立服务网点。

（4）服务网点应当设在方便旅游者认识和出入的公众场所。

（5）服务网点的名称、标牌应当包括设立社名称、服务网点所在地地名等，不得含有使消费者误解为是旅行社或者分社的内容，也不得使用易使消费者误解的简称。

（6）服务网点应当在设立社的经营范围内，招徕旅游者、提供旅游咨询服务。

设立社应当与分社、服务网点的员工订立劳动合同。设立社还应当加强对分社和服务网点的管理，对分社实行统一的人事、财务、招徕、接待制度规范，对服务网点实行统一管理、统一财务、统一招徕和统一咨询服务规范。

三、旅行社设立的申报材料

（一）经营国内旅游业务和入境旅游业务的申报材料

申请设立旅行社，经营国内旅游业务和入境旅游业务的，应当向省、自治区、直辖市旅游行政管理部门（简称省级旅游行政管理部门，下同）提交下列材料：

（1）设立申请书，内容包括申请设立的旅行社的中英文名称及英文缩写，设立地址，企业形式、出资人、出资额和出资方式，申请人、受理申请部门的全称、申请书名称和申请的时间；

（2）法定代表人履历表及身份证明；

（3）企业章程；

（4）经营场所的证明；

（5）营业设施、设备的证明或者说明；

(6) 市场监督管理部门出具的企业法人营业执照。

旅游行政管理部门应当根据《旅行社条例》第六条规定的最低注册资本限额要求，通过查看企业章程、在企业信用信息公示系统查询等方式，对旅行社认缴的出资额进行审查。

旅行社经营国内旅游业务和入境旅游业务的，企业法人营业执照的经营范围不得包括边境旅游业务、出境旅游业务；包括相关业务的，旅游行政管理部门应当告知申请人变更经营范围；申请人不予变更的，依法不予受理行政许可申请。

(二) 经营出境旅游业务的申报材料

应当向国务院旅游行政主管部门提交经营旅行社业务满两年且连续两年未因侵害旅游者合法权益受到行政机关罚款以上处罚的承诺书和经市场监督管理部门变更经营范围的企业法人营业执照。

旅行社取得出境旅游经营业务许可的，由国务院旅游行政主管部门换发旅行社业务经营许可证。在取得换发的经营业务许可证之后，需要在 3 个工作日之内向原账户增存 120 万元旅游服务质量保证金。

旅行社申请经营边境旅游业务的，适用《边境旅游暂行管理办法》的规定。

旅行社申请经营赴台湾地区旅游业务的，适用《大陆居民赴台湾地区旅游管理办法》的规定。

(三) 设立旅行社分社的申报材料

旅行社在经营过程中，需要扩大企业规模，开设分社的，设立社应向分社所在地市场监督管理部门办理分社设立登记，接着向分社所在地与企业名称登记同级的旅游行政管理部门备案。需要备案的材料包括：

(1) 分社的营业执照；

(2) 分社经理的履历表和身份证明；

(3) 增存质量保证金的证明文件。

(四) 设立旅行社服务网点的申报材料

旅行社服务网点的设立与分社设立的程序基本相同，先是由设立社向服务网点所在地市场监督管理部门办理服务网点设立登记，然后在 3 个工作日内，持下列材料向服务网点所在地与企业名称登记同级的旅游行政管理部门备案，包括：

(1) 服务网点的营业执照；

(2) 服务网点经理的履历表和身份证明。

（五）申请外商投资旅行社的申报材料

我国对外商投资旅行社实行国民待遇，除了申请的旅游行政管理部门和审核时间不同，其他程序与中资旅行社完全一致。外商投资企业申请经营旅行社业务，应当向所在地省级旅游行政管理部门提出申请。省级旅游行政管理部门应当自受理申请之日起 30 个工作日内审查完毕。予以许可的，颁发旅行社业务经营许可证；不予许可的，书面通知申请人并说明理由。

四、旅行社设立的审批程序

（一）经营国内旅游业务和入境旅游业务的审批程序

申请设立旅行社，经营国内旅游业务和入境旅游业务的，应当向所在地省、自治区、直辖市旅游行政管理部门或者其委托的设区的市级旅游行政管理部门提出申请，并提交符合规定的相关证明材料。

申请单位在备齐以上材料之后，需要在“全国旅游监管服务平台”系统内提交这些申请材料。负责受理的旅游行政管理部门通过“全国旅游监管服务平台”系统网上受理，对照行政许可条件进行审核。不符合许可条件的通过“全国旅游监管服务平台”系统网上补正，符合许可经营条件的签发受理凭证，申请企业可以通过“全国旅游监管服务平台”系统网上获取。接下来进入审查审批阶段，受理的旅游行政管理部门对申请单位进行实地勘察，对营业场所、经营设施是否合理等进行实地勘察并写出勘察意见。另外还需要业务主管领导对申请单位进行技术审核并出具审核意见。审核结束后，旅游行政管理部门下发审批决定书。审批文书通过“全国旅游监管服务平台”系统网上查看及自助下载打印。拿到审批文书，旅行社就可以去领取旅行社业务经营许可证的正副本了。

拿到了经营许可证，接下来就要去缴存质量保证金。根据《旅行社条例》规定，旅行社应当自取得旅行社业务经营许可证之日起 3 个工作日内，在国务院旅游行政主管部门指定的银行开设专门的质量保证金账户，存入质量保证金，或者向做出许可的旅游行政管理部门提交依法取得的担保额度不低于相应质量保证金数额的银行担保。经营国内旅游业务和入境旅游业务的旅行社，应当存入质量保证金 20 万元；质量保证金的利息归旅行社所有。

这里所缴存的质量保证金是指旅游服务质量保证金，是用于旅游服务质量赔偿支付和团队旅游者人身安全遇有危险时紧急救助费用垫付的资金。旅行社在银行存入质量保证金，须在文化和旅游部指定的范围内，选择一家银行（含其银行分支机构）存储保证金。保证金实行专户管理，专款专用。银行为旅行社开设保证金专用账户，存期由旅行社确定，但不得少于1年。当专用账户资金额度不足时，旅行社可对不足部分申请银行担保。

旅行社存缴保证金时，须持营业执照副本、旅行社业务经营许可证副本到银行办理存款手续。存缴保证金的旅行社须与银行签订旅游服务质量保证金存款协议书，并将复印件送向做出许可的旅游行政管理部门备案。

为最大限度提高资金效益、简化续存手续，银行按照不少于一年定期、到期自动结息转存方式管理保证金，中途提取部分改按活期结算利息。利息收入全部归旅行社所有。

为防止保证金存单质押，银行应在存单上注明“专用存款不得质押”字样。

银行提出保证金担保的，由银行向做出许可的旅游行政管理部门出具旅游服务质量保证金银行担保函。银行担保期限不得少于一年。担保期限届满前3个工作日，应续办担保手续。

（二）经营出境旅游业务的审批程序

（1）申请经营出境旅游业务的，应当向国务院旅游行政主管部门或者其委托的省、自治区、直辖市旅游行政管理部门提出申请，并按要求提交相关的证明文件。

（2）受理申请的旅游行政管理部门应当自受理申请之日起20个工作日内作出许可或者不予许可的决定。予以许可的，向申请人换发旅行社业务经营许可证；不予许可的，书面通知申请人并说明理由。

（3）申请人持换领的许可证到所在地市场监督管理部门办理经营范围变更登记，换领企业法人营业执照。

（4）申请人持换领的许可证、营业执照副本到国务院旅游行政主管部门指定的银行开设专门的质量保证金账户，增存质量保证金120万元或依法办理银行担保后，将相关的证明文件交回原做出许可的旅游行政管理部门备案。

（三）旅行社的变更与终止

旅行社名称、经营场所、出资人、法定代表人等登记事项变更的，应当在办理变更登记后，持已变更的企业法人营业执照向原做出许可的旅游行政管理部门备案。

旅行社终止经营的，应当在办理注销手续后，持市场监督管理部门出具的注销文件，向原做出许可的旅游行政管理部门备案。

延伸阅读

旅行社分社和服务网点的设立

旅行社设立分社的，应当持旅行社业务经营许可证副本向分社所在地的市场监督管理部门办理设立登记，并自设立登记之日起3个工作日内向分社所在地的旅游行政管理部门备案。

旅行社分社的设立不受地域限制。分社的经营范围不得超出设立分社的旅行社的经营范围。

旅行社每设立一个经营国内旅游业务和入境旅游业务的分社，应当向其质量保证金账户增存5万元；每设立一个经营出境旅游业务的分社，应当向其质量保证金账户增存30万元。

任务实施

教师从网上下载旅行社申报材料，组织学生分组，3～5人为一组，共同商讨旅行社申报文件的填写内容。教师根据申报材料的完整性、准确性和合理性进行打分。

旅行社申报材料准备齐全后，每一个小组成员分担不同的角色，根据《旅行社条例》和《旅行社条例实施细则》的相关内容，模拟经营入境旅游业务和国内旅游业务的旅行社在旅游行政管理部门的申报工作，取得旅行社业务经营许可证。要求：（1）材料准备齐全，需要准备好模拟申报所需要的道具；（2）申报机构准确无误；（3）申报流程符合法律法规要求。教师就道具准备、申报流程的准确性和团队合作情况进行小组打分。

评分标准

序号	评价项目	分值	得分
1	表格填写的完整性	40分	
2	团队配合	20分	
3	仪容仪表	10分	
4	态度	20分	
5	模拟的真实性	10分	

任务二　搭建旅行社工作舞台

学习目标

知识目标	1. 了解旅行社主要部门职能； 2. 了解并掌握旅行社结构设置需要考虑的因素； 3. 掌握旅行社结构设置模式及优缺点。
能力目标	能够搭建旅行社的组织结构。
素质目标	1. 提高统筹规划能力； 2. 培养团队合作精神。

任务描述

现在旅行社已经申报成功，经营资金、设施设备和经营场所都已具备，只要经营人员到位，就可以发动“马达”，让旅行社这台“机器”运转起来。在经营人员到位之前，需要把公司的“位子”设置出来，这个过程就是组织结构设计。你的朋友对如何搭建旅行社组织结构一头雾水，你决定设计三种组织结构形式，分别讲解每一种组织结构的优势和劣势，让你的朋友从中选择。

知识准备

一、组织结构的概念

旅行社是劳动密集型行业，能使旅行社取得竞争优势的不是先进的设备和科学技术，而是企业的员工。为在市场竞争中生存下去并获得发展，旅行社需要将员工有效地组织起来，将他们分配到不同的组织部门中，让他们承担不同的工作任务。组织结构设计就是要协调好组织中部门与部门之间的关系、人员与任务之间的关系，使员工明确自己在组织中应有的权力和应承担的责任，有效地保证组织活动的开展。

旅行社组织结构设计，是通过对旅行社组织资源（如人力资源）的整合和优化，确立旅行社某一阶段的最合理的管控模式，以实现组织资源价值最大化和组织绩效最大化。通俗地说，就是在人员有限的状况下通过组织结构设计提高组织的执行力和战斗力。

旅行社的组织结构设计是在旅行社的组织中，对构成旅行社组织的各要素进行排列组合，明确管理层次，分清各部门、各岗位之间的职责和相互协作的关系，并使其在实现旅行社的战略目标过程中获得最佳的工作业绩。

从最新的观念来看，旅行社的组织结构设计实质上是一个组织变革的过程，它是把旅行社的任务、流程、权力和责任重新进行有效组合和协调的一种活动。根据时代和市场的变化，进行组织结构设计或组织结构变革（再设计）的结果是大幅度地提高企业的运行效率和经济效益。

二、组织结构设计的主要内容

（一）职能设计

职能设计是指企业的经营职能和管理职能的设计。旅行社作为一个经营单位，要根据其战略任务设计经营、管理职能。职能设计的核心是对工作进行专门化，即将工作细分到具体工作岗位的程度。一般来讲，人员数量较多的旅行社专业化程度较高，设计的职能比较多。反之，人员较少的旅行社设计的职能比较少，每人都是多面手，承担多方面的工作。职能设计基于旅行社要实现的战略目标、经营环境等因素。如果旅行社的部分职能设计不合理，就需要进行调整，对其弱化或取消。

（二）框架设计

框架设计是企业组织设计的主要部分，运用较多。其内容简单来说就是纵向的分层次、横向的分部门。

框架的纵向设计主要是处理好管理层次和管理幅度之间的关系。管理层次是指旅行社自上而下管理层的数目。管理幅度是指旅行社上级管理部门主管能够直接有效指挥和领导下属的数量。在旅行社企业中，在员工数量确定的情况下，管理层次越多，管理幅度越小。这种框架设计称为高耸型组织结构。窄幅度的监督控制可能使管理更为周密，但管理层次多会使垂直沟通更加复杂，妨碍下属工作的自主性和增加管理成本。另一种减少管理层次和增加管理幅度的设计称为扁平化组织结构，可以克服高耸型组织结构的缺点，但会降低管理的效能，使管理者对下属不能进行密切监督。

框架的横向设计是指按照一定的方式将相关的工作和人员组织成易于管理的单位，即部门化。在旅行社的框架设计中，进行部门化的依据通常有 4 种因素，因此形成 4 种部门化形式。①产品导向的部门化，是将旅行社生产的产品划分为几大类别，设置不同的部门，便于旅行社在产品设计、销售和组织接待等方面发挥专业化优势。②顾客导向的部门化，是指旅行社对服务的市场进行细分，根据不同的细分市场设置部门，便于旅行社了解服务的消费市场，提供针对性、个性化的服务。③地理位置导向的部门化，是指按照业务涉及的地点进行部门划分，一个部门对应一个区域，全面负责本区域的所有业务，便于旅行社组织活动和区域市场的巩固与发展，有利于部门业务的总结策划；同时便于管理和实施业务考核，减少内部竞争。④职能导向的部门化，是指根据职能的相关性设置部门，便于发挥工作专业化的优势。

（三）职权设计

职权是指经由一定的正式程序所赋予某项职位的一种权力。这种权力是一种职位的权力，而不是特定的某个人的权力。职权设计就是全面、正确地处理企业上下级之间和同级之间的职权关系，将不同类型的职权合理分配到各个层次和部门，明确规定各部门、各职务的具体职权，建立起集中统一、上下左右协调配合的职权结构。它是旨在保证各部门能够真正履行职责的一项重要的组织设计工作。

企业各层次、各部门、各种职务所享有的内容各异、大小不同的各种职权及其相互联系，即为企业的职权结构。职权设计工作有以下两方面内容：职权的纵向结构和横向结构。职权的纵向结构一般由高层的经营决策权、中层的专业管理权以及基层的作业管理权 3 个部分组成。将这 3 个部分联结起来，使之成为上下衔接、贯穿到底的纵向系统，靠的是决策权在各个层次的合理配置。职权的横向结构，指的是同一管理层次各个部门的职权配置及相互关系。它与职能结构和部门结构相适应，包括相互联系的 3 个方面的内容：一是按照专业分工，各部门所享有的相应职权；二是按照在各项工作中同级部门之间的协作关系，各自享有的相应职权，如决定权、建议权、确认权、协商权等；三是按照有关部门之间的横向制约关系所确定的监督权。

（四）管理规范设计

管理规范就是企业的规章制度，它是管理的规范和准则。结构设计本身最后要落实并体现为规章制度。管理规范保证了各个层次、部门和岗位，按照统一的要求和标准进行配合和行动。通过规范化管理，建立以责、权、利对等为基础的管理体系，实现企业由“人治”向“法治”，由“经验管理”向“职业化管理”的转变。具体来讲，管理规范化需要解决相互关联的 5 个问题：每个人的工作目标；为达成这样的工作目标应该怎样去做；控制员工行为和相关要素以保证员工能完成工作目标；对员工的工作数量和质量进行考核；对员工工作考核的结果进行奖励或惩罚。规章制度建设是企业管理的基础性工作，成功的企业背后一定有规范性与创新性高度融合的企业管理制度。管理制度建设是企业运行的必要保障，其规范的对象是企业管理者的权力和管理对象的自主行为。管理制度建设一方面可以最大限度地调动员工的积极性，避免在企业管理中出现家长式的任意强权；另一方面可以消除企业内部管理的无政府主义和软弱涣散状态，维护管理者的法定权威，实现企业意志和行为的统一。

（五）人员设计

人员设计就是管理人员的设计。企业结构设计和规范设计，都要以管理者为依托，并由管理者来执行。因此，按照组织设计的要求，必须进行人员设计，配备相应数量和质量的人员。

三、组织结构设计的基本原则

（一）任务与目标原则

旅行社组织设计的根本目的，是为实现企业的战略任务和经营目标服务的，这是一条最基本的原则。组织结构的全部设计工作必须以此作为出发点和落脚点，即旅行社任务、目标与组织结构之间是目的与手段的关系；衡量组织结构设计的优劣，要以是否有利于实现企业任务、目标作为最终的标准。从这一原则出发，当企业的任务、目标发生重大变化时，如从单纯生产型向生产经营型、从内向型向外向型转变时，组织结构必须做相应的调整和变革，以适应任务、目标变化的需要。又如，进行企业机构改革，必须明确从任务和目标的要求出发，该增则增，该减则减，避免单纯地把精简机构作为改革的目的。

（二）专业分工和协作的原则

现代企业的管理，工作量大，专业性强，分别设置不同的专业部门，有利于提高管理工作的质量与效率。在合理分工的基础上，各专业部门只有加强协作与配合，才能保证各项专业管理的顺利开展，达到组织的整体目标。贯彻这一原则，在组织设计中要十分重视横向协调问题，因此要创造协调的环境，提高管理人员的全局观念，提高相互间的协作程度。

（三）有效管理幅度原则

由于受个人精力、知识、经验条件的限制，一名领导人能够有效领导的直属下级人数是有限的。有效管理幅度不是一个固定值，它受职务的性质、人员的素质、职能机构健全与否等条件的影响。这一原则要求在进行组织设计时，领导人的管理幅度应控制在一定水平，以保证管理工作的有效性。由于管理幅度的大小同管理层次的多少成反比，这一原则要求在确定企业的管理层次时，必须考虑有效管理幅度。因此，有效管理幅度也是决定企业管理层次的一个基本因素。

（四）集权与分权相结合的原则

设计组织结构时，既要有必要的权力集中，又要有必要的权力分散，两者不可偏废。集权是大生产的客观要求，它有利于保证企业的统一领导和指挥，有利于人力、物力、财力的合理分配和使用。而分权是调动下级积极性、主动性的必要组织条件。合理分权既有利于基层根据实际情况迅速而正确地做出决策，也有利于上层领导摆脱日常事务，集中精力抓重大问题。因此，集权与分权是相辅相成的，是矛盾的统一。没有绝对的集权，也没有绝对的分权。企业在确定内部上下级管理权力分工时，主要应考虑的因素有：企业规模的大小，企业生产技术特点，各项专业工作的性质，各单位的管理水平和人员素质的要求等。

（五）稳定性和适应性相结合的原则

稳定性和适应性相结合的原则要求设计组织结构时，既要保证组织在外部环境和旅行社任务发生变化时能够继续有序地正常运转，又要保证组织在运转过程中能够根据变化了的情况做出相应的调整，也就是说，组织应具有一定的弹性和适应性。为此，既需要在组织中建立明确的指挥系统、责权关系及规章制度，又要求选用一些具有较好适应性的组织形式和措施，使组织在变动的环境中，具有一种内在的自动调节机制。

（六）权、责、利对等原则

责任、权力和利益三者之间是不可分割的，必须是协调的、平衡的和统一的。在委以责任的同时，必须委以必需的权力，还必须有利益来激励。有责无权，有权无责，或者权责不对等、不匹配，都会使组织结构不能有效运行，组织目标也难以实现。

四、组织结构框架设计

（一）直线职能制结构

直线职能制是旅行社企业中常见的一种结构形式，被称为“U 形组织”“单一职能型结构”“单元结构”。

1. 直线职能制结构的特点

以直线为基础，在各级行政主管之下设置相应的职能部门从事专业管理，并作为该级行政主管的参谋，实现主管统一指挥与职能部门参谋指导相结合。这种结构下，下级机构既受上级部门的管理，又受同级职能管理部门的业务指导和监督。各级行政领导人逐级负责，高度集权。这是一种按管理职能划分部门，并由最高经营者直接指挥的体制。

2. 直线职能制结构的优点

它既保持了直线制结构集中统一指挥的优点，又吸收了职能制结构分工细密、注重专业化管理的长处，从而有助于提高管理工作的效率。

3. 直线职能制结构的缺点

（1）它属于典型的集权式结构，权力集中于最高管理层，下级缺乏必要的自主权。

（2）各职能部门之间的横向联系较差，容易产生脱节和矛盾。

（3）这种组织结构建立在高度的“职权分裂”的基础上，各职能部门与直线部门之间如果目标不统一，则容易产生矛盾；特别是对于需要多部门合作的事项，往往难以确定责任的归属。

（4）信息传递路线较长，反馈较慢，难以适应环境的迅速变化。

4. 直线职能制结构的适用范围

直线职能制结构适用于产品单一、销量大、决策信息较少的企业。大中型旅行社组织普遍采用这种组织结构形式。

（二）事业部制结构

事业部制组织结构，亦称 M 形结构或多部门结构，有时也称为产品部式结构或战略经营单位。

1. 事业部制结构的特点

事业部制是分级管理、分级核算、自负盈亏的一种形式，即一个组织按地区或按产品类别分成若干个事业部。从产品的设计、原料采购，一直到产品销售，均由其所属事业部负责，实行单独核算、独立经营，公司总部只保留人事决策、预算控制和监督大权，并通过利润等指标对事业部进行控制。

2. 事业部制结构的优点

（1）总公司领导可以摆脱日常事务，集中精力考虑全局问题。

（2）事业部制实行自主经营、独立核算，更能发挥经营管理者的积极性，更利于组织专业化生产和实现组织的内部协作。

（3）各事业部之间有比较、有竞争，有利于组织的发展。

（4）事业部内部的供、产、销等职能之间容易协调。

（5）事业部经理要从事业部整体来考虑问题，有利于培养和训练全能型管理人才。

3. 事业部制结构的缺点

（1）总部与事业部的职能机构重叠，造成管理人员浪费。

（2）事业部实行独立核算，各事业部只考虑自身的利益，影响事业部之间的协作。

（3）资源的分散使用使得深层次研究活动难以开展。

4. 事业部制结构的适用范围

事业部制适用于规模庞大、产品品种繁多、技术复杂的大型组织。当总部的无形资产有巨大吸引力、管理能力很强，同时分公司又有独立的市场和独立的利益时，适宜选择事业部制。

（三）矩阵制结构

矩阵制结构是把按职能划分的部门和按产品（项目）划分的小组结合起来组成一个矩阵，员工既同原职能部门保持组织与业务上的联系，又参加项目小组的工作。

1. 矩阵制结构的特点

矩阵制结构的特点表现在围绕某项专门任务成立跨职能部门的专门机构。这种组织结构形式是固定的，人员却是变动的。

2. 矩阵制结构的优点

（1）将组织的横向与纵向关系相结合，有利于协作生产和适应环境变化的需要。

（2）针对特定的任务进行人员配置，有利于发挥个体优势，集众家之所长，提高项目完成的质量，提高劳动生产率。

（3）各部门人员的不定期的组合有利于信息交流，增加互相学习的机会，提高专业管理水平。

3. 矩阵制结构的缺点

（1）项目负责人的责任大于权力，没有足够的激励手段与惩治手段；员工面临双重的职权关系，容易产生无所适从和混乱感。

（2）项目组成人员来自各个职能部门，当任务完成以后仍要回原单位，因而容易产生临时观念，对工作有一定影响。

（3）员工需要有良好的人际关系技能并接受高强度的训练。

（4）耗费时间，需要频繁开会以讨论冲突解决方案。

4. 矩阵制结构的适用范围

（1）拥有中等规模和中等数量产品线的组织适宜采用矩阵制结构。

（2）当环境的不确定性和部门之间存在高度依存关系时，适宜采用矩阵制结构。

（四）网络型结构

1. 网络型结构的特点

网络型结构是利用现代信息技术手段建立与发展起来的一种新型的组织结构。网络型结构的核心是一个小规模的销售公司，其工作是直接监督公司内部开展的各项活动，并协调同制造、分销和执行网络组织的其他重要职能的外部机构之间的关系。

2. 网络型结构的优点

（1）降低管理成本，提高管理效率。

（2）实现了更大范围内供应链与销售环节的整合。

（3）简化了机构和管理层次，实现了充分授权式的管理。

3. 网络型结构的缺点

网络型结构需要科技与外部环境的支持。

4. 网络型结构的适用范围

采用网络型结构的组织需要相当大的灵活性以对环境的变化做出迅速反应，它适合于需要低廉劳动力的组织，比如玩具和服装制造企业等。

延伸阅读

旅行社主要职能部门职责设计

（一）策划推广部

策划推广部职能如表 1－1 所示。

表 1－1　策划推广部职能

一级职能	二级职能	三级职能
旅游产品策划与市场推广	1. 旅行社市场细分与定位管理	A. 制定与修订旅行社市场细分与定位管理制度 B. 旅行社市场细分管理 C. 旅行社市场定位管理 D. 行业发展情况与竞争对手情况调查
	2. 品牌管理	A. 制定与修订旅行社品牌管理制度 B. 旅行社品牌策划 C. 旅行社品牌推广

续表

一级职能	二级职能	三级职能
旅游产品策划与市场推广	3. 旅游产品策划	A. 制定与修订旅行社产品策划管理制度 B. 旅游产品策划的调研工作 C. 旅游产品线路设计 D. 策划旅游产品定价工作 E. 旅游产品推广策划
	4. 市场推广活动策划	A. 制定与修订市场推广活动策划管理制度与方案 B. 市场推广活动策划的调研活动 C. 进行市场推广营销策划 D. 广告方案设计 E. 组织、执行市场推广活动策划方案
	5. 内部管理	A. 合理调配部门员工的工作 B. 部门经费的控制与管理 C. 定期对员工进行业务培训与考核工作

（二）采购中心

采购中心职能如表 1－2 所示。

表 1－2 采购中心职能

一级职能	二级职能	三级职能
旅游服务项目开发	1. 制订采购计划	A. 采购中心根据旅行社各种旅游服务的市场行情、旅游服务的季节性变化规律等制订采购计划 B. 采购计划的执行
	2. 采购调查	A. 制定与修订采购管理制度 B. 调查同业竞争对手食、住、行、游、购、娱的信息，为旅行社采购业务的开拓与调整提供依据 C. 调查旅游市场食、住、行、游、购、娱的产品信息
	3. 采购过程管理	A. 制定与修订采购管理制度 B. 选择合适的采购旅游供应商 C. 对采购对象进行考察、评估 D. 与采购对象洽谈 E. 签订合同
	4. 维护采购关系	A. 维护与旅游供应商的关系 B. 配合旅游供应商的工作 C. 建立广泛的采购协作网络
	5. 采购成本管理	A. 控制采购成本 B. 处理好供应和降低成本的关系
	6. 内部管理	A. 合理调配部门员工的工作 B. 定期对员工进行业务培训与考核工作

（三）外联部

外联部职能如表 1－3 所示。

表 1－3　外联部职能

一级职能	二级职能	三级职能
旅行社产品销售管理	1. 信息收集	A. 收集所获得的旅游市场信息 B. 收集竞争对手的旅游线路开发、宣传情况信息 C. 为制定新的旅游线路、修改完善已有旅游线路提供依据
	2. 旅行社产品销售	A. 寻找新的旅游中间商或游客 B. 开拓更多可与客户合作的领域 C. 向旅游中间商传递公司的相关信息 D. 根据客户需求向旅游中间商或游客提供报价 E. 与客户进行谈判 F. 与旅游中间商或游客签订协议或旅游合同
	3. 客户关系管理	A. 制定与修订客户管理制度 B. 建立客户档案 C. 沟通、协调好与旅游中间商或游客的关系 D. 协调、处理旅游中间商与旅行社之间的问题 E. 协调、处理游客与旅行社之间的关系
	4. 内部管理	A. 合理调配部门员工的工作 B. 定期对员工进行业务培训与考核工作

（四）计调部

计调部职能如表 1－4 所示。

表 1－4　计调部职能

一级职能	二级职能	三级职能
旅游业务调度	1. 接待工作	A. 客户接待 B. 组团工作
	2. 制订、安排接待计划	A. 制订接待计划 B. 下发旅游团、导游及接待计划 C. 安排旅游接待计划、旅游预算单
	3. 协调关系	A. 协调旅行社与旅游中间商的关系 B. 协调旅行社与旅游服务提供商的关系 C. 协调导游的关系
	4. 签证办理	A. 核实游客的身份、资料 B. 为旅行社的游客办理签证业务 C. 协调好旅行社与各出境游地大使馆、领事馆的关系
	5. 预订管理	A. 酒店预订管理 B. 票务预订管理 C. 车辆预订管理 D. 其他旅行社业务预订管理
	6. 信息收集与资料统计	A. 收集、整理旅游业的各种信息 B. 收集旅行团的反馈信息 C. 统计旅行社旅游业务月报表、季报表
	7. 内部管理	A. 合理调配部门员工的工作 B. 定期对员工进行业务培训与考核工作

（五）前台服务部

前台服务部职能如表 1-5 所示。

表 1-5　前台服务部职能

一级职能	二级职能	三级职能
前台服务	1. 前台管理	A. 制定与编制前台管理制度 B. 内部前台管理 C. 外聘前台管理
	2. 接待来访人员	A. 负责来访人员信息登记 B. 接受散客预订，为散客办理相关手续，交给计调和财务人员 C. 收集、整理游客的反馈信息

（六）接待部

接待部职能如表 1-6 所示。

表 1-6　接待部职能

一级职能	二级职能	三级职能
导游服务	1. 导游管理	A. 制定与编制导游管理制度 B. 内部导游管理 C. 外聘导游管理
	2. 导游服务	A. 全陪服务管理 B. 地陪服务管理 C. 领队服务管理
	3. 关系协调	A. 协调接待部与旅行社其他各部门的关系 B. 协调导游与旅行社其他各部门的关系
	4. 内部管理	A. 合理调配部门员工的工作 B. 定期对员工进行业务培训与考核工作

（七）电子商务部

电子商务部职能如表 1-7 所示。

表 1-7　电子商务部职能

一级职能	二级职能	三级职能
电子商务管理	1. 网络管理	A. 旅行社内部网络与外部网络的设计与管理 B. 计算机技术支持管理 C. 电子邮件与信息系统管理
	2. 网站内容管理	A. 网站信息分类管理 B. 公司产品与信息发布 C. 公司内部信息的发布
	3. 交易服务管理	A. 向客户提供可供交易的商品和服务的目录 B. 客户订单处理 C. 进行网上交易 D. 提供网络售后服务
	4. 内部管理	A. 合理调配部门员工的工作 B. 定期对员工进行业务培训与考核工作

（八）客户服务部

客户服务部职能如表 1－8 所示。

表 1－8　客户服务部职能

一级职能	二级职能	三级职能
客户服务管理	1. 旅游质量管理	A. 制定与修订旅行社质量管理制度与客户服务标准 B. 制订与实施客户满意度调查计划 C. 进行客户意见汇总分析，提出客户服务改进方案
	2. 旅游投诉处理	A. 旅游投诉受理 B. 旅游投诉调查 C. 旅游投诉处理
	3. 内部管理	A. 合理调配部门员工的工作 B. 定期对员工进行业务培训与考核工作

（九）人力资源部

人力资源部职能如表 1－9 所示。

表 1－9　人力资源部职能

一级职能	二级职能	三级职能
人力资源管理	1. 人力资源管理制度建设	A. 编制人力资源管理的各项规章制度及员工日常行为规范 B. 定期对人力资源管理制度的执行情况进行监督、检查 C. 根据公司的发展对人力资源管理制度及员工日常行为规范进行个性化完善
	2. 人力资源规划	A. 根据旅行社总体业务发展状况及各分支机构的实际业务状况，编制旅行社整体人力资源规划 B. 定期或不定期对人力资源规划进行修订
	3. 员工招聘	A. 根据公司及各下属分支机构员工需求情况编制员工需求计划 B. 依照员工需求计划及岗位职责，编写招聘信息，并选择恰当的招聘方式进行招聘工作 C. 对应聘人员进行初试筛选 D. 与用人部门共同组织复试并确认录用对象 E. 为录用员工办理入职手续
	4. 员工日常管理	A. 组织、指导旅行社各部门、各分支机构编写职位说明书并审核 B. 根据国家人力资源和社会保障部门的规定，结合公司实际情况，制定统一的劳动合同文本，并组织员工签订及续签 C. 办理员工调配、任免、晋升、奖惩的相关手续 D. 对各类员工档案进行综合管理 E. 办理人事档案调转手续 F. 协同法律顾问处理有关劳动纠纷，进行员工关系管理

续表

一级职能	二级职能	三级职能
人力资源管理	5. 员工培训	A. 根据各部门、各分支机构提交的员工年度培训计划，编制旅行社年度培训计划 B. 培训费用预算及费用申请 C. 根据培训计划，组织员工进行相应培训 D. 培训结束后对参加培训的员工进行培训效果跟踪与评估
	6. 绩效考核	A. 根据各部门职能分解和各岗位的职位说明书，组织实施绩效考核 B. 配合相关部门，依据年度经营目标计划对中层以上干部实施考核 C. 按照公司的组织任命程序，组织实施干部晋升考核
	7. 薪酬与福利管理	A. 根据国家的相关规定，结合旅行社的实际情况，制定公司薪酬福利政策，报领导审批后执行 B. 进行旅行社的薪酬福利体系设计，报领导审批后执行 C. 制定员工工资发放程序与手续 D. 对员工进行考勤管理 E. 编制员工工资表

（十）行政部

行政部职能如表 1－10 所示。

表 1－10　行政部职能

一级职能	二级职能	三级职能
行政事务管理	1. 内部协调、沟通事务	A. 协调好旅行社领导与各部门之间的关系 B. 做好旅行社内部各部门以及各分支机构的联络、协调、沟通工作 C. 负责以董事会、旅行社名义发布的各种文件的下发、管理工作 D. 负责收集、汇总各部门、分支机构向旅行社汇报的工作计划及工作总结，供领导及时了解情况
	2. 接待、活动、会议的组织管理	A. 负责公司日常接待、大型活动的策划和组织 B. 负责公司会议的筹备、组织和记录
	3. 安全保障管理	A. 负责公司和分支机构的安全、保卫、治安、消防管理 B. 负责与保安公司的联系及保安员的调配与管理
	4. 后勤保障管理	A. 员工宿舍和休息室的管理 B. 员工活动场所的管理 C. 环境建设和环境保护的管理 D. 通信器材和通信费用的管理 E. 根据公司日常工作需要，提供其他必要的后勤保障服务

续表

一级职能	二级职能	三级职能
行政事务管理	5. 文书、档案管理	A. 公司印章、证书和相关资质文件的管理 B. 公司文件、制度的审核、印发及存档 C. 公司往来文件、受控文件和文书的管理
	6. 行政费用控制	A. 根据各部门、各分支机构的年度行政费用预算，制订公司的年度行政费用计划，并报领导审批 B. 按照公司年度行政费用预算，严格控制各项费用支出 C. 确认费用分摊范围，按月向各部门、各分支机构分摊各项行政费用
	7. 财产物资管理	A. 制定公司低值易耗品和行政财产物资管理办法，报领导审批后并监督其他部门的执行情况 B. 根据公司各部门对财产物资的需求，统一协调、购买 C. 对公司行政财产物资进行登记、造册、定期盘点 D. 对公司行政财产物资进行维修和保养

（十一）财务部

财务部职能如表1-11所示。

表1-11　财务部职能

一级职能	二级职能	三级职能
财务管理	1. 财务预算管理	A. 制定和修订旅行社财务预算与核算管理制度 B. 编制旅行社年度、季度、月度财务计划 C. 汇总各部门预算，组织编制及审核旅行社财务预算 D. 组织实施旅行社财务预算计划
	2. 融资管理	A. 负责具体协调和融资机构之间的关系，建设企业的融资信誉和融资渠道 B. 负责处理和融资机构之间的具体工作 C. 配合主管副总经理监控融资渠道结构，降低融资成本
	3. 日常会计核算管理	A. 制定和修订旅行社日常会计核算管理制度 B. 组织进行会计核算和账务处理 C. 对旅行社的账目进行管理 D. 旅行团费的收取与管理 E. 对旅行社各项费用的支出管理
	4. 财务分析管理	A. 定期进行旅行社财务综合分析和预测 B. 针对出现的财务问题，向相关领导提出财务控制措施和建议 C. 对旅行社新的业务项目进行财务预测与分析

续表

一级职能	二级职能	三级职能
财务管理	5. 财务监督与管理	A. 制定和修订旅行社财务监督管理制度 B. 执行相关财务制度 C. 监督各项财务收支 D. 对违反财务纪律的事件及时进行处理，发现重大问题及时上报旅行社相关领导，并提出处理意见
	6. 税务管理	A. 制定和修订旅行社财务部门税务管理相关制度 B. 及时了解、掌握国家有关税务政策 C. 执行旅行社的报税工作 D. 协调好与税务部门的关系
	7. 财务审计	A. 制定旅行社内部审计管理制度 B. 制订旅行社年度审计工作计划 C. 对旅行社经营成果的真实性、准确性、合规合法性进行审计 D. 对旅行社及分支机构的财务收支情况进行审计

任务实施

教师组织学生画出组织结构图。每个学生画出三个组织结构图，并对每个组织结构图进行描述，说出每种组织结构设计的优势和劣势。

评分标准

序号	评价项目	分值	得分
1	组织结构图	30 分	
2	职能部门设置合理性	20 分	
3	语言表达	40 分	
4	礼仪礼节	10 分	

项目总结

《旅行社条例》是指导旅行社经营管理最重要的法律规范。与其他行业相比，旅行社有最低注册资本金要求、缴纳质量保证金和行业许可制度。在经营管理过程中，旅行社经常需要打交道的政府部门是旅游行政管理部门，因此，旅行社负责人应了解相应法律法规的要求，在法律法规许可的范围内合法经营。旅行社经营成功与否的关键在于人才，人才能否发挥作用，关键在于组织的设计。当企业组织结构设计合理时，职场就成为人尽其才、各显才能的职业舞台，旅行社就会充满活力和发展动力；反之，就会人浮于事、效率低下，不断消耗旅行社的资源，最终导致旅行社经营失败。

项目二

开发旅行社产品

传统的旅游六大要素“食、住、行、游、购、娱”中，“食”由餐饮行业提供，“住”由住宿行业提供，“行”由交通行业提供，“游”由旅游资源行业提供，“购”由旅游商品经营行业提供，“娱”由娱乐服务行业提供，那还要旅行社干什么？事实告诉我们，旅行社从产生到现在已经有180多年的历史，从无到有，从几枝独秀到遍地开花，旅行社行业越来越壮大。那么旅行社主要经营什么产品？怎么设计旅行社的产品？让我们带着这些问题，一同走进旅行社产品开发去一探究竟吧！

任务一 认识旅行社产品

学习目标

知识目标	了解旅行社产品的概念、特征、类型。
能力目标	会搜集、分析旅行社产品。
素质目标	培养搜集、分析问题的能力，创新能力，以及沟通、配合、协调等团队协作能力。

任务描述

要开发好的旅行社产品，首先要了解旅行社产品，最好的办法就是向别的旅行社取经。各小组请施展浑身解数，多渠道向周边旅行社获取旅行社产品信息，对获取的旅行社产品信息进行分析总结，并分组汇报。

知识准备

旅行社产品是旅行社生存和发展的基础。随着旅游方式和旅游理念的不断革新，旅行社产品也需要不断创新和发展。只有随时根据旅游市场的需求调整和创新产品，旅行社才能赢得市场，从而在激烈的竞争中立于不败之地。

一、旅行社产品的概念

在学术界和业界，旅行社产品作为一种特殊的产品，相关的定义很多，在此不予赘述。在了解旅行社产品的概念之前，我们先要了解它的上一级——产品和旅游产品的概念。产品是指能够提供给市场，为消费者或组织所使用和消费，并能满足消费者或组织某种需求的任何东西，包括有形的物品、无形的服务、组织、观念或它们的组合。产品的提供者可以是个人或组织。对旅游产品概念的理解可以从两个角度来看：从旅游经营者角度，是指旅游经营者凭借一定的旅游资源直接或间接向旅游者提供的满足其在旅游过程中综合需求的服务；从旅游者角度，则是指旅游者支付一定的金钱、时间和精力后所获得的满足其旅游需求的经过。旅游产品的提供者可以是包括个人或组织在内的任何旅游经营者，如体验式家庭作坊、酒店、景区等，当然也包括旅行社。

从旅游产品的概念可以看出，旅行社产品属于旅游产品，它是旅行社根据市场需求，通过采购并整合景点、交通、住宿、餐饮、购物、娱乐等单项服务产品，并将自己的服务贯穿其中的、向旅游者提供的在旅游活动过程中的全部产品和服务的总称。包价旅游是旅行社产品最简单、最典型的形式。在实际经营过程中，旅行社提供的产品既包括整体或综合的旅游服务，也包括零散或单项的旅游服务，还包括介于两者之间的任意组合的旅游服务。组合产品和包价产品是旅行社产品中的核心，是旅行社利润的主要来源。

旅行社产品最主要、最典型的反映形式是“旅游线路”。旅行社所提供的旅游线路，是旅游从业人员经过市场调查、筛选、组织、创意策划、服务采购、广告设计等最终生产出来的，以旅游资源点或区域为节点，以交通路线为线索，向旅游者提供的旅游过程的具体走向。当旅游者购买了一条“旅游线路”，并在法律上得以承认时，“旅游线路”就具体化或变成“有形物”从而成为“旅行社产品”。其后的接待服务（导游服务、后勤保障等）开始释放并融入整个过程中。

随着旅游业的不断发展，旅行社的经营范围也在不断扩展，部分旅行社走上了集团化发展的道路，经营上开始走向多元化，包括相关多元化和不相关多元化。相关多元化是指向与旅行社业务关联度较高的行业如旅游纪念品生产企业、餐饮业、酒店住宿业、交通运输业等的扩展，不相关多元化是指向与旅行社业务关联度较低的行业如金融业、房地产行业等的扩展。但从旅行社经营的专业化角度来说，具有旅游产品属性的旅行社产品应是其经营的最核心的产品。

延伸阅读

产品的概念

自20世纪90年代以来，菲利普·科特勒等学者倾向于使用5个层次来表述产品整体概念，认为5个层次的表述方式能够更深刻、更准确地表述产品整体概念的含义。产品整体概念要求营销人员在规划市场供应物时，考虑到能提供顾客价值的5个层次。产品整体概念的5个基本层次是：

（1）核心产品。核心产品是指向顾客提供的产品的基本效用或利益。从根本上说，每一种产品实质上都是为解决问题而提供的服务。因此，营销人员向顾客销售任何产品，都必须具有反映顾客核心需求的基本效用或利益。

（2）形式产品。形式产品是指核心产品借以实现的形式，由5个特征构成，即品质、式样、特征、商标及包装。即使是纯粹的服务，也具有相类似的形式上的特点。

（3）期望产品。期望产品是指购买者在购买产品时期望得到的与产品密切相关的一整套属性和条件。

（4）延伸产品。延伸产品是指顾客购买形式产品和期望产品时附带获得的各种利益的总和，包括产品说明书、保证、安装、维修、送货、技术培训等。国内外很多企业的成功，在一定程度上应归功于它们更好地认识到服务在产品整体概念中所占的重要地位。

（5）潜在产品。潜在产品是指现有产品包括所有附加产品在内的，可能发展成为未来最终产品的潜在状态的产品。潜在产品指出了现有产品可能的演变趋势和前景。

旅游业一般采用产品的3个层次划分，即将产品划分为核心产品、形式产品和附加产品。核心产品是旅游产品能带给旅游者的基本利益和效用，形式产品是核心产品借以实现的旅游产品形式，附加产品是旅游者在购买旅游产品时所获得的附加的服务和利益。

随着科学技术的日新月异以及企业生产和管理水平的提高，不同企业提供的同类产品在实质和形式产品层次上越来越接近，而附加产品在企业市场营销中的重要性日益突出，逐步成为决定企业竞争能力高低的关键因素，对于旅行社行业来说更是如此。

二、旅行社产品的特征

（一）综合性

综合性是旅游业的基本特征之一，旅行社产品作为旅游产品的重要体现形式，也具有明显的综合性特征。从旅游要素上看，旅行社产品是由多种旅游吸引物、交通工具、餐饮住宿、娱乐项目及多项设施和服务要素组成的满足旅游者在旅游活动中多方面需求的综合性产品。从旅游供给上看，旅行社产品的各个要素，都是由不同的旅游企业及相关企业和部门所生产的，既包括直接为旅行社产品提供支持的交通、旅游资源、餐饮住宿、娱乐服务等行业，也包括间接为旅行社产品提供支持的金融保险、轻工、农副、建筑等行业和政府、文化、教育、卫生、公安等部门。旅行社产品的综合性是其区别于其他物质产品和服务产品的重要特征。由于旅行社产品所涉及的要素和行业多，且单项服务产品的主导权又不在自己的掌控中，因此，旅行社产品在其组合过程中只是部分地利用或暂时地利用，不排斥其他旅游企业和其他社会单位对其旅游产品和社会公共产品的利用。

（二）依附性

旅行社产品因其综合性特征，产品的生产和消费涉及多个行业和部门，需要多个行业和部门的支持和协作，这些行业和部门中的任何一个发生变化，都可能直接或间接地影响旅行社产品的生产和消费的水平，都可能引起旅游者对该产品的评价和选择。因此，旅行社在设计和生产旅行社产品时也要加强与相关行业和部门的协作，并做好应急预案的准备。

（三）敏感性

由于旅行社产品涉及人与自然、人与社会和人与人之间的诸多关系，因此旅行社产品对外界环境包括战争、政治动荡、政策、国际关系、经济金融、自然灾害等有着非常高的敏感性。外界环境的任何一项发生变化，都有可能引起旅游需求的变化，进而影响旅行社产品的生产和消费。诸如 2003 年的“非典”疫情、2008 年的汶川地震、2020 年的新冠疫情等均对我国旅行社行业产生了一定的冲击和影响。但旅行社产品对外界变化反应的异常迅速并不代表旅行社产品的脆弱。旅行社产品受冲击的影响快，一旦外界环境变化，恢复也很快，这主要是由日益增强的旅游需求所决定的。正像世界旅游组织秘书长弗朗加利说过的那样，“在旅游的历史上，从来没有出现过深度的、长期的萧条”，旅游业是永远的朝阳产业，旅行社产品也同样具有顽强的生命力。

（四）异质性

旅行社产品是以“人”为中心的服务性产品，购买和消费旅行社产品的旅游者自始至终参与旅行社提供的产品，产品的生产与消费高度同步，在整个生产与消费的过程中，不仅旅行社的导游员经常与旅游者密切接触，而且旅行社的其他相关人员与旅游者的接触频率也较高，因此旅行社产品的质量受人为因素的影响较大。由于人类个性的存在，因此旅行社产品存在较大的异质性：一方面是服务者自身因素

（如心理、生理状态）的影响，即使由同一服务者所提供的服务也可能会有不同的水准；另一方面，旅游者本身的因素（如知识水平、兴趣和爱好等）也会对旅行社产品和服务质量有着不同的理解。正是由于旅行社产品异质性的存在，人们对于旅行社产品的质量评价很难采用统一的标准，这就要求旅行社在提供产品时应尽量加强对服务人员的培养和管理，减少人为因素对产品质量的负面影响。

三、旅行社产品的类型

旅行社要根据旅游者的不同需求开发不同的产品。从不同的角度，根据不同的标准，可以对旅行社产品进行不同的分类。从旅行社的角度出发，常见的划分方式有以下几种。

（一）按照包价内容划分

1. 全包价旅行社产品

全包价旅行社产品是我国旅行社产品的主要形式，指旅游者将食、住、行、游、购、娱等各种相关的旅游服务全部委托给一家旅行社办理，一次性预付所有的旅游费用。全包价中主要包括综合服务费、房费、餐费、交通费、各类门票费、保险费和专项附加费等。一般来说，参加全包价旅游特别是全包价团体旅游（团体一般为10人或以上，低于10人则称为散客）可以获得较优惠的价格且较为省心，缺乏个性则是全包价旅游的主要缺点。

2. 半包价旅行社产品

半包价旅行社产品是指在全包价的基础上，扣除中、晚餐费用的一种包价形式。该种产品能较好地满足不同旅游者对餐饮方面的不同需求，旅游者可以在旅游目的地自由选择中、晚餐，费用现付。与全包价旅行社产品相比，因为旅游者自由选择中、晚餐需要较多的时间，所以在行程安排中就要为用餐留出较为充足的时间。

3. 小包价旅行社产品

小包价旅行社产品也叫可选择性旅行社产品，即旅游者可按本人意愿自由选择所需的旅游项目。该产品的可选择部分主要包括导游服务、中晚餐、参观游览项目和娱乐项目等，旅游者可以根据时间、兴趣和经济情况等自由选择和安排，费用可预付也可现付，不可选择部分主要包括住房、早餐、大交通服务等，该部分费用和一些其他附加费用要提前支付。小包价旅行社产品的主要特点是明码标价、机动灵活，能够给旅游者较大的自由度。

4. 零包价旅行社产品

零包价旅行社产品是指旅游者必须随团前往和离开旅游目的地，但在旅游目的地的活动完全由旅游者自行决定和安排。参加零包价旅游的旅游者可以获得团体机票价格等的优惠，并可由旅行社统一代办签证等。该种产品较多见于旅游发达国家。

5. 单项委托服务旅行社产品

单项委托服务旅行社产品是旅行社根据旅游者的需求，为旅游者提供各种按单项计价的可供选择的服务。主要的服务项目包括：代办签证、机票预订、客房预订、导游服务、行李托运、代客联系参观游览项目等。该种产品主要适合散客旅游者。近年来，散客旅游的迅猛发展也给单项委托服务旅行社产品提供了广阔的市场。

（二）按照产品档次划分

1. 经济型旅行社产品

经济型旅行社产品较适合经济实力较低、对价格敏感的旅游者。该种产品的价格相对比较低，在旅游过程中的硬件配备相对也较低：旅游者住宿一般安排在普通的招待所或旅社的双人标间或三人间、四人间；餐饮多以包席为主，餐标较低，也可以不含餐；交通工具一般为普通旅游客车、轮船、火车硬卧（座）。

2. 标准型旅行社产品

标准型旅行社产品较适合经济实力略高于购买经济型旅行社产品的旅游者。该种产品的价格适中，在旅游过程中的硬件配备相对较好：旅游者住宿一般安排在二、三星级酒店的双人标间；餐饮一般以包席为主，餐标略高；往返多使用飞机航线，享用豪华空调车。

3. 豪华型旅行社产品

豪华型旅行社产品较适合经济实力高、对价格不太敏感的旅游者。该种产品的价格相对较高，在旅游过程中的硬件配备要求也高：旅游者住宿一般安排在四星级及以上酒店或豪华邮轮里；餐饮上档次，以当地风味餐、特色餐为佳；往返使用飞机航线，享用高档豪华进口车；购物选择上以提供当地特色、高档商品为主；配备高水准的娱乐节目；对导游员的服务能力要求也较高。

（三）按照旅行社的业务范围划分

1. 省内旅行社产品

省内旅行社产品一般由国内接待社进行设计和推出。国内接待社通过对旅游者消费需求的了解，结合本省的旅游资源等要素，合理地对资源进行配置与整合，设计出旅游者喜欢的本省的旅行社产品。

2. 省外旅行社产品

省外旅行社产品一般由国内组团社进行设计和推出，与省内旅行社产品相比，主要差别在于设计和推出的主体不同。省外旅行社产品开发是国内组团社的重要工作，需要加强对地接社的协调和管理，也有少部分国内组团社会配备全兼地导游，而不需要地接社的配合。

3. 出入境旅行社产品

（1）出境旅行社产品一般由出境组团社进行设计和推出。该类产品的服务对象为出境旅游者，对出境组团社的要求也相对较高，手续办理也相对复杂。该类产品一般需要配备专职的出境领队或导游，并要做好境外接待社的协调和管理。

（2）入境旅行社产品一般由入境接待社进行设计和推出。该类产品的服务对象为入境旅游者，一般需要配备相应语种的导游，对导游的服务能力要求相对较高，旅游者的消费能力也相对较高。

除上述分类方式外，旅行社产品还可以按照活动的天数分为一日游、二日游、多日游等，按照旅游的目的分为观光游、探亲游、商务游、修学游等，按照资源结构分为自然风光游、人文景观游等，在此不予赘述。

任务实施

5 人一组，由组员选出组长、定出组名。在组长的主持下，各组借助网络，分头查阅并制作当地的旅行社布点图。各组分头通过电话咨询等多渠道，搜集部分旅行社的产品，并对搜集到的产品进行分析汇报，听取汇报的同学可提出问题。最后采取小组互评与教师评议相结合的方式对任务实施情况进行评价。

评分标准

序号	评价项目	分值	得分
1	仪容仪表	10 分	
2	语言表达	20 分	
3	问题分析	30 分	
4	知识运用	20 分	
5	团队协作	20 分	

任务二　设计旅行社产品

学习目标

知识目标	熟悉旅行社产品的创新策略，掌握产品设计的原则和方法。
能力目标	会设计简单的旅游线路产品。
素质目标	锻炼创新能力。

任务描述

了解了旅行社产品之后，拥有自己的旅游线路产品则成为旅行社运营的必要条件。旅游线路产品的设计权就在你们的手里，发动小组成员，着手设计旅游线路产品，并对设计的产品进行展示汇报。

知识准备

旅行社产品的最主要、最典型的反映形式是“旅游线路”，在很多情况下，旅游线路产品被等同于旅行社产品或被看作旅行社产品的代名词。本任务也将以旅游线路设计为目标，进行学习和训练。

一、旅游线路设计的基本原则

（一）市场原则

市场原则要求旅行社在设计旅游线路之前，对市场的需求情况进行调查研究，了解旅游者出游的动机、需求的内容、潜在的需求状况、市场的规模、旅游者的支付能力等。不同的旅游者在不同阶段对旅游的需求也会有一定的差别。如果旅游线路的设计脱离了市场需求，则会成为空中楼阁。

延伸阅读

旅游者常见的需求动机

身体方面的动机：包括为了调节生活规律，促进健康而进行的度假休息、体育活动、海滩消遣、娱乐活动，以及其他直接与保健有关的活动；此外，还包括遵照医嘱或建议做异地疗法、洗温泉浴、做医疗检查以及类似的疗养活动。属于这方面的动机都有一个共同特点，即通过与身体有关的活动来消除紧张情绪。

文化方面的动机：人们为了认识、了解自己的生活环境和知识范围以外的事物而产生的动机，其最大的特点是希望了解异国他乡的情况，包括了解其音乐、民俗、舞蹈、绘画等。

社会交往方面的动机：人们通过各种形式的社会交往，保持与社会的接触，包括希望接触他乡人民、探亲访友、逃避日常的琐事及惯常的社会环境、结交新友等。

地位和声望方面的动机：这方面的动机主要与个人成就和个人发展的需要有关。属于这类动机的旅游包括事务、会议、考察研究、追求业余爱好以及求学等类型的旅游。旅游者通过旅游实现自己受人尊重、引人注意、被人赏识、获得好名声的愿望。

（二）特色原则

特色原则要求旅行社在设计旅游线路时，使线路具有独特性。无论出游的动机如何，旅游者一般都会将追求新奇异美，体验不同于日常生活的经历作为重要的诉求，因此旅游线路越有特色，就越能给旅游者带来更多的满足，就越能受到旅游者的青睐。有些旅游项目的特色是很鲜明的，如历史悠久的名城北京、南京、西安，别具一格的地方风俗如“云南十八怪”“摩梭人的走婚制度”，特色名吃天津的“狗不理包子”、德州的“扒鸡”等，在设计旅游线路时可予以结合。有些旅游线路的特色可能还需要再发掘、再创新，或根据不同的旅游群体展现不同的特色。

（三）布局合理原则

一个完整的旅游活动涉及食、住、行、游、购、娱多个方面，既要考虑到各节点安排的衔接，也要考虑到旅游者的心理、身体运动规律，因此旅行社在设计旅游线路时，应慎重选择和安排各个节点。具体地讲，在设计旅游线路时应注意如下几点：

1. 旅游点间距离适中、不重复

各个旅游点之间的距离要适中，不能太远，在条件允许的情况下，尽量不两次经过同一个旅游点，在线路安排上尽量不安排特色过于相近的旅游点，在旅游交通上也尽可能往返不走同样的线路。

2. 劳逸结合、顺序科学

在安排旅游活动时要注意结构顺序和节奏，尽量让体力消耗大的旅游项目和相对节省体力的旅游项目交叉进行，同时要注意到旅游者的心理活动规律，一条旅游线路如同一件艺术作品，也应当有序幕、发展、高潮、尾声。

3. 择点适量

旅游线路不是安排的旅游点或项目越多越好，根据边际效应递减规律，过多的旅游点或项目会降低旅游者的满意程度。

案例 这么“好”的旅游线路为什么没人理？

小王是刚毕业于某旅游院校的大学生。经过认真调研，他发现有很多人对山东的名山很感兴趣，于是他认为这是一个很好的市场机会。经过精心的查阅和设计，他为刚入职的一家小旅行社推出了一款“齐鲁名山游”的旅游线路。在名山的选择上他花了较多时间，分别选择了“海上名山第一”的崂山、“五岳之首”的泰山、“大海东来第一”的沂山、“天然氧吧长寿圣地”蒙山、“齐鲁界山”鲁山为主要的旅游点。为配合此项目，小王还设计了精美的宣传册，制定了合理的价格，随后到对山东名山感兴趣的人群中去发放推荐该旅游线路。结果，半个月过去了，竟无人来电咨询该项目，更别说登门咨询或报名了。精心设计的这么“好”的旅游线路为什么就没有人理呢？小王陷入了困惑。

小王带着这些困惑到对山东名山感兴趣的人群中调研，一位男士的反问点醒了小王：“你推荐的这些山东名山从山本身来看是很有吸引力，但是一个线路下来全都是山，这也太累了。再者说了，从头到尾全都是山，好山也看不出好来了！”

（四）主题鲜明原则

旅游线路设计要有鲜明的主题，只有这样才能更快、更大地获得旅游吸引力。旅游线路的主题设计主要依靠旅游点之间性质或形式上的内在联系，将之有机地串联和提炼出来。例如“烹饪王国游”旅游线路将广州—成都—北京—南京—上海有机地串联起来，为“吃货”们设计了一条品尝我国南北大餐的特色线路。

（五）旅游知识产权保护原则

这是一个很容易被淡忘，但很必要的原则。旅游线路是要面向市场公开推出的产品，很容易被其他竞争者获取和模仿，甚至会同时推向市场，从而使旅游线路开发者失去竞争优势。从成本上来看，开发一条新的旅游线路往往需要比较大的投入，相比直接获取和模仿的竞争者，新线路开发者甚至会陷入竞争劣势，这也是很多旅行社不愿意在产品开发上进行较大投入的主要原因。这一现状不利于旅行社产品的创新，因此保护旅游知识产权至关重要。旅游知识产权保护可以从两个方面考虑：一是借助与知识产权保护相关的法律等外部力量来保护，现阶段该种方式在实际执行上效果并不太好；二是通过增加垄断性或障碍性的设计，来保障旅游线路即使被竞争者获取，短期内也无法被模仿或较难被模仿，这一方式在实际执行上效果相对较好，也被一些旅行社采用，但该种方式也限制了旅游线路设计的自由度。

二、旅游线路设计的方法

（一）围绕主题设计

主题是产品的灵魂和核心。旅游线路设计应深入挖掘主题，努力让产品突出文化特色。旅游线路设计需要鲜明的主题，旅游线路设计也要有力地支撑主题。主题需要挖掘、发现和创新，但也要注重市场的可行性，切忌凭空想象。

案例　**非凡少年20××夏令营：我到北京上大学**

第一天　放飞梦想　圆梦北京

放假了！让我们满怀激情，放飞梦想，背起行囊，向北京进发……

☆16:00郑州火车站集合；17:02乘高铁G664次向北京进发，感受国产最新型高科技列车的风驰电掣。参加夏令营的同学们入住营地，竞选小组长，开始全新的夏令营生活。

第二天　我爱北京天安门

☆好梦醒来，审视神往已久的首都北京。在天安门广场举行开营仪式。巍峨的人民英雄纪念碑、庄严的人民大会堂就在我们眼前，在天安门前合影留念，外观艺术殿堂“巨蛋”——国家大剧院，感受祖国建设新气象。参观毛主席纪念堂，向毛主席致敬，缅怀一代伟人的光辉业绩。

☆探访故宫博物院。故宫是世界上现存规模最大、保存最完整、建构最精致的古代宫殿建筑群，也是人类珍贵的文化遗产，其因拥有150万件历史文物典籍和艺术工艺珍品而举世闻名。让我们一起来寻访皇都足迹，了解紫禁城的秘密。参观景泰蓝工艺品世界。

☆走进国家博物馆。参观当今我国规模最大、设计最先进、馆藏文物最多、特色展览最精彩的国家博物馆，从古代中国到复兴之路，从启蒙艺术到国之瑰宝，在这里，你可以了解中华文明五千年的艺术结晶！

☆参观中国人民革命军事博物馆。它是我国唯一的大型综合性军事博物馆，陈列有6 000余件珍贵的文献、实物，可了解中国军事历史、国防科技最新成就和人民军队从无到有、从弱到强的光辉历程。

☆游览什刹海风景区。这里是京城内老北京风貌保存最完好的地方，碧波荡漾，风光绮丽，这里有“燕京八景”中的“银锭观山”“荷花市场”，还有最具老北京特色的胡同——“烟袋斜街”，感受古典与现代相容，传统与前卫碰撞。

第三天　不到长城非好汉

☆观看升旗仪式，亲眼看着五星红旗与太阳一起升起，心潮澎湃，抒发爱国情怀。

☆登“天下第一雄关”——居庸关长城，在“不到长城非好汉”碑前留影，抒发营员“登长城做好汉”的雄心壮志；观长城内外祖国大好河山，赏“燕京八景”之“居庸叠翠”美景。

☆参观中国航空博物馆。这是中国第一座对外开放的大型航空博物馆，也是亚洲最大的航空珍品荟萃地。馆藏270余架飞机、99架国家文物飞机、近万件航空文物，是集科技教育、旅游于一体的国家级军事主题博物馆，也是目前亚洲规模最大、跻身世界前5位的航空博物馆。品尝老北京百年名吃——果脯、烤鸭。

☆游览北京奥林匹克公园。这里是北京举办2008年奥运会的心脏，容纳了包括“鸟巢”“水立方”“国家体育馆”三大标志性场馆在内的44%的奥运会场馆和为奥运会服务的大多数设施，集中体现了“科技、绿色、人文”三大理念。营员可近距离与“鸟巢”和“水立方”等宏伟壮观的建筑合影，回味奥运，圆梦北京。

第四天　我的北大清华梦

☆走进百年学府——北京大学，走进梦想中的大学，参加“做一天北大学生”活动。参观北大校园未名湖、博雅塔、李大钊雕像等，看古朴传承、先哲遗风，了解北大的历史及未来的发展，体验北大精神，磨炼自我意志，在北大餐厅用中餐，开展“我的北大，我的梦”征文活动。

☆走进清华大学，看“水木清华”的隽秀、“图书馆”的浑厚、“古月堂”的肃穆、“近春园”的古朴，在“自清亭”前感受“自强不息，厚德载物”的清华精神，勉励自我，立志成才。获赠清华 T-Shirt 一件、营帽一顶、校徽一枚。

第五天　快乐拓展　欢乐海洋

☆游览北京动物园。参观熊猫馆、狮虎山、金丝猴馆、爬行动物馆等，亲眼看看大熊猫、金丝猴、丹顶鹤、扬子鳄、食蚁兽、树懒、斑马、犀牛等珍稀动物。

☆游览北京海洋馆。欢乐的海洋、知识的殿堂，这里是世界内陆最大、设施最先进的海洋馆。在热带雨林里观赏非洲王子、七彩神仙、巨骨舌鱼等；在触摸池里看各色的海胆、海葵、海星、大海龟等；开展惊险刺激的海底环游，从南中国海下潜，经过西太平洋、印度洋、红海到地中海、大西洋，静谧瑰丽的海底世界，斑斓多姿的深海鱼类，造型奇特的珊瑚世界，定会让你置身梦幻的世界；在充满浓郁、浪漫的夏威夷海滨风光的海洋剧院里，你可以尽情欣赏火箭飞人表演、海狮表演、海豚表演等，徜徉在海洋世界里，度过快乐充实的一天。

☆开展“非凡少年”联谊会，一人一首歌，一人一支舞，都是朝气蓬勃的非凡少年，尽情地展现自我文艺才能；中段开展“我们都是好朋友”“营员日记大比拼”“我给爸妈一封信”“谁是天才”的知识竞答活动，第一名将获得重量级礼品一份。

☆开展“心方向”快乐拓展，通过精彩刺激的拓展活动培养营员的团队协作精神，增强抗压能力，学会独立自主，将体验中所提升的团队意识、创新能力、个人激情运用到学习和生活中。

☆举行闭营仪式，请学生代表讲话，谈参加此次夏令营的感受，互留联系方式。再见了北京，再见了梦想中的大学！几天来互帮互助的营员们拥抱互送祝福吧，合影留念，大家永远是朋友！请记住这一刻，我们是最幸福的！欢送各位学生离开北京，前往火车站返回温馨的家。晚乘坐火车返回郑州。

第六天　满载而归　展望未来

满载收获回到家乡，又将开始新的历程，希望本次活动给你带来的感受能助你规划学业，祝愿你早成“英”才！

赠送：夏令营服、营员手册、背包、营帽、营员卡、水杯等！精美奖品派送！

特别赠送：清华 T-shirt 一件、营帽一顶、校徽一枚，送集体照！

安排标准：

交通：去程新型动车组二等座、返程空调火车硬卧，当地空调旅游车。

住宿：宾馆 2～3 人标准间（电视、空调、独卫、热水）。

用餐：4 早 8 正餐（中餐以套餐为主，晚餐为指定餐厅桌餐，六菜或八菜，面条、汤等）。

门票：景区、博物馆首道学生团体门票。

购物：景泰蓝（参观为主）、果脯、烤鸭。

导游：专业夏令营辅导员全程陪同。

活动费用：市场统一价 1 960 元（郑州起止）。

（身高在 1.5 米以下儿童报名按动车组规定优惠 100 元/人，需要提前报名）

开营日期：6 月 24、28 日，7 月 2、4、6、8、10、12、14、18、22、26、30 日，8 月 3、7、11、15、18、20 日。

备注：

1. 由于火车票实行实名制，报名时请认真填写报名表及营员姓名、身份证号，营员出行时请携带学生证、户口本、户籍证明或户口本复印件（以上 4 项任选其一）。15 岁以上必须携带身份证或户口本原件。因报名不准确造成的一切损失由组团社或营员承担！

2. 此线路报名年龄范围：8～16 岁，严禁超年龄报名。

3. 清华大学、北京大学由于期末考试、校庆、政府活动等原因，不定期开放，可替换成颐和园或圆明园；校园内餐厅不营业时，中餐可改在校外吃。

4. 此价格为郑州起止。

（二）围绕热点设计

“热点”往往是旅游者特别关注或向往的旅游目的地，能满足旅游者从众的心理需求。旅行社在设计旅游线路时就要时刻关注热点、发现热点、研究热点和开辟热点，也要善于将冷点转化为热点。诸如浙江安吉的大竹海景区，因为《卧虎藏龙》电影的热播，成为众多旅行社竞相推出的旅游主打线路目的地；2018 年热播的电视剧《延禧攻略》，使紫禁城的延禧宫一度成为旅游热点，诸多游客慕名前往参观游览。这就是旅行社很好地利用了热点效应的结果。

（三）求同设计

求同设计分为目标市场的求同设计和资源类型的求同设计。目标市场的求同设计要求旅行社充分研究目标市场的共同特征，然后根据目标市场的特征开发和设计旅游线路以迎合同一目标市场的消费者，如夏令营项目就是遵循目标市场的求同设计方式。资源类型的求同设计要求旅行社将资源类型相近、性质相同、知名度大的旅游点组合起来，开发出特色相同、各具内涵的旅游线路来，如三山五岳之旅、美食王国之旅等就是按照资源类型进行的求同设计方式。

（四）求异设计

求异设计要求旅行社的线路设计不断地创新，敢于打破传统旅游线路设计的理念，追求一种“人无我有，人有我廉，人廉我优，人优我专，人专我转”的境界，只有这样才能开发出独具特色、更具吸引力的产品。

三、旅游线路设计的一般流程

（一）调查分析阶段

调查分析阶段的主要目的是通过对市场的调查分析发现潜在的市场机会。调查常见的方法包括文献资料调研法、实地调研法和网络问卷调研法等。在开始调查之前应进行认真的准备，确定调研目标并制订详细的调研计划。调查的主要内容包括目标客户群外出旅游的动机、支付能力和闲暇时间情况，市场的规模和可进入性情况，同业间的竞争情况等。在调查的基础上，结合旅行社自身的条件对收集到的信息进行整理分析，形成调研报告，为旅游线路的设计打好基础。

案例 是谁偷走了我的客户？

浙江某旅行社已经连续多年推出面向老年人的天目山养生之旅项目。按照惯例，又到了推出该项目的时间，作为该项目负责人的小周今年又做了认真的准备，按照往年的模式，满怀信心地前往原来的客户群所在区域发放宣传彩页，推介该产品。但一周过去了，来电咨询的客户却非常少，半个月过去了，也没能凑够一个团。小周开始有点着急了，往年这个时候报名人数早就爆满了，到现在却连一个团也没能凑成，照此下去，这个月的业绩就要泡汤了。小周赶忙紧急出动，最后通过不断跑老客户，搞优惠活动等才勉强成行了两个团，但比起往年，明显冷清了很多。小周后来经过了解发现，大部分客户报了另外一家旅行社的医护团。

（二）开发设计阶段

开发设计阶段的主要目的是结合调查分析，开发设计出适合市场的旅游线路产品。开发设计阶段一般包括旅游线路的创意和定义、产品开发和产品测试环节。

创意和定义环节的主要工作是结合调查分析的情况，进行创新创意，勾画出适合潜在市场的旅游线路产品方向和思路，并初步规划出商业计划和关键性评估，如该旅游线路产品针对的目标市场是什么，价值诉求是什么，该产品通过什么渠道销售，有什么样的投资回报等。

产品开发环节的主要工作是结合产品的定义，实地踩线调研，并在调研的基础上设计旅游线路，将创意变成产品。旅游线路产品一般应包括目的地的选择、每个旅游团接待量的确定、行团时间以及行程设计、城市间的交通方式、交通工具、住宿设施、每个具体产品的期限、价格的制定以及发团的日期。

产品测试环节的主要工作是通过模拟或实际的产品试产试销来检验和发现产品设计中存在的问题，并进一步对产品进行调整完善。产品测试往往最容易发现问题。解决好发现的问题，将为产品的成功上市奠定坚实的基础。

在实际的旅游线路设计中，除了全新的旅游线路产品，还可以对已有的旅游线路产品进行仿制、改进或升级换代，以适应市场新的需求状况。借助已有的旅游线路产品进行设计，可以有更多的经验可循，进而减少设计成本，降低产品风险。

现阶段旅行社产品同质化较为严重，在实际运营中，较多旅行社只关注价格战，重视渠道建设和推广宣传，而忽视产品的创新，在学界甚至还出现了“渠道为王”“资金为王”还是“产品为王”的争论。伟大的企业必须有一系列伟大的产品，旅行社行业也是如此，旅行社的出路最终还是要回归到产品创新上。

延伸阅读

创造性思维激发方法之头脑风暴法

1938年，美国BBDO广告公司当时的副总经理A. F. 奥斯本首次提出了一种创造性思维的激发方法——头脑风暴法，该方法的提出奠定了创新学的基础，奥斯本被人们尊称为“创新学之父”。

头脑风暴法是一种以小型会议为组织形式，通过诱发集体智慧，相互启发灵感，最终产生创造性思维的创新方法。它的基本执行原则是：（1）人数不宜过多，人员选取应考虑有不同的专业背景，领导人不应参加；（2）欢迎各抒己见，追求数量，探索取长补短和改进的办法；（3）禁止当场品头论足，场外判决。

在传统的群体决策中，群体成员由于心理相互作用的影响，易屈服于权威或大多数人的意见，形成所谓的“群体思维”。群体思维削弱了群体的批判精神和创造力，损害了决策的质量。而头脑风暴法则较好地解决了这一问题。

［典型案例：通信电线积雪清理］

某年美国北方大雪纷飞，由于积雪严重，很多大跨度电线被压断，严重影响了通信。电信公司经理应用头脑风暴法尝试解决这一难题。他召开了一个由不同专业的技术人员参加的座谈会，并要与会者遵守以下原则：

第一，自由思考。即要求与会者尽可能解放思想，无拘无束地思考问题并畅所欲言，不必顾忌自己的想法或说法是否“离经叛道”或“荒唐可笑”。

第二，延迟判断。即要求与会者在会上不要对他人的设想评头论足，不要发表“这个主意好极了”“这种想法太离谱了”之类的“赞美句”或“扼杀句”。至于对设想的评判，留在会后组织专人考虑。

第三，以量求质。即鼓励与会者尽可能多而广地提出设想，以大量的设想来保证质量较高的设想存在。

第四，结合改善。即鼓励与会者积极进行智力互补，在增加自己提出设想的同时，注意思考如何把两个或更多的设想结合成一个更完善的设想。

按照这种回忆规则，大家七嘴八舌议论开来。有人提出设计一种专用的电线清雪机，有人想到用电热来化解冰雪，也有人建议用振荡技术来清除积雪，还有人提出能否带上几把大扫把，乘直升机去扫电线上的积雪。对于这种“坐飞机扫雪”的设想，大家尽管觉得滑稽可笑，但在会上也无人提出批评。相反，有一位工程师在百思不得其解时，听到用飞机扫雪的想法后，大脑突然受到冲击，一种简单可行且高效率的清扫方法冒了出来。

他想，每当大雪过后，出动直升机沿着积雪严重的电线飞行，依靠高速旋转的螺旋桨即可将电线上的积雪扇落。他马上提出“用直升机除雪”的新设想，顿时又引起其他与会者的联想，有关用直升机除雪的主意一下子又多了七八条。不到一个小时，与会的 10 名技术人员共提出 90 多条新设想。

会后，公司组织专家对设想进行分类论证，专家们认为设计专用的清雪机，采用电热或电磁振荡等方法清理电线上的积雪，在技术上虽然可行，但研制费用高、周期长，一时难以见效。那种因“坐直升机扫雪”激发的几种设想，倒是一种大胆的新方案，如果可行，将是一种既简单又高效的好办法。经过现场试验，发现用直升机除雪真能奏效，一个久悬未决的难题，终于在头脑风暴中得到了巧妙的解决。

四、旅游线路设计的要素组合

一条完整的旅游线路一般包括线路名称、线路内容、线路价格、注意事项等。

（一）线路名称

线路名称是线路的性质、内容和设计思路等核心竞争力的高度概括，应该勾勒出产品的全貌。因此，确定线路名称时应考虑各方面的因素，并力求简洁明了、主题突出、有吸引力。例如："老三峡让我再看你一眼！""故乡山东游——青岛青""泰山雄，故乡情浓在山东！""看《康熙王朝》，观皇城相府！"，短短的名称，让旅游者既对旅游目的地有了一个大致的概括，又感受到了浓浓的情感。

（二）线路内容

线路内容是旅游线路的主干部分，包括线路节点策划、活动日程计划、旅游交通、餐饮、住宿、娱乐活动和购物时间安排等。

1. 线路节点策划

线路节点策划就是从始端到终端以及中间途经地之间的游览顺序，在线路上要合理布局节点。线路的始端是第一个旅游目的地，是该线路的第一个节点；终端是最后一个节点，是旅游活动的终结，往往也是旅游活动的高潮部分；而途经地则是线路中的其他节点，是为主题服务的旅游目的地。例如："烹饪王国游"线路的始端是广州，终端是上海，途经地为成都、北京、南京和无锡，游览顺序即为"广州—成都—北京—南京—无锡—上海"。可以说，旅游线路一方面是对符合主题特色的节点城市或景区的选择，另一方面是对节点游览顺序的安排，应以时间最短、费用最省、交通便利、合理搭配为原则进行全面考察、综合平衡及合理选择。

2. 活动日程计划

活动日程是指在具体的旅游线路中对各旅游项目进行时间、地点等的安排，应遵循劳逸结合、丰富多彩、节奏感强、高潮迭起的原则。

3. 旅游交通安排

随着交通工具的不断革新和发展，特别是高速铁路、飞机航线、豪华邮轮等的出现和改善，为旅游线路中的旅游交通安排提供了更多选择，部分交通工具本身也成为旅游吸引物，如豪华邮轮、慢行火车等。但一般而言，在旅游交通安排上还是要遵循"安全、舒适、经济、快捷、高效"的原则。如多利用高铁、飞机可以减少旅行时间，避免疲劳，用汽车做短途交通工具机动灵活等。

4. 餐饮安排

不同类型的旅游方式对旅游餐饮的要求差别较大，如经济型的团体旅游方式或一些短途的旅游方式对餐饮的要求往往比较低，部分餐饮的安排基本以吃饱为标准，甚至有的线路不安排餐饮，由旅游者自行解决。但随着人们消费水平的不断提高和对旅游诉求的不断变化，作为旅游六大传统要素之一的旅游餐饮在旅游过程中也越来越受重视，无论国内旅游还是出入境旅游都逐渐将品味地方特色美食、感受地方美食文化作为重要的环节，某些专题旅游还会要求将餐饮与旅游项目融合起来。我国的餐饮文化旅游资源开发也开始由基础层次的佳肴品尝逐渐向医疗保健、餐饮文化旅游方向过渡。如近些年发展起来的乡村旅游，品味地道农家饭、感受乡村饮食文化就成为主要的卖点之一。

5. 住宿安排

不同类型的旅游者对旅游住宿安排的要求会有所差别，在设计旅游线路时一般会按照团费的情况，以方便旅游为前提安排相应档次的酒店住宿。但随着住宿行业的不断发展，住宿可选择的范围越来越大，可选择的形式也越来越丰富，如我国正在蓬勃发展的民宿、欧洲的家庭旅馆，甚至很多旅游者会选择户外野营，如帐篷、吊床、船屋等。有些地方甚至开发出了独具特色的住宿方式，如山东枣庄的柜族部落，就利用各种类型的集装箱，开发出各具特色的生肖房等散落在农田之上、湖光山色之间，使住宿本身就成为重要的旅游吸引物。

6. 娱乐活动安排

旅游娱乐活动是指在旅游过程中，以娱乐、消遣、放松为目的，以获得精神愉悦和身心平衡为感受的多种旅游活动方式的总称。良好的旅游娱乐活动安排有助于改善旅游产品结构，丰富旅游活动内容，树立旅游目的地和旅游企业的良好形象，提升旅游线路产品的竞争力，进而提高经济效益。在安排旅游娱乐活动时，既要丰富多彩、雅俗共赏，又要健康文明、体现民族文化的主旋律以达到文化交流的目的。

7. 购物时间安排

《中华人民共和国旅游法》第三十五条规定：旅行社组织、接待旅游者，不得指定具体购物场所，不得安排另行付费旅游项目。但是，经双方协商一致或者旅游者要求，且不影响其他旅游者行程安排的除外。第四十一条规定：导游和领队应当严格执行旅游行程安排，不得擅自变更旅游行程或者中止服务活动，不得向旅游者索取小费，不得诱导、欺骗、强迫或者变相强迫旅游者购物或者参加另行付费旅游项目。

从以上条款可以看出，《中华人民共和国旅游法》对购物做了明确的限定：一是线路安排中不得指定具体购物场所；二是导游和领队不得诱导、欺骗、强迫或变相强迫旅游者购物。这一法律规定，有力地遏制了旅游过程中强迫购物、加点，旅行社和导游领队等从中获取回扣的情况。在法律执行的初期，在部分省区市，团队旅游购物几乎杜绝，一度使购物从旅游六大传统要素中消失。但从旅游者的消费需求来看，旅游购物往往又是一个必要的环节。因此，经双方协商一致或者旅游者要求的，也可以适当安排购物项目，或者在旅游线路安排中明确留出适当的购物时间，供旅游者自行安排。

（三）线路价格

一般来说，一条旅游线路的价格在制定时既要考虑成本，也要考虑顾客感受到的价值以及竞争者的价格等。具体的价格制定方法在本书的销售管理部分会涉及，此处不予展开。自 2003 年“非典”结束之后，受东南亚等国家和地区营销方式和我国境内旅游市场环境变化等因素的影响，短短几年时间，价格的激烈竞争乃至恶性竞争迅速波及我国旅行社行业，部分旅行社推出的旅游线路报价明显低于成本，个别旅行社甚至推出了零团费乃至负团费，致使正常的旅游活动变成了强制购物和强迫加点的活动。这种方式虽然让很多原来没有旅游支付能力的人有机会感受旅游的乐趣，但也极大地破坏了旅游的初衷，损害了旅游行业的形象。

（四）注意事项

注意事项部分是对旅游线路设计中可能存在问题或不明确内容的有益补充，该部分一般以备注、说明或补充条款的方式出现。一般包括安排标准说明（如住宿、车辆、用餐标准等）、特别情况说明（如不同年龄阶段、不同身份旅游者的费用差别等）、出现突发事件导致行程变更的解决方式等。该部分一般出现在旅游线路的最后，但也是非常重要的一部分。合理的注意事项说明可以有效地减少一些不必要的争论和纠纷。

延伸阅读

文化和旅游部专项整治未经许可经营旅行社业务——
严查以中老年为目标群体的包价游产品

人民网 2021 年 3 月 18 日，记者郑海鸥报道：文化和旅游部近日部署开展未经许可经营旅行社业务专项整治行动，将重点整治两类违法违规经营行为：一是以免费旅游、购物（会员）送旅游、旅游赠礼品等名义或者以俱乐部、康养活动等形式招徕旅游者，未经许可经营旅行社业务的违法违规经营行为；二是未经许可，通过互联网开展招徕旅游者等旅行社业务的违法违规经营行为。

各地文化和旅游行政部门、文化市场综合执法机构应重点检查保险、保健品等各类市场营销活动中的包价旅游产品，特别是以中老年为主要目标群体的包价旅游产品。加强在线旅游市场执法，重点查处未经许可通过互联网推广和公众号营销等方式开展旅行社业务的违法违规经营行为。加强对旅游团队、地接社的执法检查，对旅游集散地、主要景区中的旅游团队进行重点执法。执法检查过程中，发现涉嫌违反消费者权益保护、反不正当竞争、广告等领域法律法规的，移送有关行政机关查处；涉嫌触犯非法经营、强迫交易、诈骗等刑法罪名的，移送司法机关，依法追究刑事责任。

任务实施

按照项目一的分组，由组长负责组织，集体创意，设计一个以当地旅游资源为节点的旅游线路产品。也可以由教师根据情况为各组指定项目方向，安排各组分别进行创意设计。设计完成后由各组分别汇报线路设计的调研情况、设计思路和展示线路设计的产品，汇报形式不限，听取汇报的同学可提出问题。最后采取小组互评与教师评议相结合的方式对任务实施情况进行评价。各小组在听取建议和意见的基础上对线路再进行修订完善。

评分标准

序号	评价项目	分值	得分
1	仪容仪表	10 分	
2	语言表达	20 分	
3	问题分析	30 分	
4	知识运用	20 分	
5	团队协作	20 分	

项目总结

该项目主要通过搜集、分析旅行社的产品，指导学生更好地了解旅行社产品的概念、特征和类型，并锻炼学生的调查、分析、汇报和协作能力；通过旅行社产品的设计，更好地了解产品设计的基本原则、一般流程和线路产品要素组合，掌握一定的产品设计方法，进一步加深对旅行社产品的认知，并锻炼学生的创新、汇报和协作能力。

项目三

旅行社营销管理

旅行社营销管理工作是一项环环相扣的系列性工作，只有循序渐进地有效推进，才能确保旅行社营销工作有的放矢地开展。对于旅行社而言，面对旅游客源市场中旅游者形形色色的需求，来者不拒的全部给予满足是不现实的。旅行社只有通过旅游市场细分，在细分市场中选择自己明确的目标市场，并制定目标市场策略，确定鲜明的市场定位，以及选择品牌化的发展路径，才能从容下好营销管理这盘棋。

任务一　运用消费者洞察把握需求动向

学习目标

知识目标	1. 了解消费者洞察的基本知识； 2. 掌握旅游者的购买行为过程； 3. 在旅游者洞察的基础上，理解当前旅游市场需求的新变化。
能力目标	能够面对典型旅游者群体进行旅游消费行为的分析。
素质目标	提高旅行社在消费者行为研究方面的专业素养。

任务描述

旅行社营销管理的起点是旅游者，只有客观而深刻地了解旅游者，才能更有针对性地开展后续的营销活动。消费者洞察是旅行社了解旅游者客群的有效手段。通过消费者洞察，旅行社可以更精准地获取旅游者的需求，对旅行社有效开展营销活动，提升企业竞争力，推进品牌化进程，具有深刻的现实意义。接下来我们就一起学习如何通过消费者洞察，把握当下旅游者的购买行为变化与市场需求迭代吧！

知识准备

在这个时代，企业竞争就是争夺消费者的心智之战。如果旅行社不能够真正洞察自己的消费者，不知道消费者是如何思考、行动、选择的，无法根据消费者心理变化和行为变化做出及时的反馈调整，那么旅行社可能研发着旅游者并不需要的产品，宣传着旅游者并不关心的功能，讲述着旅游者并不愿意听的故事，所有的营销努力可能付诸东流。

一、何谓消费者洞察

美国营销学者 Merlin Stone 是这样描述消费者洞察的：消费者洞察意味着对于消费者的深入理解，并有意识地将这样的理解用于帮助消费者实现他们的需要。消费者洞察也意味着智慧的机构能够以此更好地定位自己，从而满足顾客或者利益相关者的需求。为了更好地理解消费者洞察，我们需要区分一下消费者观察和消费者洞察：消费者观察是对消费者行为的一种记录，消费者洞察是透过消费者的行为和心理来探究底层的本质原因。洞察是发现“别人都知道，但没有人发现的东西”。消费者洞察是从消费者的行为或数据中寻找消费者的喜好偏向，可以为企业营销、产品创新、品牌塑造等提供优化方向和支撑。

传统的旅游产品设计，实际上是资源导向的，旅游者去故宫、黄山、九寨沟，是因为旅游资源本身足够独特、足够有吸引力，彼时人们更多的是以观光打卡的方式去旅行。但是，随着旅游市场的不断发展、旅游者旅行经验的不断丰富，他们的旅游需求更加个性和自我，消费决策更加专业与理性，现代旅游活动已经逐渐演变成一种生活方式，旅游者通过旅行更多的是为了获得一种与众不同的、惬意舒适的生活体验。要重新理解我们的旅游者，需要我们以人为中心洞察其行为背后的心理逻辑。

在数字化时代，旅游者的旅游消费，正在从功能型消费向情感型、价值型消费转型。消费者善于使用社交网络表达自我，同时又会以观念认同为基本原则，对产品或品牌进行筛选与决策。旅游者在消费过程中更加寻求参与感、归属感、意义感，简单的功能型产品已经无法满足旅游者所强调的差异化需求。对于当下的旅行社而言，关注消费者洞察，透过旅游者的行为与心理，探究深层次的原因，整合各平台数据，更精准地获取旅游者的需求，对提升竞争力、提升品牌化进程具有深刻的现实意义。旅行社的营销管理与可持续发展，必然要先以消费者洞察为起点，以丰富的消费场景与内容，实现更精准的认知与更高效的满足。

二、通过消费者洞察，聚焦旅游者购买行为的新路径

随着互联网技术的不断发展和生活节奏的不断加快，旅游者的注意力变得越来越难以集中，面对线上线下的多种渠道的信息轰炸，旅游者置身于信息的海洋之中。但企业的信息是否可以有效触达，却也未可知。因此我们要重新梳理旅游者购买行为的新路径，进而更好地理解旅游者的购买行为是如何发生的。

在互联网时代，旅行社要获取一个客户，从最初触达到最终购买，这中间经历了哪些阶段？这些阶段中，企业又该如何有针对性地营销以及为旅游者提供服务？这也值得旅行社充分关注。一般情况下，旅游者会经历“了解—吸引—问询—行动—反馈”这五个阶段。

（一）了解

在了解阶段，旅游者通常通过自身过往经验、周边人群经验、企业或品牌的推广传播等，被动获取各类旅游产品信息。这一阶段，产品信息的触达使企业与旅游者有了初步的接触。这些信息可能是来自公众号、小红书、抖音的文章或视频，也可能是朋友圈里的一次内容分享。旅游者从此刻起，开始听过、看过和了解有关这个产品或品牌的基本信息，企业和旅游者之间建立起了一种非常细微的联结，如果不进行进一步的运营和干预，这个联结可能很快就会断开。在初步了解阶段，旅游者对旅游企业或产品有了一定的认知，知道企业是做旅游的，但还没有形成记忆，这就需要企业想办法深化这种联结，通过更多地信息触达与沟通，更多地影响旅游者。

（二）吸引

受好奇心的驱使，旅游者会进一步跟进能让其产生兴趣的产品或品牌信息，从家人、朋友或者互联网平台获取更多信息。旅行社可以利用大数据等信息技术，通过旅游者的访问数据和偏好，挖掘旅游者的兴趣爱好，做到差别推荐和精准展现，尽量多地将有效信息推送给旅游者；同时配合线下分享会、线上直播等形式，提高互动频率，实现有效吸引。

（三）问询

在问询阶段，旅游者会主动从各种渠道了解有关产品的信息，也会直接向旅行社咨询，同时会参考互联网上其他购买者的评价与体验。在问询阶段，线上线下的信息交互体现了旅游者信息获取渠道的多样性。旅游者甚至可以一边在门店浏览咨询，一边在手机上实时地搜索与对比。旅行社必须能够确保在关键的信息渠道中出现自己的身影，因此要善于使用各类媒体平台，达成与旅游者的有效互动，因为交互是交易的开始。旅行社与旅游者重复地、不断地交互与沟通，可以促成下一环节的达成。

（四）行动

当旅游者在问询阶段确认了足够的信息后，对企业的信任与好感达到一定程度，信任大于购买的情绪顾虑，最终的行动按钮就被触发了。在购买行为发生之后，旅游者会通过消费、使用、售后服务等，与旅行社产生更深、更频繁的互动。在这些环节，旅行社要确保给旅游者带来良好的旅游体验，尤其是在游客提出质疑或投诉时，更要及时有效解决。

（五）反馈

在购买行为发生以后，尤其是在旅游产品的消费过程中，旅游者会将所获得的真实旅游体验与购买前的期待进行对比，超过期待就会喜欢和信任，低于期待就会产生不信任感。因此，稳定的旅游产品体验是旅行社运营过程中的关键内容。旅行社要珍惜为旅游者带来良好体验感的机会。只有为旅游者提供优越的旅行体验，才能不断强化旅游者对企业的品牌信任，让旅游者建立品牌忠诚度，在后续的留存率、复购率、推荐率等方面用行动来支持企业。

旅游者购买行为的这一实现路径，并非严格的直线形，有时候是螺旋形的，甚至会直接跳过其中某些阶段，来到发生购买的行动环节。现在常见的旅游直播中，通过购买时抢购与优惠的氛围感营造，能让观看直播的旅游者在信息刺激之下产生瞬间的购买和消费冲动，跳过前期环节，直接进入交易环节。

一般情况下，尤其是在规划长线或远距离旅游时，旅游者通常会有一个较长的购买决策周期，会充分地收集、比对各类信息，然后谨慎地做出购买决策。但在某些情况下，旅游者的购买决策周期也会变短，很多时候会临近假期才做出购买决策，临时起意的旅行活动增加。这种消费决策周期变短也倒逼旅行社提升运营效率，并及时对产品服务进行调整，提高旅游产品信息的传播效率与更新频率。

延伸阅读

Z世代旅游趋势，是昙花一现还是引领潮流？

生活不止眼前，还有诗和远方。随着Z世代群体的消费能力越来越强，旅游成为他们重要的休闲娱乐方式之一。而Z世代在寻找诗和远方的过程中也表现出了鲜明的特性。

蓝裕文化主题开发设计院了解到，一份调研表明，Z世代喜欢自由行；他们爱和朋友一起出游；他们对云旅游的接受度较高，看过云旅游的超过一半；他们的出游时长集中在3～7天；他们拼凑假期特征明显……

小红书、抖音、快手、微博、B站等图文视频类新媒体成为Z世代了解旅游目的地相关信息的主要来源。从数据可以看出，通过图文视频类新媒体来了解旅游目的地信息的占比最高，达到了52.7%；其次是在线旅行社，而通过线下旅行社了解信息的占比较低，只有16.7%（见图3-1）。

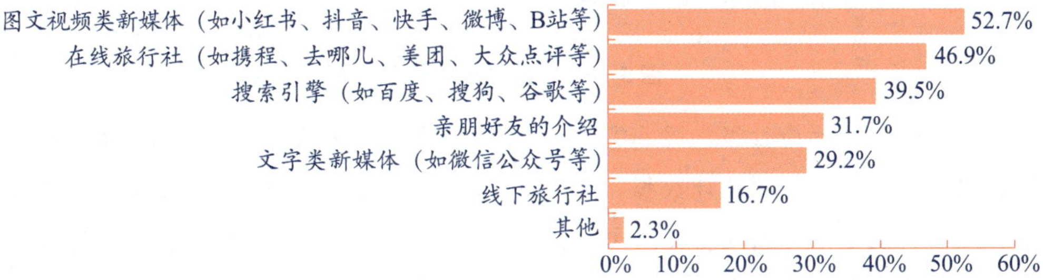

图3-1　Z世代旅游目的地相关信息主要来源

出游前Z世代考虑最多的三个因素是价格预算、交通是否便利、安全问题。从数据可以看出，价格预算仍旧是Z世代出游所考虑的第一因素，占比高达57.5%；其次是交通便利程度和安全问题，占比均接近50%（见图3-2）。时间限制方面，考虑得反而不太多，这或许也能反映出Z世代“说走就走”的性格。

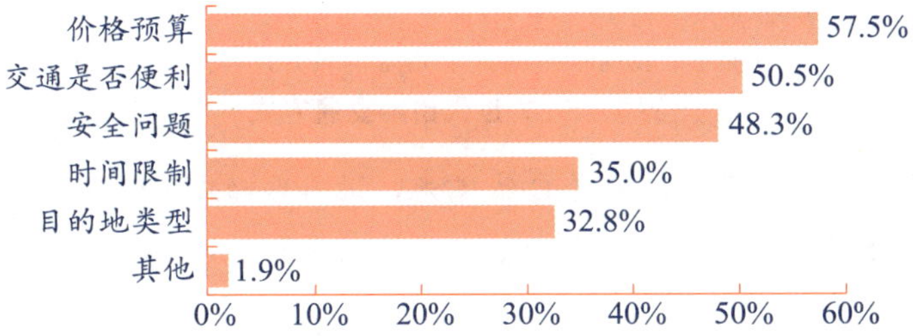

图3-2　出游前Z世代考虑最多的三个因素

在出游预订方式上，Z世代更偏爱在线旅行社（见图3-3）。

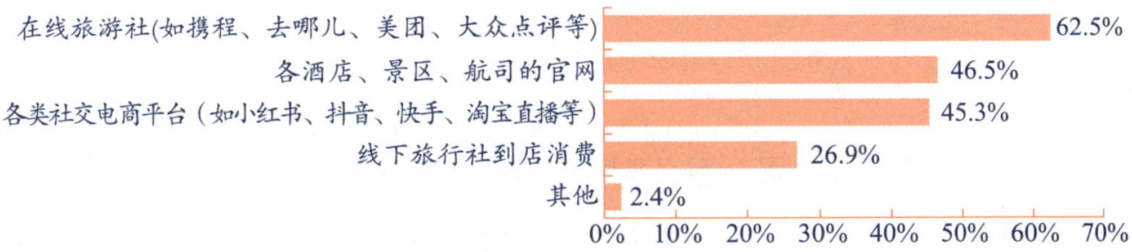

图3-3　Z世代预订出游方式

Z世代偏爱自由，56%的Z世代都选择了自由行（见图3-4），远高于跟团游或各种主题游。他们自己完成交通、酒店和门票的预订，想去哪儿就去哪儿，偏爱自由的特征十分明显。

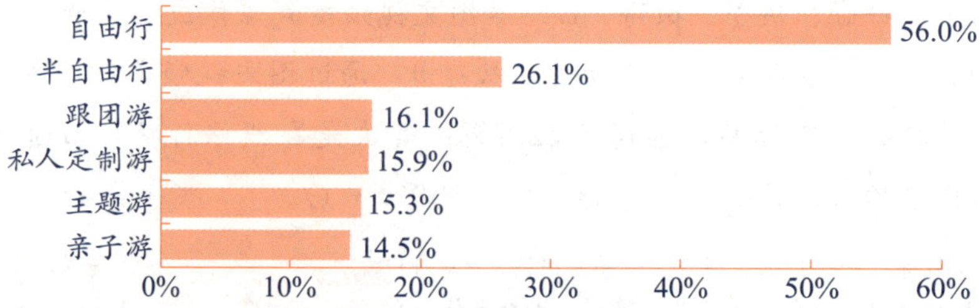

图 3-4　Z 世代出游方式

根据国家统计局数据，近 50%的 Z 世代仍处于高中及以下的教育适龄阶段。根据凯度&QQ 广告的统计数据，65%的 18～23 岁在校 Z 世代的收入来源只有家长提供的生活费。因此在交通工具的选择上，火车、动车、高铁毫无疑问排名第一。但有意思的是，自驾和飞机的占比同样很高，分别达到 44.9%和 41.5%（见图 3-5），Z 世代的消费能力比想象中的更强。

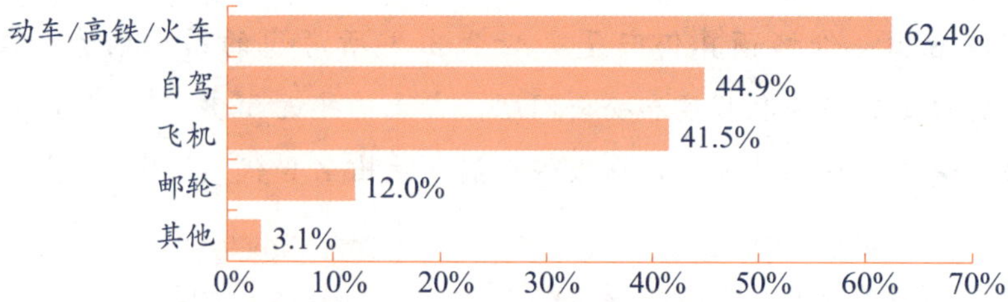

图 3-5　Z 世代出游交通方式

Z 世代最喜欢的旅游目的地是自然风光，近 60%的 Z 世代以此来放松身心。而需要更多预算的购物天堂、人云亦云的网红打卡地，他们似乎不太喜欢，喜欢去往购物天堂的 Z 世代只占 16.3%（见图 3-6）。

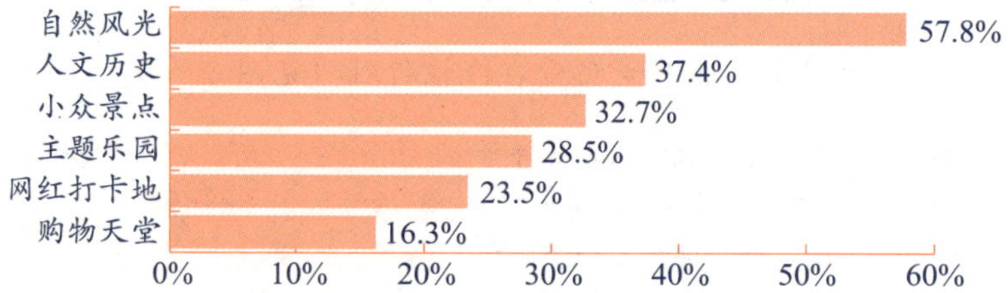

图 3-6　Z 世代旅游目的地类型选择

大多数的 Z 世代选择法定节假日或年假出游，但也有 37%的 Z 世代选择在寒暑假出游（见图 3-7）。Z 世代的出游时长集中在 3～7 天，在与出游时间交叉分析时发现，Z 世代拼凑假期特征明显。由于 Z 世代选择在法定节假日或年假出游，他们的出游时长主要在 3～7 天，但 Z 世代的假期好像更长，有超过 22%的 Z 时代假期能达到 8～15 天，除了有寒暑假的时间，Z 世代还请假凑假延长自己的假期。

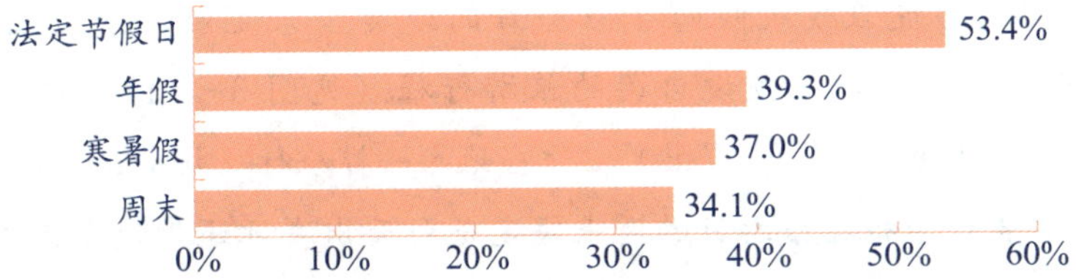

图 3-7　Z 世代旅游时间

Z 世代喜欢和朋友、恋人/孩子、父母一起出去旅游，但也有将近 23%的 Z 世代会选择独自出游（见图 3-8）。

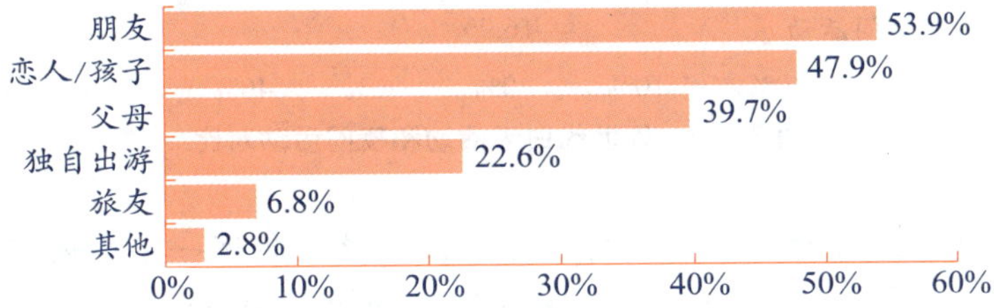

图 3-8　Z 世代喜欢和谁出游

在出游花销中，26.2%的 Z 世代住宿花得最多，门票/娱乐、餐饮紧随其后（见图 3-9）。

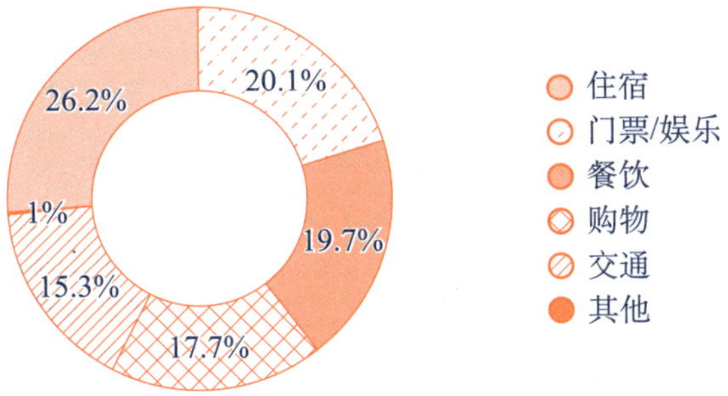

图 3-9　Z 世代出游花销

除了奔赴景点，走走逛逛沉浸式体验也成为 Z 世代的重要旅行方式，还有 Z 世代会选择房车露营这种新方式（见图 3-10）。

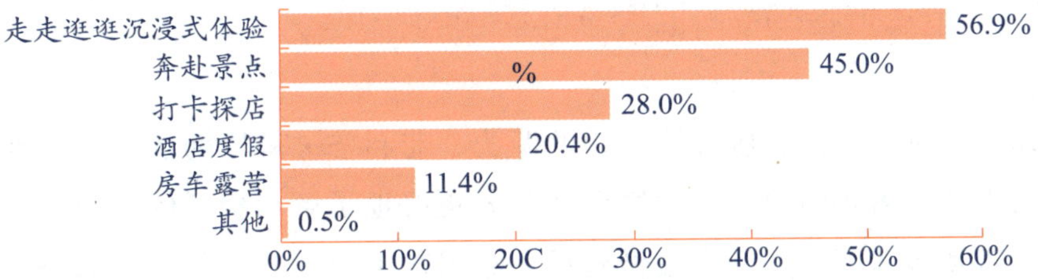

图 3-10　Z 世代旅行方式

Z世代的旅游度假模式倾向于根据目的地类型来定制和规划自己的旅行方式，而不是千篇一律地预设自己的旅游行程（见图3-11）。这也体现在近年来兴起的“城市漫步（City Walk）”“像当地人一样旅行（Travel as Local）”的旅游理念中。Z世代会根据旅游目的地来决定是白天出去玩还是晚上出去玩，虽然夜经济很火，但白天仍是主要活动时间。

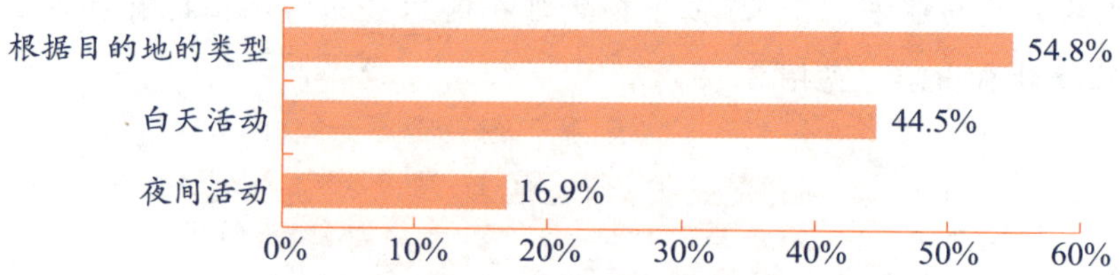

图3-11　Z世代白天活动和夜间活动对比

Z世代对云旅游的接受度较高，看过云旅游的超过一半，还有11.4%经常看“直播云旅游”让游客在出游前就可以获得真实有体验感的内容服务，可以更好地规划自己的行程。而对于一些受疫情影响不能出行的人来说，“直播云旅游”满足了他们“足不出户云游世界”的梦想。“直播云旅游”已经受到超过一半的Z世代的接受——42.2%偶尔会看，11.4%经常看（见图3-12）。

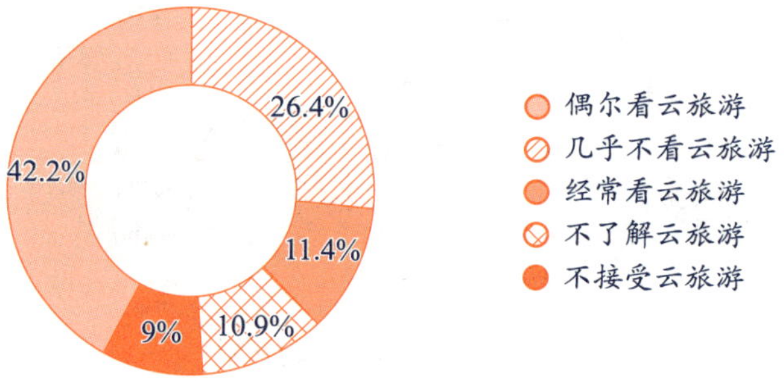

图3-12　Z世代对云旅游的接受度

三、通过消费者洞察，把握旅游需求的新变化

需求是品牌、产品、服务等一切的源头。菲利普·科特勒认为，品牌营销的核心目标是为顾客创造价值，营销创新需要更好地了解消费者的思想、动机和决策。很多品牌投入了很大成本去做营销，结果却不尽人意，很大一部分原因就是没有深入洞察消费者的需求。需求是产品存在的前提，产品是需求的解决方案。

在旅行社针对旅游者的洞察中，我们不难发现，随着时代的发展和宏观环境的变化，旅游者对旅游的消费喜好和偏向也在不断变化。旅行社应充分重视这些需求变化，并能积极灵活地做出应对。

（一）旅游产品从功能需求过渡到体验需求

随着经济的不断发展、旅游市场的不断成熟和旅游者旅行经历的不断增加，旅游需求从最初的功能性需求逐渐过渡为体验性需求。从最初走马观花景点打卡的标准化团队游演变成关注休闲体验和深度参与的体验性需求。

对于旅行社而言，旅游功能性需求从产品和服务的供给来说较为简单，通过标准化、流水线式的线路产品就能够满足。但是随着高质量旅游的不断发展，从功能性需求到体验性需求的变化，对旅游产品和服务的研发与设计提出了更高的要求。旅行社的产品不能再是粗放、平庸、大同小异的，而是要充分体现文化、风景、灵感、认知，甚至身份认同。

对于旅行经验相对丰富的旅游者群体，满意的阈值也会越来越高，旅行社的产品在呈现与服务的表达上也将趋于精致化与特色化，旅游者更看重品牌效应、文化内涵和审美表达。单一的功能性价值已经逐渐难以成为消费决策和选择的决定因素，旅游产品应成为生活方式的表达式。

（二）旅游产品从旅行体验过渡到生活方式

生活方式是指人们长期受一定的社会文化、经济、风俗、家庭影响而形成的一系列的生活习惯、生活制度和生活意识。生活方式是由个人和社会群体、整个社会的性质和经济条件以及自然地理条件所决定的。生活方式背后体现的是消费偏好、审美趣味、价值观以及自我认同。对于旅行社这样的旅行服务企业来说，在呈现一个具体的产品之前，要想好相匹配的目标人群以及目标人群背后的生活理念。

近年来，旅游消费领域发生了很多新的变化，旅游活动的形式与生活方式的连接日渐紧密。例如：现在流行的户外野餐和露营文化，城市当中的人们在周末找个公园，铺上桌布进行午后野餐，或者开车带着帐篷到郊区湖边或森林进行露营，这些活动背后映射的是对生活质量的追求和对新的生活方式的探索。旅行和生活的边界会越来越模糊，传统的旅行社也应充分关注周边户外、周末露营、郊区野餐等休闲活动，接受旅行变得生活化、日常化的趋势，让旅行社的功能向创意、文化、生活方式等领域延伸。

（三）更加关注自然与在地文化

近年来，城市周边区域内的短程旅行、近郊旅行、乡村休闲、民宿度假等产品在市场中颇受欢迎，尤其是亲近自然的乡村休闲、户外露营等和突出所在地文化的周边深度游，市场认可度很高。

近年来，人们的旅行消费需求更加理性谨慎，追求自然健康、放松身心，希望小众舒适，最好还能低碳环保。随着城市化进程的不断加快，人们在离乡村渐行渐远的过程中又开始想要亲近乡村、回归乡村。“采菊东篱下，悠然见南山”的田园梦，开始萦绕在城市人的心中。城市周边的田园综合体、乡村度假区，纷纷成为城市人周末休闲、赏春观秋的好去处。未来的旅游者会更加关注自然与文化，城市与乡村再度融合。在旅游者对田园牧歌式的美好生活的向往中，旅行社应充分关注其中的市场机会。

任务实施

目前旅游市场中亲子游群体不断增长，山之旅旅行社想要面向这一群体研发相应的旅游产品。请同学们 5 人一组，设计调查问卷和访谈提纲，通过问卷调研和典型访谈的形式，洞察这一群体的旅游需求特点和购买特征，并撰写相应的调研报告，为新产品研发提供支撑材料。

评分标准

序号	评价项目	分值	得分
1	内容的完整性	50 分	
2	语言的简洁性	20 分	
3	内容的条理性	20 分	
4	形式的创新性	10 分	

任务二　通过市场细分把握有价值的市场空间

学习目标

知识目标	1. 理解旅行社市场细分的概念与现实意义； 2. 掌握旅行社市场细分的原则与常用变量； 3. 掌握旅行社目标市场选择的策略。
能力目标	1. 能够运用常用变量对典型旅行社进行市场细分； 2. 理解不同类型目标市场策略的选择依据。
素质目标	具备旅行社运营中的营销素养。

任务描述

山之旅旅行社要进行年度的营销工作总结，需要做一份有关该旅行社的目前细分市场经营状况的调研报告。请你了解该企业目前的细分市场情况，并分析该企业所涉足的目标市场具有怎样的特点，是否有良好的盈利能力和发展前景，为明年市场策略的制定提供依据。

知识准备

一、了解旅行社市场细分

市场细分的概念是在 20 世纪 50 年代中期由美国营销学家温德尔·史密斯在总结企业按照消费者的不同需求组织生产的经验中提出的。市场细分是指企业根据消费者群体之间需求的差异性，把一个整体市场划分为两个或者更多的消费者群体，从而确定企业目标市场的活动过程。每个需求特点相类似的消费者群体称为一个细分市场。由于消费者的需求千差万别，一个企业无论规模多么庞大，实力多么雄厚，也不可能满足所有消费者的所有需求，而只能满足市场上某一部分消费者的某些需求。因此，企业经营者只有在市场细分的基础上选择特定的服务对象，并制定相应的营销策略，才能更好地实现经营目标，创造经济效益。

旅游者需求的多样性决定了旅行社市场也必须进行市场细分。旅行社市场细分是旅行社企业将属于某一整体客源市场的旅游者，按照一种或几种变量进行划分，进而形成具有典型特征的子市场的活动。旅行社市场细分是由旅游需求的多元化以及商品经济发展的内在矛盾决定的。旅游者需求中客观存在的差异性和相似性决定了组成市场的各个部分既可以按相似性进行聚合，又可以按差异性进行区分。

通过市场细分，旅行社可以发现典型旅游产品品类的市场需求量以及现有企业对这一品类需求的满足程度，进而挖掘新的市场机会，发现未被满足的潜在市场空间，并能及时占领，赢得竞争优势。

二、旅行社市场细分的原则

由于旅行社市场细分是一个发现市场机会和寻找目标市场的过程，因此，在细分市场过程中，旅行社应对客源市场每部分的需求都予以关注，同时又要确保每个细分市场都具有相应的经营价值，要确保细分后的市场能够成为旅行社制定有效营销战略的基础。一般来讲，旅行社市场细分应符合以下要求：

（一）可识别性

可识别性是指旅行社细分出来的各个市场中，旅游者特征、旅游者购买偏好、旅游市场范围、旅游市场规模、旅游购买力等指标能够通过市场调研及分析的方式获得，能够清晰地区分和辨识。

（二）可衡量性

可衡量性是指旅行社细分出来的市场不仅要求边界比较清晰，而且能够大致判断市场规模和发展空间的大小。要保证细分市场的可衡量性，必须做到细分标准清楚明确、易于辨识，同时细分市场依照的标准是可以衡量的。旅行社可以通过明确的指标和数据对细分市场进行筛选评判。

（三）可进入性

可进入性是指旅行社细分出来的市场是企业利用现有的人力、物力、财力，并通过一定的经营活动可以通达的市场。考虑细分市场的可占领性，实际上是考虑旅游经营活动的可行性。对于难以进入或无法进入的市场，进行市场细分不具有现实意义。

（四）稳定性

稳定性是指在一定的时间条件下，旅行社的细分市场可以保持相应的发展空间和市场规模，旅行社在占领该市场后，一定时期内不必改变自己的目标市场。这样有利于旅行社制定比较长期、稳定的营销与发展战略。如果细分市场变化过快，旅行社需要时刻应变，在一定程度上会增加旅行社的经营风险。

（五）效益性

效益性是指旅行社能够在细分后的市场上取得良好的经济效益。要做到这一点，首先要求细分市场具有一定的规模，能适应旅行社扩大再发展的要求。其次要求细分市场不仅能保持目前情况下的市场效益，而且具有相当的市场潜力，使企业在较为长远的时期也能获得理想的利润与收益。

三、常见的旅行社市场细分变量

旅游需求的差异性是旅行社市场细分的基础，但旅游需求的差异性依照什么样的标准进行细分，并没有统一的规定。不同旅行社可以根据企业的具体情况，以及经营业务的市场范围来确定自己的细分标准。一般情况下，旅行社市场细分参照的标准包括以下方面：

（一）地理变量

旅行社市场细分的地理变量是指旅行社根据旅游者所处的地理位置、地理环境等标准进行市场细分。地理因素对于旅游需求规模、需求结构以及需求特点等具有直接的影响。不同地理环境下的旅游者，由于自然条件、文化传统和社会经济发展水平的差异，对旅游需求的偏好、购买习惯等具有明显的差别，并形成典型的区域性的特征。

根据旅游者的国别、地区和城市等来细分市场，有助于旅行社研究不同地区旅游者的需求特点、需求总量和需求水平等指标，并根据这些指标开展具体的经营活动，提高经营活动的针对性和有效性。旅行社按照地理变量细分市场时，要同时注意市场密度，即特定的地区性市场对旅游产品需求的潜力，它不仅与该地区的总人口有关，更与这个地区的经济发展水平息息相关。

一般情况下，传统的入境游市场、出境游市场、国内游市场，都是根据地理变量来进行划分的。当然，旅行社也会更具体地进行划分，如出境游又可以划分为日韩市场、东南亚市场、欧洲市场、澳新市场、美加市场等。2020 年至 2023 年，出入境旅游市场呈现暂停状态，旅行社将市场重心放在国内市场，而在国内市场中，远距离长线旅游市场需求量缩减，而城市周边的短途旅游市场却发展迅速。而在 2023 年以后，出境旅游市场日渐复苏，远距离长线旅游市场呈现稳步回升的趋势。

（二）人口变量

人口是旅行社市场构成的基本要素，也是旅行社经营活动的最终对象。旅行社在市场细分过程中，不仅要研究特定区域内的总人口，还要研究人口的自然状态和社会构成。人口的自然状态主要包括人口的地理分布、年龄构成、性别构成和家庭构成等。人口的社会构成则主要包括人口的民族、宗教、受教育程度、文化背景、职业、阶层、经济收入等。旅行社市场细分是与人口的自然状态和社会构成密切相关的，处于不同自然状态和社会构成下的人，在旅游需求规模、需求时间、消费水平、旅游偏好、旅游方式等方面均有不同的特点，因而形成较为明显的需求差异。根据人口变量进行市场细分，可以使旅行社比较精准地选择目标市场。

人口变量是旅行社最常采用的细分变量，如像亲子游市场，是根据家庭结构这一变量细分而出的；银发旅游市场、新青年（Z 世代）旅游市场均是根据年龄构成这一变量细分而出的。

（三）心理行为变量

心理行为变量是对旅游者的购买行为产生影响的主观因素，旅游者的心理因素也可以成为旅行社市场细分的依据。由于旅游动机、生活方式、个性特征等方面的差异，旅游者对于旅游产品的爱好与态度也会有明显差别。旅行社可以依据旅游者的心理行为变量进行市场细分，从旅游者心理活动所形成的旅游动机、旅游类别、旅游方式、旅游频率、对价格的敏感程度等方面来进行市场细分。

旅游者心理变量已经成为旅行社进行市场细分与研发新产品需要参照的关键变量。随着旅游者旅游经验不断丰富、旅游需求不断多样化，洞察旅游者心理是旅行社的必修课，只有这样，才能在细分市场上更好地捕捉到新的市场机会。近些年兴起的城市露营、私家小团游、定制主题游等细分市场，都是围绕特定人群的旅游动机与需求、旅行方式、购买力等消费心理特征而出现的。

延伸阅读

上海春秋旅行社：足不出“沪”，讲好城市故事

上海春秋国际旅行社（以下简称春秋旅行社）积极拓展上海本地市场，推出主打本地客源深度游的“春秋微游”项目。在不到两年的时间里，“春秋微游”项目历经6次迭代，创新研发出150多个产品，让21万人次从不同角度重新阅读这座城市，微旅游产品也成为春秋旅行社旅游板块的新增量。

上海春秋国际旅行社（集团）有限公司董事、副总经理认为，“城市居民和商旅客人在碎片时间里也有对高品质旅游的需要，用以释放工作压力，发现生活新乐趣”。一个高质量的旅游产品要对客群进行细分。春秋旅行社在上海经营都市观光巴士10多年，在1.5个小时的观光行程中，游客能直观地看到城市的面貌，但这些建筑和空间背后有什么故事？生活在这座城市中的人们的诗意、休闲的状态怎么样？曾经又有哪些名人与这座城市有过交集？如何用好这个交通媒介，满足乘客需求？经过调研和研判后，春秋旅行社发现，不同人群对于城市的兴趣偏好差异明显。

老上海人希望看到城市的新变化，新上海人想要知道纯正的海派文化和历史，年轻人喜欢上海独有的“小资”调性，假期中的学生更倾向于了解与上海相关的航空航天知识……中共一大、二大、四大纪念馆早已成为打卡地，但如何才能真正了解到红色文化精髓？怀旧的群体如何在工业园观察上海曾经的辉煌工业史？

面对新需求，就要创造新供给。6次迭代中，“春秋微游”从单纯走马路的微游和骑游，扩展到环保地铁游、观光车游、黄浦江游船游等多种交通方式游上海；游览形式也从单纯的导游说、游客听，扩展到剧本杀、密室逃脱等高参与度模式；文化角度也从听故事、看风景扩展到看话剧、听歌剧、走进传奇酒店等多种复合文化的享受。除此之外，春秋旅行社还与上海各区文化和旅游局深度合作，结合各个公共文化空间和各类公益文化活动，让公益旅游深入人心。

“春秋微游”产品好评率达99%，复购率超过10次以上的游客很多，甚至还有游客为产品的创新和研发主动提供线索和资源。不到两年时间，新推出的微旅游产品达150多种。经过不断努力，“春秋微游”全力拓展本地游客，向城市主人讲好上海故事。

四、基于市场细分，选择目标市场

（一）旅行社的目标市场

旅行社的市场细分是进行旅行社目标市场选择的重要前提，目标市场的选择是在市场细分的基础上进行的，也是旅行社市场细分的结果。选择目标市场是旅行社营销管理工作的重要内容。旅行社的目标市场是指旅行社准备用其产品与服务来充分满足的一个或几个特定的旅游者群体，也可以说，目标市场是旅行社准备从事经营活动的一个或几个特定的旅游细分市场。从旅游需求的角度来看，旅行社要获得最佳的经济效益，必须把满足游客需求放在首位。只有充分满足旅游者的需求，旅行社才能生存与发展。由于旅游者需求的差异性与广泛性，加之旅行社的经营规模与实力有限，旅行社不可能满足所有旅游者的所有需求，只能满足特定旅游者群体的需求。因此，旅行社要结合自身实际，用有针对性的产品和服务满足特定旅游者的需求，进而实现经营目标。

与此同时，并非所有的市场机会对旅行社而言都具有同等的市场吸引力，旅行社只有选择规模利润可观，且能够进入的市场作为自己的目标市场，才能充分发挥企业的资源优势，并在竞争中打造属于自己的竞争优势，在市场中站稳脚跟。

（二）旅行社的目标市场策略

当旅行社选定了目标市场之后，如何经营好这些目标市场，成为营销人员需要考虑的重要问题。选择恰当的目标市场营销策略对旅行社而言至关重要。常见的旅行社目标市场营销策略包括以下三种：

1. 无差异目标市场策略

无差异目标市场策略是指旅行社将整个客源市场作为自己的目标市场来进行经营的一种营销策略。虽然旅游客源市场可以按照不同变量与标准进行细分，但如果客源市场对产品的要求不存在实质性的或者有经济意义的差别，旅行社可以采取无差异的目标市场策略。这一策略适合于以下情况：

（1）整个客源市场的需求虽然有差别，但需求的相似程度更大；

（2）客源市场的需求虽然有实质上的差别，但各个需求差别群体的经济规模较小，不足以使旅行社通过细分市场的经营获取足够的效益；

（3）旅行社业内竞争程度较低，客源市场的需求强度较高。

采取无差异目标市场策略的经济优势在于成本较低，旅行社只需要向市场提供标准化的产品，这可以大大降低产品开发、广告促销、市场调研等方面的各项费用，有助于旅行社形成规模经济。但一刀切式的无差异目标市场策略，在旅游市场不断发展、旅游需求不断迭代的今天，也存在明显弊端。很多旅行社采用传统模式，不去区分旅游人群，尤以散客拼团为甚，不同人群、年龄段的客人之间共同进行统一旅游产品，在旅游追求功能化需求的时期，可能还有部分市场需求，但其弊端也不应忽视。旅行社必然需要通过客群年龄段、客群需求等不同变量进行市场细分，采取有针对性的目标市场策略。

2. 差异性目标市场策略

差异性目标市场策略是指旅行社在大多数的细分市场上经营，并为每个存在明显需求差异的细分市场设计不同的营销方案的策略。旅行社差异性目标市场策略适用于以下情况：

（1）客源市场的需求存在明显的差异；

（2）按细分变量或标准划分的各类客源市场都具有一定的经营价值；

（3）旅行社规模较大，且其实力与能力足以占领更多的细分市场。

同无差异目标市场策略相比，差异性目标市场策略通常能取得更为可观的经营效益。由于它针对性强，满足市场需求的程度高，因此对扩大旅行社的市场占有率是非常有利的。这也是许多旅行社采取这种目标市场策略的主要原因。但是旅行社采用差异性目标市场策略，会增加经营成本与营销费用，因为旅行社要向不同细分市场提供不同的产品，制定不同的营销策略，建立不同的销售网络，所有这一切都需要更多的成本投入。

一般而言，大规模的旅行社都会选择差异性目标市场策略，走多元化发展的道路。尤其是在疫情并未消散的前两年，传统的旅行社集团企业，在面临亏损的情况下，仍然坚持多元化发展，提升自身抗压能力，等待行业复苏。例如：凯撒旅游持续坚持“旅游、食品、目的地与新零售”的多元市场战略，推动资源整合，对疫情下的产品结构、服务内容等做出调整，加速对国内游的拓展，尤其是本地休闲文化产品、目的地资源的开发以及短途游的拓展，将以往高水平的境外游运营及丰富的服务经验应用至国内旅游，提升企业可持续发展动力。在面对出入境旅游业务仍处于基本停滞状态，国内旅游市场竞争进一步加剧的挑战时，凯撒旅游、众信旅游、中青旅等旅行社头部企业加速对传统旅行社业务进行变革和创新，尝试开拓新业务和新的目标市场，加快业态调整，开拓收入来源，通过多元化发展不断强化自身的抗压能力。作为综合性的旅游企业，这些旅行社的主营业务更加丰富多元，都在通过加强“旅游+”业务布局，在周边游、本地游、亲子游、红色旅游、定制游等细分市场寻求更多的市场增长机会。

3. 集中性目标市场策略

集中性目标市场策略是指旅行社只选择一到两个细分市场作为自己的目标市场，制定一套经营方案，并集中力量在这一细分市场上占有绝对优势的策略。旅行社集中性目标市场策略适用于以下情况：

（1）细分市场具有明显的、实质性的需求差异；

（2）旅行社规模较小，且经营能力有限。

旅行社在采取集中性目标市场策略时，由于目标市场明显集中，可以实行针对性较强的营销方案，这将有助于旅行社提高产品的市场形象和市场占有率，同时降低经营成本。集中性目标市场策略是中小型旅行社经常采取的一种目标市场策略，不足之处是经营风险大。

近年来，旅游团已经呈现个性化、定制化和主题化的发展趋势，并正在倒逼跟团游转型升级：小体量、个性化、高品质的私家团成了热点和主流。在“新跟团游时代”，聚焦特定细分市场，打造小而美的定制化产品，将成为中小型旅行社转型的重要出口。中小型旅行社如果能拥有高度灵活的运营体制，善于充分利用新技术和新媒体，更能清晰地听到市场脉搏，将会在特定细分市场上迎来充分的发展机遇。

任务实施

5 人一组，选择一项或多项细分变量，对目前旅行社所面对的旅游市场进行细分，判断这些细分市场的特点与发展趋势，探讨旅行社可以选择哪些作为目标市场，围绕这些内容提交相应的分析报告。在此基础上，山之旅旅行社想要将研学旅游市场作为自己的目标市场进行开发，请各小组帮助山之旅旅行社分析研学旅游市场是否可以作为该企业的目标市场，如果选择研学旅游市场，为山之旅制定恰当的营销策略。

评分标准

序号	评价项目	分值	得分
1	内容的完整性	50 分	
2	语言的简洁性	20 分	
3	内容的条理性	20 分	
4	形式的创新性	10 分	

任务三　通过品牌化发展打造优势竞争力

学习目标

知识目标	1. 了解有关品牌的知识； 2. 掌握旅行社品牌化发展的必要性； 3. 掌握旅行社品牌化发展的策略。
能力目标	具备从日程化工作中塑造旅行社品牌的能力。
素质目标	具备旅行社运营中品牌化的发展思维。

任务描述

经过几年的发展，山之旅旅行社已经拥有一定的市场影响力。为了在其擅长的研学游、亲子游等市场中更好地凸显竞争优势，山之旅旅行社应确立什么样的品牌化发展方向？

知识准备

一、品牌的基本知识

（一）品牌的概念

品牌（Brand）一词源于古挪威语，意为“打上烙印”，即在牛马身上烙上记号。品牌最早作为区别事物的标志和记号。随着经济的不断发展，品牌逐渐成为现代市场经济中的基本概念。

品牌是一种识别标识，一种精神象征，一种价值理念。营销专家菲利普·科特勒认为：品牌是一种名称、术语、标记、符号或图案，或是它们的总和，其目的是要使自己的产品或服务有别于其他竞争者。品牌也是一种无形资产，是一种超越生产、商品及所有有形资产以外的价值，对企业具有一定的增值功能。

旅游品牌是指旅游企业经营者凭借其产品和服务确立的代表其产品、服务形象的名称、标记或符号，或它们的相互组合，是旅游企业品牌和旅游产品品牌的统一体，体现着旅游产品的个性及旅游者对此的高度认可。在品牌认知的过程中，旅游者将旅游品牌所传递的精神、态度等通过自己的理解融入自己的消费场景中，形成了独特的品牌定义与情感。

（二）品牌与产品的区别

品牌与产品密不可分，但二者并不能等同。虽然每个品牌都代表了产品，但不是每个产品都会成为品牌。品牌远比产品的含义广泛，因为品牌具有不同维度，这些维度使之能区别于产品，并能更广泛地满足顾客的需求。产品是使用一定的技术与制造方法制成的客观存在的商品，是一种事实。与此相对的是，品牌则是附加在产品之上的顾客感受与感情因素。

产品是由生产部门生产出来的，而品牌形成于整个企业；产品可以被竞争者模仿，但品牌是独一无二的；产品极易迅速过时落伍，但成功的品牌却能经久不衰；产品是有形的，能够看得见、摸得着，具有一定的功能特征，有外在属性，有风格式样、特性、价值，能够满足消费者对其功能和价值的期望，但品牌是无形的，是对产品全方位的体验，包含个性、信誉、朋友、地位、乐趣、喜爱、共享的经验等方面的特征。

二、旅行社品牌化发展的意义

旅行社行业作为以顾客感知价值为主要评价体系的服务行业，其品牌属性、价值、文化、运作等均有自己独特的一面。旅行社为使企业在市场上获得更好的认可与回报，从而服务于旅行社长期发展，也需要具备品牌意识，重视品牌塑造。

旅行社品牌代表着旅游产品的供给者交付给旅游者的有关旅游品质、服务质量、旅游体验的一贯性承诺，是对旅游产品品质的保障。如果品牌具备良好的美誉度，则代表着旅游者对旅游企业的信任与认可。品牌化发展在旅行社企业的运营与长远发展中不可或缺，也是旅行社转型升级、实现高质量发展的重要内容。

（一）旅行社品牌化发展有助于优化和简化旅游者购买决策

在旅游者选择自己所需要的旅游产品的时候，品牌化经营的企业可以让其产品在众多同类产品中具备更高的辨识度。旅游者在进行旅游决策时，通常会进行较长时间的信息搜索和比对，但如果他对某一品牌已有了解，品牌也具有相应知名度，就可以减少搜索的时间与精力成本，尽快做出购买决策。同时，知名度高、信誉好的品牌可以帮助旅游者降低购买时的风险，质量上更具保障，也有助于打造相互信任的契约关系。

（二）旅行社品牌化发展有助于与同类产品形成区隔

旅游市场产品高度同质化的现象由来已久，旅行社行业中尤其明显。企业要想在市场竞争中凸显自己的优势，仅靠常规化的、标准化的产品是远远不够的。只有重视品牌塑造，凝练出品牌的调性与特点，才能在相应的旅游产品和服务品类中占有一席之地，通过品牌化发展，走差异化路线，与其他同类产品形成区隔，更好地满足目标客群旅游者的个性化需求，打造旅行社的竞争优势。

（三）旅行社品牌化发展有助于提升产品溢价能力

品牌是企业拥有的一项重要的无形资产，品牌具有的文化内涵、品质保证等可以为企业带来巨大的经济效益。由于旅游产品的无形性，如果旅游产品没有背后的品牌支持，旅游者很难感受到无形服务间的差异。品牌化的旅游产品可以给旅游者带来优质产品的享受和特殊的心理效用，旅游企业也可以通过品牌影响力，依据优质优价的原则为品牌产品制定较高的价格，溢价销售后获取高的附加价值。由于旅游者对高品质旅游产品的需求价格弹性往往也比较小，对价格也不敏感，因此品牌旅游产品能够满足旅游者个性化的高层次消费需求，可以为企业带来更大的利润空间。

（四）旅行社品牌化发展有助于培养游客的忠诚度

品牌旅游产品具有相对细分市场供给的垄断优势。品牌旅游产品强调的是产品的品质差异，不同品牌的产品差异化程度越强，旅游者就会对某些品牌形成一定的偏爱，使不同品牌旅游产品之间形成稳定的旅游者群体。品牌旅游产品吸引更多的旅游消费者，这样就会排斥非品牌产品供给者的进入，潜在竞争者遇到的进入障碍就更大，从而形成品牌产品的相对垄断优势。品牌一旦获得旅游者的认同，就会产生信任感，从而认牌消费，成为旅行社的忠诚顾客。旅游者一旦体验过旅行社所销售的品牌线路产品并感受良好，就会对此产生好感，并在后续产生消费需求时进行再次购买，进而形成品牌忠诚。

三、旅行社品牌化发展的对策

我国旅行社行业经过数十年的发展，一直在转型升级的道路上摸索。旅行社行业中的中流砥柱企业，要修炼内功、勇于突破、主动求变、守正创新，探索品牌化的发展路径，研发更贴合市场的创新型产品，为企业品牌的塑造添砖加瓦。

（一）强化旅行社品牌的形象塑造

品牌形象是指企业或某个产品、某种服务在市场上、社会公众中所表现出来的个性特征，它体现了公众特别是消费者对品牌的评价与认知。品牌形象与品牌不可分割，形象是品牌表现出来的特征，反映的是品牌的实力与调性。品牌形象是赢得特定消费者群体的重要途径。旅行社品牌形象塑造可以是企业品牌形象的打造，也可以是侧重某一目标市场的产品品牌打造。

例如：中青旅在2014年的时候推出了高端旅行品牌——“耀悦”，主要面向追求高品质旅行生活的个人、家庭、企业、社会组织团体，为其提供高端旅行产品、目的地行程策划与执行及相应的配套服务。经过多年的发展，“耀悦”从高端旅行服务商逐步升级为高端旅行方式综合服务商，旗下拥有耀悦旅行、耀悦礼宾、耀悦美物等多元化板块，为中国的高净值人群创造精致生活体验。

（二）将品牌管理作为旅行社运营的重要内容

品牌化发展的实现，离不开全方位、全过程的品牌管理。旅行社要通过科学、规范、动态的品牌管理，解决品牌化发展过程中的问题，实现旅游品牌的健康发展。品牌管理在旅行社企业的整体运营中可以发挥良好的驱动作用，不断提高企业的核心价值和品牌资产，为品牌和企业的长期发展打下坚实基础。有效的品牌管理对旅行社自身发展和参与市场竞争具有重要意义。首先，旅行社要进行品牌定位，在旅游者的心智中占据相应的位置，让旅游者信服该品牌的优势或者与同类产品的差异。其次，旅行社要规划与执行品牌营销活动，让旅游者可以多渠道充分感知品牌调性与核心价值，通过一体化的营销活动，整合产品、价格、渠道、促销等要素，与旅游者之间建立强有力的、积极的、独特的品牌联想。最后，旅行社要评估品牌表现和品牌业绩，建立品牌资产管理系统，并在此基础上提升和维系品牌资产。

（三）重视旅行社品牌的迭代与创新

从某种意义上来说，旅行社品牌的竞争，其实是旅行社品牌创新的竞争，品牌的创新是保持品牌生命力的重要源泉，是推动品牌长远发展的内在动力。在旅游市场竞争日新月异的今天，只有通过持续、稳定的创新，品牌才能立于不败之地。旅行社的品牌创新可以通过产品创新、服务创新、营销创新、文化创新等途径来实现。

自 2019 年底以来，旅游市场呈现多种新的发展趋势，城市露营、博物馆旅游、精致小团等旅游形式不断涌现，对旅游服务企业产品和品牌的迭代与创新提出了更高的要求。例如：2022 年 5 月，在新露营场景下，中青旅遨游科技发展有限公司旗下的中青旅遨游网通过多年行业经验积累，正式发布“遨游露营家”品牌，以露营作为装载场景，延伸出更多的消费场景，包括露营娱乐互动、户外鞋服和露营装备的展示和售卖等，目前已上线多类型营地产品及天幕、帐篷等多种露营装备。“遨游露营家”秉持精致露营运营理念及标准，围绕“探索、有趣、精致、随性”的品牌宗旨，通过打造多层次满足用户需求的产品服务体系，为消费者推荐优质露营地资源、提供高性价比的露营解决方案，让精致露营走出美图、视频，真正让消费者感受和体验露营的乐趣。

延伸阅读

中旅集团的品牌化发展案例

2016 年 7 月，经国务院批准，原中国港中旅集团和中国国旅集团实施战略重组，成立中国旅游集团（简称中旅集团）。重组后的中旅集团产业链条更加完整，旅游主业实力更强，业务协同优势更加明显。重组以来，为贯彻落实习近平总书记做强、做优、做大国有企业的重要指示精神，中旅集团适应行业发展趋势，对原有业务布局和组织架构进行了深度整合和调整，形成了以旅游为主业，涵盖旅行服务、投资运营、旅游零售、旅游金融、酒店运营、创新孵化六个旅游相关业务领域的产业格局，其中旅行服务、旅游目的地投资和运营业务位居国内前列，旅游零售业务位居世界前列。集团业务网络遍布内地、港澳和海外 28 个国家和地区，汇聚了港中旅、中国国旅、中国中旅、中国免税等众多国内外知名品牌，是中国最大的旅游央企。

中旅集团深入贯彻习近平总书记关于加强品牌建设的重要指示精神，认真落实国务院国资委关于中央企业品牌建设的工作部署，苦练内功，固本培元，以“共同擦亮中国旅游集团品牌”为目标，持续夯实品牌管理体系之基。分阶段、多维度、全方位、立体化的品牌传播攻势令中旅集团品牌形象得到进一步提升，品牌影响力持续增强。

一、统筹布局　强化品牌管理——百年中旅逆势而上，打造融媒体传播新格局

2021 年，中旅集团逆势而上，打造融媒体传播新格局，从执行力、引领力、传播力和影响力四个方面助力品牌宣传，为集团高质量发展营造良好氛围，引领旅游行业砥砺前行。

中旅集团坚持融媒体时代“内容为王”理念，紧密结合重要节日节点，策划优质内容，灵活运用各类活动形式，提升传播影响力。在中国旅游日，中旅集团策划推出“你的旅程　中旅全程”TVC，用一镜到底的拍摄手法展示中旅集团全产业链特色。

在海南国际旅游岛欢乐节时期，中旅集团与海南省政府联合举办第 22 届海南国际旅游岛欢乐节闭幕式暨中国旅游集团“全岛一家”海岛漫游节活动，与全岛游客、全网观众共度海岛欢乐时刻，集中展示集团全产业链优势，提升集团品牌形象。整合集团海南各项业务所打造的海南全产业链战略品牌“全岛一家”，不仅包括旅游零售、度假酒店等各业态产品，还包括旅行套装等宣传周边，进一步扩大活动影响力。

在立足优质内容创作的同时，中旅集团同步加强宣传渠道的拓展、融合，发挥协同效应，在做强自有媒体矩阵、深化各类媒体合作、扩大线上线下渠道覆盖等方面发力，为实现传播效应最大化、最优化积极探索，收获了人民网、新华社等各大主流媒体的转载报道，在微博、抖音等平台获得公众广泛关注。

二、聚焦架构优化　提升品牌管理——中旅旅行聚焦品牌架构优化，助力公司深化改革高质量发展

为树立中旅集团统一鲜明的良好形象，更好地服务于“打造具有全球竞争力的世界一流旅游产业集团”的企业愿景，2019 年 11 月，中旅集团发布了新的品牌标识系统。新品牌标志图形简明、色彩多元，由彩色花环组成，向用户传达缤纷多彩的美好旅游体验，以及花朵绽放带来快乐鲜活的品牌感受。标志中心的镂空五星设计强化用户对中旅集团的过往认知，传承集团原有的品牌资产和历史印记，同时通过镂空五星的拼接设计体现集团品质创新、多元开发的品牌特点。环绕箭头代表旅游用户通过集团产品，聚集出发去体验更加美好的旅游服务，同时体现中国旅游集团各个业务紧密协同，同星共聚的企业凝聚力和产业引领力。五色箭头中，黄色代表快乐的心情，橙色代表温暖的感受，红色代表热情的服务，蓝色代表舒适度体验，绿色代表健康的产品，整体体现中国旅游集团提供全要素维度的美好旅游（见图3－13）。这一全新的品牌形象不仅是一个符号，它还是过去的传承和未来的展望，是中旅集团站在新的历史起点上整装待发，向市场呈现的全新形象，向新时代吹响的嘹亮号角。

中国旅游集团
CHINA TOURISM GROUP
星相伴·行无疆

图3－13　中国旅游集团标识

与此同时，中国旅游集团旅行服务有限公司（简称中旅旅行）集旅行社业务、会展业务、商旅及航票业务、签证及证件业务等综合业务于一体，在境内外拥有近3 000家经营网点。按照集团品牌建设工作要求，中旅旅行聚焦品牌架构优化工作，决定推出“ourtour”全新对客品牌（见图3－14），将年轻、简洁、国际化的品牌内容形象作为此次对客品牌创意的方向。

图3－14　ourtour 品牌

基于集团品牌战略，通过内外部调研和品牌梳理，中旅集团科学构建了统一的品牌架构体系，分为公司品牌、业务品牌、历史品牌三个层级，确定“中旅旅行＋ourtour”是公司C端核心业务品牌，在线上和线下塑造统一的品牌形象，整体提升中旅旅行品牌影响力；统一对客服务品牌形象，通过对各部司关于“中旅旅行”品牌应用的有力指导，品牌管理力度显著增强。

三、聚焦身边人　讲述有温度的品牌故事——中旅短视频《播种旅行的人》

2021年第42个世界旅游日，中旅集团用《播种旅行的人》TVC向每位坚守岗位的旅游从业者致敬，将本不为人知的坚守故事，传播到每一个热爱旅行的人心中。

从“鼓浪屿”号邮轮船长“停泊、守护、以此为家”中的坚守与坚持，到沙坡头星星酒店观星师“在沙漠里种下星星”的美好期许，再到香格里拉旅行踩线员“追逐山林和溪谷”的浪漫情怀，《播种旅行的人》TVC以“一人一故事”的形式诉说万千旅游从业者的“心里话”，讲述中旅人的初心与追求。

《三联生活周刊》官方微博、旅游类博主、公益组织等微博蓝V纷纷关注并传播《播种旅行的人》TVC；《三联生活周刊》发布《旅游人的“尤里卡时刻”能否到来?》，深度讲述“鼓浪屿”号邮轮船长等旅游从业者的故事；中旅集团联合《三联生活周刊》《旅行家》杂志等媒体在微信微博平台发起“播种旅行的人”故事征集活动……中旅集团通过与媒体强强联动、多平台协作、多样互动形式等方式方法传播《播种旅行的人》TVC，收获了众多旅游从业者及公众的支持与关注，实现了品牌故事柔性传播，塑造了有温度的品牌形象。

未来，中旅集团将继续总结宣传经验，焕新传播内容、创新传播手段，努力打造集团母子品牌联合驱动相互赋能的品牌合力，进而转化为助力集团服务国家发展战略、引领行业创新变革、推动企业提质增效的强大动能，开启百年中旅品牌强企新征程。

任务实施

请以小组为单位，查阅图书、资料、网络等资源，寻找典型旅游企业成功品牌塑造的案例，并在此基础上，围绕山之旅的品牌定位与品牌推广制定一个策划方案。

评分标准

序号	评价项目	分值	得分
1	内容的完整性	50 分	
2	语言的简洁性	20 分	
3	内容的条理性	20 分	
4	形式的创新性	10 分	

项目总结

通过本项目的学习与执行，学生能够领会旅行社营销应首先着眼于旅游者需求，并能根据目前旅游市场的需求变化及时做出调整和应对。同时，学生也需要理解旅行社进行市场细分的必要性与现实意义，并能掌握进行旅行社市场细分的常用变量，可以在项目实施过程中灵活掌握和运用。旅游市场细分是旅行社营销工作的起点，为后续营销工作的开展奠定了基础。学生在旅游市场细分的基础上，可以进一步开展后续工作，在细分市场中选择与甄别旅行社的目标市场，并运用恰当的目标市场策略，以帮助旅行社在目标市场上有的放矢地开展营销工作，这是营销管理工作中的一个关键环节。学生可以充分运用所学知识，理解旅行社品牌化发展的必要性，品牌化发展可以有效地将本企业与同类企业进行区分，在旅游者心中留下既清晰又明确的品牌形象，同时掌握旅行社实施品牌化发展的典型策略。

项目四

旅行社销售管理

销售管理是旅行社经营过程中的一项重要内容。旅行社要实现经营目标，完美地完成旅游产品销售任务是必经之路。所以，我们要掌握旅行社销售管理的要领，并能在运营过程中灵活运用。有效的销售管理首先要制定富有竞争力的价格，价格是关乎企业盈利程度及市场竞争能力的重要因素；其次要建立高效的销售渠道，借助中间商的力量，让旅游者可以方便快捷地购买到旅游产品。最后，销售工作的开展离不开多元化的促销辅助，了解不同的促销方式，并能进行合理组合搭配，同样非常重要。同时，利用互联网技术与多媒体平台，掌握网络销售的技巧，可以进一步激发旅行社产品销售的潜能。

任务一　制定销售价格

学习目标

知识目标	1. 对旅行社企业的价格知识有整体认知； 2. 掌握常用的定价方法和定价策略。
能力目标	学会在不同市场环境下运用价格手段配合整体营销工作开展。
素质目标	提高旅行社销售工作的专业素养。

任务描述

2016年11月《教育部等11部门关于推进中小学生研学旅行的意见》指出："各地要把研学旅行摆在更加重要的位置，推动研学旅行健康快速发展。"在我国研学旅行事业发展得如火如荼的形势下，旅行社作为组织旅游活动的重要媒介，掌握着完成研学旅行活动的众多资源，也相应地推出了众多研学旅游线路。假如你的朋友所在的旅行社最近设计推出了一系列的研学旅游产品，但是在定价时遇到了困难，无法确定采用何种定价方式，定多高的价格，请你为你的朋友制定合理的研学旅游产品价格。

知识准备

在旅行社的运营管理中，销售管理是一项重要内容。旅行社销售管理是旅行社在市场营销观念指导下经由定价、渠道、促销等环节，将旅行社产品以符合旅行社利益及市场规律的价格销售出去的一种以营利为目的的现代企业行为。在旅行社运作过程中，旅行社销售管理包含制定产品价格、选择产品销售渠道、促销策划三个环节。此外，随着互联网技术的升级，多媒体平台日益成熟，网络营销成为现代企业营销的重要途径和手段，因此，掌握必要的网络营销技巧是旅行社销售管理适应时代发展的重要内容。

一、旅行社产品的价格类型

定价在旅行社的销售管理中是首要环节，定价的合理与否会直接决定旅行社获利或是亏损。旅行社为了实现自身的经营目标，要采取合适的定价方法和策略，以确保实现预期的盈利目标。旅游产品的价格是旅游者为了满足其旅游活动需要所购买的旅游产品货币量，是旅游产品的价值的货币表现形式。旅行社通过制定特定水平的价格实现预期的盈利目标，并尽可能获得更高的利润。旅行社产品的价格类型包括以下形式：

（一）基本旅游产品价格和非基本旅游产品价格

根据旅游者在旅游活动中的需求差异程度，可以将旅行社产品的价格分为基本旅游产品价格和非基本旅游产品价格两类。基本旅游产品价格是指满足旅游者旅游活动中基本需求的各种旅游产品的价格，主要包括交通、住宿、餐饮、游览等产品的价格。非基本旅游产品价格是指在旅游活动中可以发生也可以不发生的旅游产品的价格，如购物、娱乐、通信服务等产品的价格。

一般情况下，基本旅游产品价格的需求弹性较小，而非基本旅游产品价格的需求弹性较大。根据不同类型旅游产品的需求价格弹性，旅行社可以通过设计和调节不同旅游产品的价格，进而调节旅游者需求，提高企业整体盈利水平。

（二）旅游包价、小包价和单项价格

根据旅游者购买方式的不同，旅行社的旅游产品价格可以分为旅游包价、小包价和单项价格三种类型。

旅游包价是指旅游者参加旅行社组织的旅游活动，按照某条线路的报价一次性支付所有旅游费用的价格形式。常见的跟团旅游产品体现的就是这种价格形式。小包价是指旅游者在旅行社购买选择性的旅游产品，支付旅游过程中所需要的某一部分或某几部分的单项产品的价格，其余部分根据旅游者行程中的需要零星现付的价格形式。常见的自由行产品或机票＋酒店、酒店＋景区门票等都属于小包价旅游的形式。单项价格是指旅游者所购买的单项旅游产品的价格，如住宿产品、景区门票、机票、火车票、导服费用。单项价格可以根据旅游者的需要更灵活地进行组合销售。

二、影响旅行社产品定价的因素

市场供求关系、旅游产品成本、价格与旅游者观念、汇率变化等因素都会影响旅行社产品的定价。

（一）市场供求关系

旅行社在制定旅游产品的价格时，首先要考虑的是价格与市场供求之间的关系，即供给量、需求量和价格之间的相互关系。在一定时期内，供给一定的情况下，如果需求增加，价格就会上涨；如果需求减少，价格就会下降，此为需求规律。在一定时期内，需求一定的情况下，如果供给增加，那么价格就会下降；如果供给减少，价格就会上涨，此为供给规律。

（二）旅游产品成本

旅游产品成本是决定旅游产品价格的重要因素，只有当旅游产品的价格超过成本的时候，企业才能实现盈利。旅行社的经营成本可以分为固定成本和变动成本两部分，旅行社这一类型的企业经营的固定成本较低，变动成本较高。所以旅行社在制定产品价格时，在固定成本相对稳定的情况下，变动成本的高低会直接影响旅游产品价格，必须将变动成本的起伏考虑到定价的决策过程中。

（三）价格与旅游者观念

价格是消费者为获得某种产品或服务所付出的经济代价，消费者会将这个价格与其对该产品的认知价值加以比较，如果价格超出消费者认同的合理限度，消费者要么会放弃这类选择，要么会进一步了解产品信息，以决定是否购买该产品。当价格被认为是可以接受的时候，消费者在有了明确的需求后，做出购买决策的可能性会更大。旅行社产品的价格包含更广泛的内容，尤其是无形的旅游体验与服务，这些综合因素构成了旅游者心目中的价值观念，形成了旅游者关于价格的“合理限度”。

（四）汇率变化

汇率是两种货币之间的比价，也是一国货币单位用另一国货币单位所表示的价格。旅行社产品在国际旅游市场上的产品售价，一方面取决于旅游产品本身的价值，另一方面取决于本国货币与外国货币的汇率。在旅行社产品价值不变的情况下，产品售价与汇率变化成反比。为避免由于汇率变化带来的损失，在人民币贬值时，旅行社应适当提高旅游产品的售价；在人民币升值时，为避免因价格的实际上涨而失去客源，旅行社应适当降低旅游产品的售价。

但是，旅游产品销售是一种预约性交易，价格往往需要提前数月甚至半年报出，而且根据国际惯例，产品价格一经报出，在执行年度要保持相对的稳定。因此，如何减少由于汇率变动给旅行社带来的影响，是旅行社在经营过程中需要注意的宏观市场要素之一。

三、旅行社产品的定价方法

旅行社产品的定价方法是指旅行社企业在特定的定价目标的指导下，依据对成本、需求和竞争状况的研究，运用价格决策理论，制定产品价格的具体方法。常见的定价方法包括成本导向定价法、需求导向定价法和竞争导向定价法三种。

（一）成本导向定价法

成本导向定价法是以产品成本作为基础的定价方法，以旅游产品的成本作为定价的主要依据，同时综合考虑其他因素而制定出旅游产品的价格。

旅行社产品主要由无形的服务构成，对于一般性的服务产品来说，其成本的确定较有形产品更为困难。旅游者在购买有形产品时，往往会检查产品，并根据产品的质量和自身经验来判断价格是否合理。但在购买服务型产品时，旅游者却很难预先准确地评估产品质量。因此，旅游者在判断价格合理与否时，更多的是受服务产品有形要素的影响，进而形成相应的价值判断。旅行社在制定产品价格时，会首选成本导向的定价方法，最常见的是成本加成定价法。

成本加成定价法是以成本为中心的常用定价方法，它是在产品单位成本的基础上增加一定比例来确定产品售价的方法。从理论上讲，旅行社产品的价格应该包括直接成本、各种费用、税金、利润、固定资产折旧等。但在旅行社实际运营过程中，通常，产品的售价简单表示为成本＋利润，这里的利润是包含了旅行社各种经营费用在内的利润，它通常根据直接成本的一定比例来确定。这个比例可以是旅行社的预期利润率，也可以是旅行社经营者的经验数据。在我国，绝大多数旅行社采取的是行业平均利润，所以成本加成定价法的公式可以表示为：

旅行社单位产品基本价格＝单位产品直接成本×(1＋平均利润率)

（二）需求导向定价法

需求导向定价法是一种以市场需求强度及消费者感受为主要依据的定价方法。这种定价方法通常建立在市场细分的基础上。旅行社可以通过市场细分，将旅游者市场划分为若干个细分市场，不同的细分市场执行不同的价格水平，旅游者可以根据自己的购买能力与消费喜好选择合适价格水平的旅游产品。需求导向定价法一般是以该产品的历史价格为基础，根据市场需求变化情况，在一定的幅度内变动价格，以至于同一商品可以按两种或两种以上价格销售。这种差价可以因顾客的购买能力、对产品的需求情况、产品的型号和式样以及时间、地点等因素而采用不同的形式。需求导向定价法原则上要求确定消费者对于各种不同的产品感受的价值，然而这很难衡量，且费时费力。消费者对产品的价值感受主要是通过询问在不同时间、地点及场合的情况下消费者愿意为产品付出的最高价格，也就是通过人员访谈或问卷调查的方式来获取定价信息。

（三）竞争导向定价法

竞争导向定价法是一种以同类旅游产品的市场竞争状态为依据，以竞争对手的价格为基础的定价方法。旅行社可以采用随行就市的方式，将本旅行社旅游产品的价格保持在同行业的平均价格水平上，利用这样的价格获得一般性的利润。在完全竞争的市场环境下，任何一家企业都无法在市场上取得完全绝对的市场优势，为了避免市场竞争，尤其是价格竞争带来的损失，可以采取随行就市定价法。

随行就市的定价方式是一种防御性的方式，它在避免价格竞争的同时，也抛弃了价格这一竞争的“利器”。所以有些旅行社会在竞争中反其道而行，采用产品差别定价的方式，通过自身的营销努力，使同质的产品在旅游者心目中树立不同的市场形象，进而根据产品特点制定或高于或低于竞争者价格的一种方式。

四、旅行社产品的定价策略

（一）新产品定价策略

1. 撇脂定价策略

撇脂定价策略，也称高价位策略，旅行社在推出新产品的初期阶段，可以采取高价策略，使旅行社迅速盈利，犹如从鲜奶中快速将奶油撇取出来的效果。这一定价策略适合于知名度高、市场口碑好的品牌旅行社。实行这一定价策略通常需要具备以下条件：一是产品要具有独特性，在推向市场时属于全新产品；二是在推向市场的早期阶段并无竞争对手存在，且易于在市场中占据优势地位。

2. 渗透定价策略

与撇脂定价策略相反，渗透定价策略是指旅行社在推出新产品时以较低的价格投放市场的策略。旅行社通常为了促销新产品或加快资金周转而制定较低的价格，达到薄利多销的目的。旅行社如果采用渗透定价策略，一般要具备以下条件：一是目标市场对价格的敏感度较高，采用这种策略有助于快速拓展市场；二是旅行社可以通过增加销量来降低单位产品的成本，同时通过较低的价格有效阻止竞争者进入该市场。

（二）折扣定价策略

折扣定价策略是指旅行社在确定了产品基本价格的基础上，给予买方一定的价格折扣，以吸引买方购买或增加旅游消费的策略。常见的折扣包括以下几种：

1. 数量折扣

这是旅行社为了鼓励旅游者大量购买，根据旅游者购买的数量给予一定的折扣。这里的数量可以是一次性购买的数量，也可以是累计数量。在一定时间段内，旅游者购买旅游产品的总量或者金额达到一定标准时，旅行社可以给予其一定的折扣，这种方式有利于维系和加强旅行社和旅游者之间的长期合作关系。

2. 季节折扣

旅行社也可以根据旅游者购买产品的季节性差异给予一定的折扣。有些旅游产品的淡旺季非常明显，为了发挥竞争优势，避免资源闲置造成的浪费，旅行社可以在淡季或平季给予旅游者相应的价格折扣，以维持相应的盈利水平。

3. 同业折扣和佣金

同业折扣和佣金也被称为“功能性折扣”，是指旅行社根据分销商、零售商等同行在旅游产品销售过程中所发挥的作用，给予不同折扣的策略。实施这一策略可以更有效地构建旅行社的产品销售网络，借助同行的力量，占领更可观的市场份额。

延伸阅读

四川达州奖励“引客入达”旅游营销：单个旅行社年度最高可奖 50 万元

为鼓励各航司和旅行社组织游客来达州旅游，2024 年 5 月 16 日，在“推进航旅融合 助力 5A 创建”达州市巴山大峡谷景区航旅融合推介会上，达州市文化体育和旅游局相关负责人现场解读了 2024 年《达州市“引客入达”旅游营销奖励办法》。红星新闻记者获悉，“引客入达”的单个旅行社，年度奖励金额最高可达 50 万元。

推介会上，达州市文旅局的工作人员介绍，《达州市“引客入达”旅游营销奖励办法》的对象为达州市内外组织市外游客到达州旅游的旅行社和达州市外宣传推广达州文旅资源产品的市内旅行社，有汽车、铁路、航空、研学、境外组团、规模累计和宣传推广 7 个方面的旅游营销奖励政策。其中，规模累计奖励单个旅行社年度奖励金额最高可达 50 万元；市场宣传推广奖励金额单次最高 15 万元，每个奖励对象年度奖励累计最高 30 万元。

据悉，奖励的必备条件是，填报了全国旅游服务监督平台旅游团队系统，并组织达州市以外的游客在达州住宿 1 晚（研学旅游满足此条件即可）且游 1 个（含）以上售门票的 A 级旅游景区（旅游度假区），或在达州住宿 1 晚且在不售门票的 A 级旅游景区（旅游度假区）消费 1 个（含）以上收费项目。

据了解，此次航旅融合推介会有成都航空、浙江长龙航空、四川省机场集团的代表和成渝两地多家旅行社、旅游商会，以及多名知名专家参加，共同为达州的航旅融合发展，助力达州巴山大峡谷、八台山联合争创 5A 级景区出谋划策。

资料来源：张杨．四川达州奖励“引客入达”旅游营销：单个旅行社年度最高可奖 50 万［EB/OL］. 红星网，2024-05-17.

任务实施

教师指导学生认识并熟悉研学旅游产品内容，5 人一组，各小组寻找典型旅游企业的热销研学旅游产品，分析其价格特点和制定的方法与策略，并提交分析报告，为你朋友所在的旅行社推出的一系列研学旅游产品制定价格。

评分标准

序号	评价项目	分值	得分
1	内容的完整性	50 分	
2	语言的简洁性	20 分	
3	内容的条理性	20 分	
4	归纳总结能力	10 分	

任务二 建立销售渠道

学习目标

知识目标	1. 对旅行社销售渠道的构建有全面的认识； 2. 掌握常见的销售渠道类型和渠道策略。
能力目标	学会分析旅行社渠道策略的选择以及中间商的选择与管理。
素质目标	提高对旅行社产品的销售能力与沟通素养。

任务描述

你的朋友通过你的帮助，学会了如何对研学旅游产品进行合理的定价。但是研学旅游产品定价完成以后，新的问题接踵而来，那就是如何将这些研学旅游产品销售出去。请你运用所学知识，尝试为你朋友所在的旅行社构建有效的销售渠道，打造有竞争力的销售体系。

知识准备

旅行社产品的销售渠道建设是旅行社销售管理中的核心环节，旅行社要将旅游产品在适当的时间、地点，借助适当的销售平台提供给旅游者，实现经营目标。如何将旅游产品以最高的效率和最低的费用从旅行社销售到旅游者的手中，是旅行社在经营过程中会始终关注的问题。构建高效的销售渠道，并进行科学的管理，对旅行社具有积极的现实意义。

一、旅行社产品销售渠道

（一）概念

旅行社产品销售渠道是指旅游产品和服务从旅行社企业向旅游者转移时取得

这一产品和服务的所有权或使用权，或者是帮助转移其所有权和使用权的所有企业和个人。它主要包括中间商、代理商、零售商，以及处于渠道起点和终点的企业与旅游者。简而言之，旅行社产品的销售渠道就是旅行社将产品销售给旅游者的途径。

（二）作用

销售渠道对于旅游产品的售出和营销活动的开展具有重要的作用，主要体现在以下方面：

（1）完成旅游产品从生产领域向消费领域的转移；

（2）促进旅游产品的销售；

（3）信息传播；

（4）方便旅游者购买；

（5）分散经营风险；

（6）产品再开发。

（三）类型

根据中间商是否参与旅游产品的交换过程，旅行社的销售渠道可以分为两种类型：一是直接销售渠道，就是旅行社直接将旅游产品和服务销售给旅游者，也被称为零层次渠道；二是间接销售渠道，就是旅游产品和服务经过了一定的中间环节销售给旅游者，可分为短渠道和长渠道。

目前我国的旅行社在经营国际入境旅游业务时，通常采用的是间接销售渠道，因为任何一家旅行社都不可能在所有的目标市场设立直营的销售机构，必须依托国外中间商的力量，以更好地了解境外客源地的旅游需求，提供更有针对性的旅游产品。目前常用的间接销售渠道有两种形式：一是通过零售商直接向境外旅游者销售产品，这类产品一般为包价旅游产品；二是通过批发商及下设的零售商向境外旅游者销售产品，境外批发商可以根据客源市场的实际情况，对旅游产品进一步加工组合，以更好地适应目标市场的需求。

根据是否利用互联网平台进行旅游产品的交换，旅行社的销售渠道可以分为两种类型：一是线下销售渠道，就是旅行社不利用互联网进行旅游产品和服务交换的渠道，主要通过电话、传真等方式展开，是传统的销售渠道；二是线上销售渠道，就是旅行社利用互联网技术与平台，通过网络实现旅游产品和服务的交换。

目前，随着互联网技术的发展，数字化经济与无接触经济拥有广阔的发展前景。众多传统旅行社发展面临数字化转型升级的需求，一系列在线旅行社（Online Travel Agency，OTA）应运而生。OTA 的出现将原来传统的旅行社销售模式放到网络平台上，更广泛地传递了旅游产品信息，互动式的交流更方便了客人的咨询和订购，如携程、艺龙、同程旅游、欣欣旅游网等。

OTA 模式的出现与发展可以充分发挥互联网优势，打破原有的信息不对称性，有效降低信息交流的成本，提高信息交流的效率，甚至可以利用大数据技术，精准获取用户画像，从而为用户提供精准、个性化服务。

延伸阅读

携程、同程、飞猪、美团"各自为战"，2023 年中国 OTA 平台发展趋势如何？（节选）

一、OTA 平台的商业逻辑

OTA，全称为 Online Travel Agency，是旅游电子商务行业的专用词语，是指旅游消费者通过网络向旅游服务提供商预订旅游产品或服务，并通过网上支付或者线下付费，即各旅游主体可以通过网络进行产品营销或产品销售。也就是说，OTA 其实就是一个渠道平台，平台把住宿、旅游等产品放到网站进行售卖。

从平台营收来源看，目前 OTA 平台收入主要来自作为中介平台从销售交通票务、酒店客房、旅游产品中抽取佣金，此外，还有部分批发赚差价（以酒店为主）和广告收入。OTA 在线旅游业务细分情况如表 4-1 所示。

表 4-1　OTA 在线旅游业务细分情况

<table>
<tr><td rowspan="2">在线交通预订</td><td>机票预订</td><td colspan="2">火车票预订</td></tr>
<tr><td>汽车票预订</td><td colspan="2">其他交通产品</td></tr>
<tr><td rowspan="2">在线住宿预订</td><td>经济型连锁酒店</td><td colspan="2">中档酒店</td></tr>
<tr><td>高星级酒店</td><td colspan="2">非标准住宿</td></tr>
<tr><td rowspan="2">在线度假预订</td><td>周边游</td><td>国内游</td><td>出境游</td></tr>
<tr><td>跟团游</td><td>自助游</td><td>其他</td></tr>
</table>

由于不同业务的产品、供应链等特点有所不同，因此对 OTA 平台来说，各业务变现率也有所不同。

在线交通预订：交易额最高，核心流量入口，但变现率较低。作为出行第一步，交通预订往往是OTA流量入口，但由于上游议价能力较强，因此变现率较低。

在线住宿预订：变现率相对较高，是大多数OTA平台的核心利润来源。一般来说，单体酒店获客多依赖于OTA，因此OTA对其议价能力较强，佣金率较高；酒店集团自有会员体系更加完善，直销占比高，对OTA依赖程度相对较小，佣金率相对低于单体酒店，但相对仍优于交通预订。

在线度假预订：盈利空间相对分化。由于用户度假需求相对低频，上游供应商众多且分散，产品类型多样化且标准化程度不同，定价不一，OTA获利空间相对差异化。

二、OTA平台市场竞争格局

Fastdata数据显示，以2021年按市场交易额规模口径计算，携程占比达到36.3%，为行业超级巨头，如果加上去哪儿，整体份额达50%以上。

美团旅行、同程旅行和飞猪占比分别为20.6%、14.8%、7.3%，属于行业第二梯队。从集中度来看，国内在线旅游行业CR5达到92.9%，集中度高（见图4－1）。

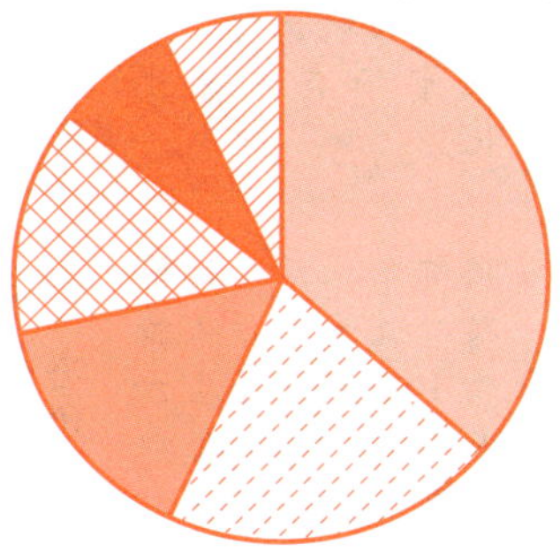

图4－1　2021年在线旅游市场份额情况（GMV口径）

从月活用户数据看，Fastdata数据显示，携程旅行同样位居第一，月活用户达到7 170万人，铁路12306、同程旅行、美团、去哪儿旅行次之（见图4－2）。

总的来说，我国OTA行业已经呈现“一超多强”的竞争格局，集中度较高。

三、OTA平台的差异化定位

国内头部OTA平台企业的发展路径有所不同；企业在用户定位、产品侧重点、核心优势、战略方向等方面也有所不同（见表4－2）。

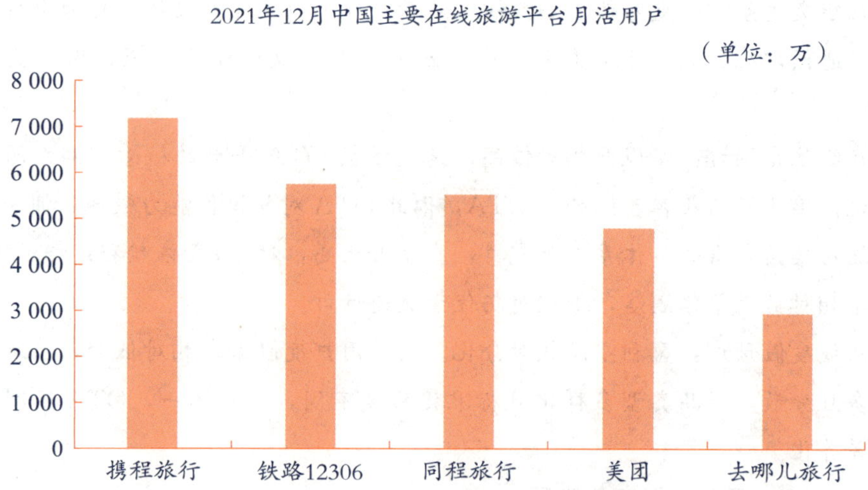

图 4－2　2021 年 12 月中国主要在线旅游平台月活用户统计情况

表 4－2　国内头部 OTA 平台定位情况

项目	携程	同程	美团	飞猪
股东	百度系	腾讯系＋携程系	美团	阿里
用户定位	高学历、高收入、商务人士	下沉用户	小镇青年、学生、年轻白领	消费能力较强的年轻用户
产品侧重	全品类	交通领域优势，下沉市场有差异化优势	中低端酒店和周边游	定制游、出境游、自由行
核心优势	深耕 OTA 市场，在产品和产业链布局上有较大优势	腾讯介入后，目前核心流量来源于微信小程序，酒店方面部分共享携程库存	流量成本优势，长尾下沉市场，酒店周边业务的协同效应	阿里生态引流，提供精准营销工具和定制应用，淘宝模式赋能商家
战略方向	推出“星球号”聚合流量、内容、商品三大板块，打造营销生态循环系统；国际化布局	微信流量系高频流量，公司侧重下沉流量挖潜	拓展高星酒店资源，提升线下流量转化率，助力酒店深度线上化运营	拓展高星酒店资源，提升线下流量转化率，助力酒店深度线上化运营

资料来源：刘谧．携程、同程、飞猪、美团“各自为战”，2023 年中国 OTA 平台发展趋势如何［EB/OL］．2023－04－27.

二、旅行社销售渠道策略

在目前的旅游市场中，旅行社企业都非常重视对销售渠道的构建。常见的销售渠道策略包括以下三种：

（一）广泛性销售渠道策略

在入境旅游市场中，广泛性销售渠道策略是指通过旅游批发商将旅游产品广泛散布给各个零售商，以便及时满足旅游者需求的一种渠道策略。对于经营国内旅游业务的旅行社而言，广泛性销售渠道策略是指广泛委托各地旅行社销售产品、招徕旅游者的一种渠道策略。

对旅行社产品的销售和对其他日用消费品的销售一样，人们都希望能迅速、便捷地满足自己的需求。特别是在旅游业比较发达的国家，人们外出旅游频繁，有众多的零售商可以方便旅游者随时购买。广泛性销售渠道策略的优点是采用间接销售的方式，选择较多的批发商和零售商构建销售网络，由于渠道广泛，便于旅行社更多接触旅游者和潜在旅游者，同时有利于发现理想型的中间商。但是这一策略的缺点在于成本较高，产品销售过于分散，为旅行社的销售管理增加了一定的难度。

（二）选择性销售渠道策略

选择性销售渠道策略是指旅行社只在一定市场中选择少数几个中间商的渠道策略。在旅游市场中采用广泛性销售渠道策略的旅行社，在经过一段时间后，往往可以根据中间商在市场营销中的作用、组团能力以及销售量的变化等情况，选择其中效益最好的几家中间商。这一策略的优点是可以将客源地集中在少数优质的中间商推进产品销售，可以降低经营成本；缺点是如果中间商选择不当，就会给旅行社产品销售带来相应的风险。

（三）专营性销售渠道策略

专营性销售渠道策略是指在一定时期、一定地区内只选择一家中间商的渠道策略。通常情况下，作为旅行社总代理的中间商不能同时代销其他竞争对手的旅游产品。专营性销售渠道策略的优点在于可以提高中间商的积极性和推销效率，更好地为旅游者服务，同时可以降低销售成本，加强产销双方的密切合作。缺点在于如果专营中间商经营失误，则可能会殃及客源地的目标市场；若中间商选择不当，则有可能失去该市场。

三、旅游中间商的选择与管理

目前我国旅行社广泛采用间接销售渠道，涉及旅游中间商的选择与管理问题。对于中间商的选择与管理，直接决定着旅行社间接销售渠道构建的成败。

（一）旅游中间商的选择

在选择中间商之前，旅行社应进行综合分析，明确自己的目标市场，确定销售渠道的目标、产品的特色等，在此基础上才能有针对性地选择适合自己的旅游中间商。针对中间商的考察可以从以下方面进行：

1. 中间商可能带来的经济效益

旅行社选择中间商的目的在于扩大销售、增加收益。因此，旅行社应选择成本相对较低、利润相对较高的销售网络和中间商。同时，旅行社对经济效益的追求要注重风险与利润的对称。一般而言，在利润相同的情况下，风险最小的销售渠道是最理想的销售渠道。但是风险小，往往也意味着利润较少；风险大，往往利润回报率会高。因此，旅行社要根据自己的经营实力，在利润大小和风险高低之间进行平衡与选择。

近几年，随着新媒体运营在线上销售渠道的广泛应用，通过数据分析，旅行社可以精准地分析在线中间商的流量、利润与风险。分析不同在线中间商的流量大小、转化率的高低以及消费者的偏好，可以为接下来的中间商的选择、新媒体运营方法提供数据依据。

2. 中间商目标客源与旅行社目标市场的一致性

中间商目标客源必须与旅行社的目标市场相吻合，而且在地理位置上应接近旅行社目标市场较为集中的区域，这样便于旅行社充分利用中间商的优势进行产品销售。

3. 中间商的信誉与能力

中间商应该有良好的信誉和较高的口碑，并具有较强的推销能力和偿付能力。讲究信誉是旅行社利益不受侵害的重要保证，而良好的口碑决定了旅游者对中间商的信任程度，从而会直接影响旅游产品的销售效果。而中间商的偿付能力则是两者合作的经济保障。

4. 中间商对旅行社业务的依赖性

中间商的业务范围各不相同，对旅行社的依赖程度也存在差异。尤其是境外的专营中国旅游业务的中间商，在中国旅游业的经营方面，对我国旅行社具有一定的依赖性。而有的中间商同时经营多国家、多旅行社的产品，对某个旅行社的依赖性较小，甚至不存在任何依赖性。在这种情况下，旅行社应慎重考虑，因为这直接关系到中间商在旅游产品销售过程中的努力程度。

5. 中间商的规模与数量

旅行社在同一地区应选择适当数量、适当规模的中间商。如果中间商过多，会造成促销方面不必要的重复与浪费，而且中间商本身也会因为“僧多粥少”而影响推销的积极性。如果中间商过少，则有可能形成垄断性销售或销售不力的局面。当然，中间商的规模与数量取决于旅行社的经营实力与销售规模。

（二）旅游中间商的管理

科学地选择旅游中间商是旅行社销售管理的基础性工作，而有效的管理同样是不可缺少的组成部分。旅行社对中间商的管理主要通过以下途径：

1. 建立中间商档案

建立中间商档案可以使旅行社随时了解中间商的历史与规模，通过综合分析与比较研究，探索进一步合作的可能性，并对不同的中间商采取不同的对策。如对销售得力的中间商可以提供特殊的条件和优惠；对一些小的中间商，如果有发展潜力，则可以重点扶植培养。在与中间商不断合作的过程中，要及时更新补充档案内容，使旅行社对中间商的了解更加全面，并以此作为下个阶段是否合作的重要参考资料。

2. 及时沟通信息

旅行社要向中间商及时、准确、完整地提供旅游产品的信息，这也是保证中间商有效销售的重要途径。与此同时，旅行社要从中间商处获取来自客源市场的第一手有效信息，并将其运用到新产品的开发与改良中。

3. 有针对性地实行优惠与奖励

旅行社要阶段性地给予中间商有针对性的优惠或奖励，这种方式可以充分调动中间商的销售积极性。旅行社常用的优惠和奖励方式包括减免预订金、组织奖励旅游、组织中间商考察旅行、开展联合促销等。

4. 适时调整中间商队伍

旅行社所选取的中间商并不是一成不变的，而是要根据旅行社自身发展情况和中间商的业务开展情况适时进行调整。随着旅行社发展规模的壮大，需要拓展中间商队伍；如果旅行社发展情况低迷，则需要缩减中间商队伍；旅行社经营方向调整也会直接影响中间商队伍的调整；旅行社客源结构的变化，也需要合作的中间商及时跟进。

任务实施

5 人一组，各小组通过查阅图书、资料、网络等资源，寻找典型旅行社渠道营销成功的案例，并根据这些经验为你朋友所在的旅行社刚刚推出的研学旅游产品业务设计一份销售渠道的建设方案。

评分标准

序号	评价项目	分值	得分
1	内容的完整性	50 分	
2	语言的简洁性	10 分	
3	内容的条理性	20 分	
4	归纳总结能力	10 分	
5	形式的创新性	10 分	

任务三　运用促销手段

学习目标

知识目标	1. 对旅行社的促销手段有全面的了解； 2. 掌握每种促销方式的优缺点及适用情况。
能力目标	具备运用不同促销手段推进销售工作开展的能力。
素质目标	提高旅行社促销活动的策划能力。

任务描述

你朋友所在的旅行社是一家以研学旅游为主要业务的旅行社。在研学旺季来临之前，应该如何策划制定有效的促销方案呢？请你帮他完成一份促销方案吧！

知识准备

促销是旅行社产品销售管理中的重要组成部分，促销的目的在于扩大旅行社在目标市场中的声誉与影响，同时促进旅游产品的销售。促销是旅行社通过各种营销宣传手段，与旅游市场进行信息沟通，来赢得旅游者对产品的关注、了解和购买兴趣，树立旅行社及其产品的良好形象，从而促进旅游产品的销售的过程。从本质上讲，旅游促销就是旅游企业和旅游市场之间的信息沟通过程。

一、旅游促销的作用

（一）传播信息

旅游促销活动可以使顾客了解旅游产品与服务的相关信息。

（二）刺激需求

旅游促销活动可以加深旅游者对旅行社企业相关旅游产品的认知，唤起旅游者的消费意愿，通过劝说和提示吸引消费者购买旅游产品，增加产品的销售额。

（三）强化竞争优势

旅游促销活动通过对同类旅游产品某些差别信息的强化传播，使旅游者意识到该产品的特殊效用或市场优势。

（四）树立良好的企业形象

旅游促销活动在扩大旅游产品销量的同时，可以树立旅游产品及旅游企业在公众心目中的良好形象，从而为旅游企业的长远发展创造有利的条件。

二、充分发挥人员销售的魅力

人员推销，又称人员销售，是旅行社通过派出推销人员亲自向旅游者介绍、宣传，以促进旅游产品的销售的一种促销形式。推销人员除了要完成一定的销售任务，还要及时发现旅游者未被满足的需求，并开拓新的市场。

人员销售具有较强的灵活性。销售人员在与旅游者进行洽谈或推介的过程中，通过交谈和观察，可以掌握旅游者的购买动机，进而有针对性地从某个侧面介绍旅游产品的特点和功能，抓住有利时机促成交易的达成。人员销售还具有选择性和针对性。在选择销售对象时，可以事先进行甄别和筛选，拟定销售方案和销售技巧，以提高销售的成功率。有经验的销售人员为了达到销售目的，可以使买卖双方从单纯的交易关系发展为建立深厚的友谊，彼此建立信任与情感，这将更有助于销售工作的开展。

但是，人员销售也有自身的缺点。一方面，虽然这种促销方式对于旅游者购买力的推动比较大，但却涉及大量附加性的成本支出，导致单位接触成本较高。另一方面，推销的效果有时会比较有限，销售人员在与旅游者面对面沟通的过程中，可能会遭遇到旅游者的抵触情绪，同时销售人员也不可能接触到所有的潜在旅游者。

（一）人员销售的常见方式

1. 派员推销

这种方式是旅行社的销售人员在确定了拜访对象，了解了旅游者的基本情况和可能产生的需求之后，携带旅游产品的相关材料走访旅游者，并与之当面洽谈，回答旅游者的各种问题，最后在双方都能接受的条件下达成交易。这种方式是销售人员主动出击，要求销售人员具有较强的工作积极性和主动性，同时要想方设法消除顾客可能存在的疑虑，与顾客建立良好的互动关系。

2. 营业推销

这种方式是旅行社的销售人员在旅游者消费旅游产品时、进店参观咨询或洽谈业务时所进行的推销。旅游者的旅游过程其实也是其对旅游产品和服务的消费过程，在这一过程中也有诸多向他们进行推荐和销售的机会，因此旅行社企业要树立全员营销的观念。如果旅游者进店咨询参观，表明旅游者已经有较为明确的购买需求，销售人员可以做好推荐，以较少的成本促成交易达成。这种面对上门旅游者所进行的营业推销，旅游者有急切获取旅游产品和服务信息的愿望，防御心理较弱，推销工作极易成功。

3. 电话/在线推销

销售人员通过打电话或者在线咨询问答的形式对旅游者进行即时推销。在接到咨询电话或者在线咨询时，销售人员要热情认真地对待，在详细回答客人询问的同时，还要积极向客人进行相关旅游产品的推介。

4. 会议推销

旅行社经常会参加各种旅游交易会、旅游推介会或新产品发布会等，这些展会也是非常好的销售平台。在展会期间莅临的一般都是有相应需求的旅游者或同业人员，销售人员要把握好机会，在展会过程中积极进行推介，尽量多接触潜在目标顾客，宣传旅行社的产品与形象，争取达成更多交易。

（二）人员销售的注意事项与技巧

在人员销售的过程中，销售人员需要与客户保持实时的沟通与互动，需要掌握相应的沟通与销售技巧，以提高销售的成功率。

首先，销售人员要善于察言观色，在与客户沟通的过程中细心观察客户的表情、反应，对客户不太感兴趣的话题及时进行转移，做到适可而止，不要太强烈地表现出急于成交的欲望。其次，在沟通过程中，销售人员要对旅行社及其产品尽可能进行充分的展示，事先准备好相关辅助资料，便于客户对企业有全面的了解。另外，销售人员在介绍时可以突出强调旅行社的综合实力、业界位置及企业成功的案例或经验，以增强旅游者对旅行社的信任度与好感。销售人员在前期所做的准备都是为了能够最终促成交易，所以还要把握时机提出成交，提高成交比例。在与客户签订合同之后，除需要认真履行合约之外，销售人员还应继续保持与客户的联系，做好售后服务和后续联络，为进一步合作奠定基础。

三、策划有效的销售促进活动

（一）销售促进的概念

销售促进，又称营业推广，是指旅行社对同业（中间商）或旅游者提供短程激励的一种活动，目的在于诱导游客购买旅行社的特定产品。销售促进是临时或短期带有馈赠或奖励性质的促销方法，虽然从长期来看，销售促进并不能使销售状况发生质的改变，但在短期内往往比广告更能有效促进销售的增长。

销售促进可以促使旅游者试用企业所推出的新产品，为新产品上市造势，以迅速在市场上打开销路。旅行社的销售促进活动经常以一些赠券、折扣、买赠等方式来进行，这些对于旅游者而言是具有一定的吸引力的，会使他们为了优惠而购买旅游产品。同时，旅行社推出的累计消费给予优惠或折扣的政策，也会促使消费者再次购买或重复消费。在面对市场竞争时，销售促进通常也会针对竞争对手而展开，活动期间会在一定程度上增强旅游产品的市场竞争力。销售促进也会对本旅行社其他产品的销售产生带动作用。

（二）销售促进的优缺点

1. 销售促进的优点

销售促进刺激性强，激发需求快。限期的优惠激励，可以让旅游者产生即时性的购买行为，并能达到相当可观的销售额。大部分的销售促进都会提供短期内有效的激励因素，比如赠券、限时折扣、限时特价等，旅游者必须在有效期限内迅速做出反应，旅游企业的市场效果也会得到及时的反馈。这种促销方式在使用上具有较大的弹性空间，一旦需要可以立即投入使用，可以很好地调节淡旺季的需求。

2. 销售促进的缺点

销售促进通常只能在短期内有效，很难给旅行社带来持续性的稳定销售增长。短期来看，销售促进可以帮助旅行社实现一定程度的获利，一旦促销活动结束，销售量就会恢复原状，甚至更低。如果旅行社经常采取这一促销手段，会导致旅游者对旅行社的产品和服务产生低质低价的负面认知，因此销售促进并不适合频繁或长期使用。销售促进虽然能短时期内吸引更多的旅游者，但是这些顾客并不会对旅行社保持较高的忠诚度，一旦竞争对手也采用同样的促销手段，有可能会造成大量顾客流失。销售促进在建立品牌忠诚度方面的效果并不明显。

四、选择恰当的广告媒体

（一）广告的概念与特点

广告是指旅游企业通过各种大众传播媒介，如电视、广播、报纸、杂志、网络等，以支付费用的方式向目标市场传递有关旅游企业的信息，展示旅游企业的产品和服务。广告是促销组合中的重要手段，它的作用是长期的、潜移默化的。

与其他促销手段相比，广告具有鲜明的特点：广告覆盖面广，能在销售人员无法触及旅游者的时间和地点传递信息，借助不同的广告媒体，可以将旅游产品的信息传递给目标市场更多的旅游者；广告是一种高度公开的信息沟通方式，这种公开性能够冲淡旅游者在消费时对产品可信度产生的疑虑；广告促销利用了多种传播媒体，旅游企业和旅游者并不直接见面，属于间接的信息传递方式；广告充分运用了影像、声音、色彩、文字等生动的艺术手法，使其具有突出的表现力和视觉效果，能够给受众带来强烈的感官冲击；广告的效果并不是立竿见影的，往往需要一个较长的积累过程才能发挥出来，因此具有功效滞后性的特点。

（二）制定广告策略的方法

1. 确定目标市场

旅行社要首先明确目标市场，如此可以避免广告资源的浪费，使广告投放具有更强的针对性。旅行社的目标市场应该是既对旅游产品和服务感兴趣，同时又有一定支付能力的旅游者，同时也是旅行社力所能及的顾客群体。旅行社要尽可能对目标市场进行详尽分析，使广告内容能更贴近旅游者所需，最终打动旅游者购买产品，实现销售目标。

2. 明确旅游产品的市场定位

在广告铺天盖地的今天，要想使自己的广告信息能够在旅游者心目中留下深刻的印象，与众不同的市场定位尤其重要。

3. 制定科学的广告方案

首先，旅行社要根据旅游目标市场的受众特点，制定有针对性的传播任务以及想要达到的沟通程度，确定旅行社的广告目标是通知、说服还是提醒。一般而言，通知型广告主要用于新产品开拓市场阶段，目的在于面向目标旅游者群体，对旅游新产品的性质特点等进行广而告之，让旅游者对此产生关注和兴趣。说服型广告则主要出现于产品市场竞争阶段，目的是向特定的细分市场宣传旅游企业的优势和经验及旅游产品的独特体验，通过对竞争优势的展示，说服旅游者本企业可以比竞争者提供更物有所值的旅游产品与服务，在一定程度上可以巩固既有顾客的消费信心，同时说服潜在顾客相信自己的选择是明智的决定。提醒型广告则常在产品成熟期出现，目的是保持旅游者对旅游企业及产品的记忆，能够形成较为稳定的记忆联想，以维持旅游者的品牌忠诚度。

其次，旅行社要做好阶段性的广告预算，确保企业在固定的营销支出情况下，取得更好的促销效果。常用的预算方法有量力支出法、按需支出法、按比例支出法等。广告费用属于旅游企业营销费用中的大比例支出，旅行社要运用好这笔支出，做好预算，使资金用在刀刃上，实现营销效果的最大化。

再次，在广告策划方案的制定过程中，旅行社要谨记传递真实可信、打动人心的信息，要突出旅游企业或旅游产品自身独有的竞争优势，并将旅游者可能获得的感知与体验尽量以实景的方式展示出来，以激发旅游者的需求。广告可以营造出旅游者潜在的需求愿景，并将此进行视觉呈现，以达到推广、说服的目的。

另外，选择恰当的广告媒体也至关重要。广告只有在被目标顾客看到、听到、接触到之后，才能产生后续的作用，所以选择目标市场旅游者能够接触到且愿意获取信息的传播媒体尤其重要。随着大众传播媒体的不断发展，以互联网为代表的新型媒体成为人们生活中获取信息的主流方式，而电视、广播、杂志等传统媒体仍然在人们生活中或特定场景下有着不可替代的优点。因此，对于旅行社而言，如何根据广告传播的内容与受众及预算，选择最恰当的媒体传播方式是企业营销工作的重要内容。旅行社要确保各种媒体方式扬长避短、为我所用，只有这样才能实现广告传播效果的最大化。

最后，旅行社也不要忘记合理地评价广告的效果。虽然广告与旅游产品的销量并非线性关系，但仍然需要对广告的效果进行科学的测评。客观科学的广告测评不只会对前期的广告效果进行总结，也可以对后续的广告计划提供参考和借鉴。

五、构建高效的新媒体营销体系

（一）新媒体营销的概念与特点

新媒体是以数字信息技术为基础，以互动传播为特点，具有创新形态的媒体。新媒体包括网络媒体、手机媒体、互动电视媒体、车载移动电视、户外新媒体等，具有受众广、跨时空、直观性和互动性强的特征。新媒体营销强调体验性、沟通性、差异性等方面，具有较强的互动性、快捷的传播速度以及低廉的成本等特点。

（二）常见的新媒体营销方式

1. 微博营销

微博是用户间通过关注机制进行信息分享的社交网络平台，如新浪微博，社交功能强大、用户活跃、流量巨大、信息传播速度快。微博营销是旅游企业通过微博平台发现并满足用户需求的一种新型营销方式。企业借助微博平台设计、运行一系列营销活动。微博营销推广包括开屏广告推广、博主广告投放、粉丝头条等方式。

旅行社需要在微博平台注册并认证企业微博账号，利用微博平台提供的营销工具，设计运行营销活动。常见的微博营销方法有微博矩阵营销、热门话题营销等。

2. 微信营销

微信营销是伴随着微信 App 的普及而开展的营销活动，常见的营销活动有微信公众号软文营销、小程序营销、微信广告投放、积赞有奖、邀请关注、打卡活动和投票活动等。微信营销具有成本低、稳定的社群关系等特点。因此，旅行社可以通过注册微信公众号、设计小程序、建立微信群等方式开展营销活动。

3. 直播营销

直播营销是指以互联网技术为载体，基于某个直播平台，利用摄像镜头现场解说旅游产品信息，用户利用手机移动端可以在相应的直播平台上观看并进行实时互动。常见的直播平台有淘宝、抖音、拼多多等。旅行社可以通过自行注册直播间进行直播，与网络达人合作，在平台植入广告等多种方式开展直播营销。

4. 短视频营销

随着短视频平台的崛起，短视频成为一种非常好的信息传播方式。旅行社通过在短视频平台注册企业账号，制作上传含有旅游产品、企业理念文化、优惠活动等信息内容的短视频至各大短视频平台，并通过大数据集中向用户投放，从而实现精准、高效的营销。目前常见的短视频平台有抖音、快手、西瓜视频等。

5. 音频营销

音频营销是指在音频 App 上注册企业账号，建立自己的音频自媒体，发布高质量的音频内容并获得粉丝；还可以与音频主播合作，通过在音频中插播广告，实现音频营销，如喜马拉雅 App 平台。

此外，各大论坛和问答平台也有大量的用户群体，如知乎、百度问答等。旅行社通过发布高质量、高人气的帖子、回复等，获取精准的用户群体，进而通过引流推广，实现产品推广营销。

延伸阅读

文旅直播奔向“新蓝海”

面对文旅直播浪潮，旅游目的地应如何把握机遇，利用直播等新兴传播方式，促进文旅融合、释放消费潜力、开辟文旅经济“新蓝海”？

一、形成直播聚合效应

8 月 17 日至 20 日，董姓主播带领“与辉同行”团队来到新疆阿勒泰地区，先后在哈巴河县、吉木乃县、福海县、布尔津县及喀纳斯景区（见图 4－3）进行旅游与带货直播。其间，新疆的非遗美食与特色好物销售火爆，吸引了更多人前往阿勒泰旅游。为期 4 天的直播采取“游玩走播＋定点带货”的形式，通过镜头带观众游览阿勒泰地区多个旅游胜地，展现当地独特的风土人情，直播中还融入乐器展示、非遗体验、马术表演等内容，取得了良好的社会效益和经济效益。据统计，本次专场直播活动总销售额达 2.8 亿元，其中电商产品销售额超 2.6 亿元，文旅产品销售额超 1 700 万元，喀纳斯相关团队游销售超 2 100 单，最高在线人数达 38 万。直播结束后，还有很多观众在直播间通过视频云游阿勒泰，欣赏阿勒泰落日余晖、策马扬鞭的风景合集。

“本次直播活动对推动阿勒泰地区创新旅游宣传推广体制机制，加强新媒体宣传推广，挖掘区域特色民俗资源，打造地方特色旅游品牌，丰富文化旅游产品供给，带动农副产品销售等具有重要意义。”阿勒泰地区文化体育广播电视和旅游局局长德丽达·那比说。

在中国传媒大学文化产业管理学院副教授朱敏看来，此次直播深度挖掘并广泛传播了新疆的文旅资源，以直播为媒介，将新疆的壮丽风光、独特文化以及丰富的物产生动地展示给全国乃至全球观众，点燃了人们对新疆的向往与热爱。

据了解，此次直播的火爆，在于直播团队巧妙结合了热播剧《我的阿勒泰》的热度。这种IP与媒介之间的相互融合、相互促进的综合性传播方式让文化传播更加生动有力。

图 4-3 喀纳斯景区

二、避免盲目跟风

在直播热潮的推动下，众多旅游目的地正积极探索“直播＋文旅”的新模式。由头部主播带货无疑具有强大的示范作用，但更为关键的是找到与当地文化和旅游资源相契合的IP，并进行专题策划，这样才能确保直播内容的针对性和有效性。同时，在直播过程中，对品质和流程的精细把控也很重要。

朱敏认为，选品是确保直播成功的重要一环。如何从众多商品中选择出符合直播间观众需求的商品，需要综合考虑品质、价格、市场需求等多种因素。同时，文旅直播不仅是一个带货的过程，更是一个传递文化、分享价值的过程。对于直播团队而言，如何在直播中融入更多文化内涵，也是一个值得深入思考和探索的问题。

有些旅游目的地因急于追求短期效益而盲目选择不符合本地特色的产品和活动来吸引观众，这样的做法虽能暂时提升热度，但从长远看，对地方旅游经济的持续发展不利。

朱敏建议，在直播与文旅的探索实践中，要注意以下几点。首先，需进行周密的前期策划与议程设置，依据区域文化资源的独特性进行专题策划，避免随大流、盲目跟风。其次，要重视IP的选择与塑造，选择与当地文化和旅游发展相契合的IP进行推广，而非盲目追求大牌IP或名人效应。最后，应注重内容的创新与质量的提升，以优质内容吸引并留住观众。

三、将流量转化为发展动能

直播带来了短期的流量激增，旅游目的地如何让流量转化为促进地方发展的红利，推动文旅产业高质量、可持续发展？

德丽达·那比表示，阿勒泰地区将紧跟专场直播热度，以旅游为民、旅游惠民为核心理念，以转型、提档、升级为抓手，不断加强道路、停车场、加油站等配套设施的建设，加强对旅游资源的整合和开发，提升旅游设施和服务水平；推出景点游览、民俗体验、特色美食品尝等一系列活动，让游客在欣赏美景的同时，能深入体验当地的文化和生活；联动各县（市）共同构建一个高效、协同的地区旅游宣传媒体矩阵，加强与各大旅游平台的合作，加强宣传和营销推广，打破阿勒泰地区旅游业时间、空间发展不平衡的难题，把“净土喀纳斯，雪都阿勒泰”的品牌传播得更广、更远，让广大游客和百姓共享旅游发展的红利。

朱敏认为，要抓住直播带来的热度与关注度，通过后续的营销活动与品牌推广，持续扩大当地的影响力。同时，还要注重当地旅游基础设施建设与服务质量的提升，确保线上与线下体验的一致性和高质量。另外，要深入挖掘与展示当地的地域文化与特色农产品等旅游资源，为游客提供更加丰富的旅游体验。

“当游客选择去阿勒泰旅游时，他们期望的是被直播激发起的消费欲望能够在阿勒泰得到真实而美好的满足。”朱敏说，未来，阿勒泰地区在旅游产业发展中应着力完善基础设施建设，提升服务品质，开发更多具有地方特色的文化产品和特色农产品，以提升阿勒泰的吸引力和美誉度。同时，积极推动旅游产业与其他产业的融合发展，实现社会效益和经济效益相统一，这样才能将直播带来的流量转化为当地的发展动能，从而真正实现阿勒泰旅游产业的可持续发展。

资料来源：张欣．文旅直播奔向新蓝海［N］．中国文化报，2024-08-31.

任务实施

5人一组，各小组通过查阅图书、资料、网络等资源，寻找典型旅游企业运用促销手段实现销售成功的案例，并以此为参考设计山之旅的促销方案。

评分标准

序号	评价项目	分值	得分
1	仪容仪表	10分	
2	语言表达能力	20分	
3	分析问题能力	30分	
4	总结能力	20分	
5	运用知识能力	20分	

任务四　推进网络营销

学习目标

知识目标

1. 对旅行社产品在互联网时代的网络销售有全面的了解；
2. 掌握旅行社产品网络销售的基本实务与技巧。

能力目标

具备运用不同网络销售工具推进旅游产品销售工作开展的能力。

素质目标

提高对旅行社产品网络营销与策划的能力。

任务描述

你朋友所在的旅行社作为一家以研学旅游为主要业务的旅行社，为了迎接暑期研学旅游的旺季，策划了丰富多样的研学旅游产品。为了推进产品的销售，网络销售手段必不可少，请你为它的产品策划相应的网络营销方案。

知识准备

自20世纪90年代以来，互联网技术突飞猛进，对旅游业的发展产生了巨大的影响，改变了旅游者的消费习惯，也改变了旅游企业的营销思维。对于旅行社行业而言，互联网时代既带来了巨大的机遇，也带来了巨大的挑战。互联网技术的发展与应用，既使旅游者在信息共享与信息交流互动方面突破了时空的局限，又使传统的销售管理模式受到极大的冲击。在这一背景下，旅行社需要转变经营思路，调整经营方式，创新销售模式，借助互联网的力量，为旅行社的营销工作和产品销售工作助力。菲利普·科特勒认为，日益重视网络营销是未来的营销趋势。网络将旅行社与旅游者之间的距离进一步拉近，也改变了旅游者的购买方式。面对蓬勃发展的在线旅游市场，旅行社业务必须运用好网络营销这一利器，增强其在市场上的竞争力。

一、网络营销的概念

互联网的出现与现代信息技术的发展，将企业的传统业务以一种崭新的方式展现在消费者面前，它弥补了传统方式中的互动不足、信息滞后、沟通不畅等缺陷，使得信息的传递与分享、产品的购买等更加方便快捷。尤其在“互联网+”时代，任何传统行业在与互联网相互融合的过程中，都焕发出崭新的面貌。一方面，传统企业要积极利用好互联网工具，把优势发挥出来；另一方面，网络企业要积极融合传统行业，充分发挥网络的优势，把传统项目做出新意。

网络营销又称互联网营销，是指为实现企业的营销目标，借助互联网技术开展市场营销活动。网络营销不仅是一种技术手段的革新，而且包含更深层面上的观念上的革新。互联网作为跨越时空的传输媒体，可以为顾客提供更为方便快捷的服务，同时可以及时了解顾客的需求，并做出有针对性的回应。网络营销赋予企业营销工作新的内涵。

二、旅行社网络营销

（一）旅行社开展网络营销的必要性

旅游产品是旅游企业为了满足旅游者的需要而生产设计出来的用于交换的劳动

产品。对于旅行社而言，所提供的旅游产品主要包括各种打包好的旅游线路、各种旅游过程中所需要的单项的旅游产品，如住宿、餐饮、景点门票、签证、租车、包车、导游服务，以及旅游线路策划订制、旅游咨询等服务内容。这些产品大多是以非物质的形式存在的无形性服务，这类产品具有无形性、不可移动性、生产与消费的同一性、不可储存性等特点。这些特点为旅行社产品的销售带来了一定的难度，因为旅游者在购买产品时，无法事先看到或感知体验到产品的质量，这也增加了旅游者的购买风险。

由于旅游者具有区域分散性，而且目的地和客源市场之间存在一定的空间距离，因此处于不同地方的供应企业（旅游饭店、景区、旅游交通等）和产品销售中介（旅行社、在线 OTA 等）只有组成一个庞大的销售网络，才能完成旅游产品的生产、销售和接待任务。互联网的出现，使电子商务在旅游产品销售中得以推广和应用，并因其高速、高效、低成本、精准等优势，特别适合处理像旅行社行业这种远距离、多批次的小额交易。互联网技术应用于旅行社行业，可以降低促销成本，减少中间商层次，扩大市场覆盖范围，提升旅游者购买体验，进一步优化客户关系管理，提高产品销售效率，提高旅行社的利润空间和营销成效。

（二）旅行社开展网络营销的现实意义

网络营销作为目前被广为关注的一种营销形式，拥有传统营销无可比拟的优势。网络营销具有受众精准、成本低廉、互动便捷、覆盖广泛、形式灵活等特点，非常适合在旅行社行业推广和应用。旅行社开展网络营销具有以下现实意义：

1. 有利于旅行社取得更多竞争优势

就目前而言，互联网的覆盖范围从城市扩展到乡村，只要有一根网线，你就能与世界相连。互联网在我们的日常生活中发挥着越来越重要的作用，人们的日常交流、购物消费、工作开展等各个方面都离不开网络。互联网所带来的信息获取与共享模式、便捷的购物与消费体验、无处不在的数据收集与反馈，都在悄悄改变着人们的生活与习惯。所以，对旅行社而言，充分运用互联网技术开展企业的管理与营销工作，是把握未来旅游业发展趋势的必然选择，也是在激烈的市场竞争中凸显竞争优势的重要途径。

2. 有利于加强旅行社与旅游者之间的沟通与互动

在信息化的互联网时代，旅行社无法实现信息的垄断，只能依靠更精准的信息传播和更有效的客户沟通来赢得旅游者的关注与青睐。互联网提供了各种便捷的即时沟通工具，旅行社可以有效地运用网络平台的互动手段，及时把握旅游者的需求动向，并持续跟进以促成交易。同时也可以相应开展关系营销、客户关系管理等工作。旅行社与旅游者之间的沟通与互动，也将推进旅行社的产品策划与设计更加人性化，更加贴合市场需要。

3. 使旅游者的决策和购买更具有便利性和自主性

传统的旅行社经营模式所成立的基础是旅游者与旅游目的地之间的信息不对称，在这种情况下，旅游者在做出旅游决策和购买决策的时候带有一定的盲目性。而在互联网时代，信息不对称的局面被打破，旅游者能够在网络上便捷地获取各种旅游资讯，也可以做出更明确理性的消费选择。同时，网络也提供了便捷的购买平台和购买方式，旅游者甚至可以实现即兴购买。

4. 有利于旅行社提供更加优质的旅行体验和服务

互联网使旅行社和旅游者之间的沟通更加便捷有效，旅行社能够获取更多来自目标旅游市场的需求数据，助力产品设计策划阶段生产出更能满足市场需求的产品，从而在市场中具有较大的竞争优势。在服务和接待过程中，面对旅途中可能出现的问题，旅行社可以通过和旅游者之间及时沟通、及时跟进解决、保障旅游服务质量，提供更加优质的旅游体验和服务。

三、旅行社网络营销的运用策略

（一）完善旅行社企业的网站建设

自建网站是旅行社开展网络营销的常见形式。旅行社网络营销的推进除了依靠商业平台，也可以根据自身发展需要进行自建网站的开发与设计，能够依托企业官网，提供准确、全面、及时的旅游资讯。旅行社官方网站是其网络形象的一个展示窗口，也是推广旅游产品、提供购买咨询、进行在线购买的重要平台。旅行社要充分利用官网的展示销售功能，实现各方面信息的艺术性、互动性、宣传性的融合，使其能够在旅游者获取旅游信息、辅助旅游决策，以及购买旅游产品的过程中发挥相应的作用，并能充分激发旅游者的购买欲望，调动其潜在需求。

互联网本身可以跨越时间和空间的局限，可以克服地域的障碍，旅行社自建网站除了面对国内市场，还可以设计外语网页，以方便海外游客获取旅游信息，推广企业形象，拓展国际市场。

（二）开发移动客户端，优化移动端客户体验

在中国旅游市场，以智能手机为代表的移动端正在逐渐超越线下门店、PC端成

为最大的旅游预订渠道。调查报告显示，全球范围内超过75%的受访者出游必带智能手机，这一比例甚至超过手纸、化妆品等个人护理用品（69%）。有87%的中国受访者表示他们出游必带手机，对于手机的依赖程度稳居全球第一。

从各项数据分析来看，手机移动端预订已超过PC端、线下门店等成为最主要的旅游预订渠道。对比PC端，移动端的便利性，优化了传统的预订以及出游体验，是旅游者依赖手机的主要原因。目前跟团游、自由行、邮轮游、定制游等各类旅游产品，都可以随时随地在手机端查询、对比、预订，甚至还可以在手机上开出团说明会，选导游领队，在跟团行程中点评吐槽等。同时，相对于传统的线下门店，手机端产品丰富度更高。在一些大型旅游App上，以“日本”搜索，可以找到上万条旅游产品，有数百家出境旅行社可供选择。

而且，擅长且热爱使用移动端的千禧一代旅游群体正在壮大，也为移动端的快速增长助了一臂之力。所以，旅行社及在线OTA需要通过优化移动客户端的游客体验，捕捉更多潜在客户，实现更可观的销售价值。比如去哪儿通过与百度合作，曾作为百度地图界面上酒店产品的唯一供应商为旅途中的用户提供更具关联性的实时酒店信息。

延伸阅读

女性旅行力量“势不可当”，携程发布《2024女性旅行消费洞察报告》（节选）

3月春光明媚，万物复苏，远方有自然、美好和诗意。越来越多的女性旅行者们也纷纷启程，逐美而行。她们中有骑自行车、开越野车闯遍世界、踏遍全国的银发奶奶；有带娃周游世界60多个国家的中年宝妈；有来自异国他乡、偏爱打卡中国大美文化的国外青年旅者。三八节前夕，携程发布《2024女性旅行消费洞察报告》（以下简称报告），全面洞察疫情后数千万女性旅行用户的消费习惯和偏好；看老中青三代女性旅者如何闯荡世界，在旅途中发现和寻找自我。

女性作为消费升级的重要贡献者，线上消费意愿更强，消费能力更高。报告显示，2023年2月20日—2024年2月20日，女性全年人均旅行消费支出高于男性近8%，“她消费”力量势不可当，数千万女性在旅行中实现“向往的生活”，其中下沉市场增长势头明显。

无论女性处于人生哪个阶段，旅行都是永恒不变的主题。报告调研了近一年具有外出旅行经历（不含商务出行）的用户，其中，以70后、80后为代表的中年女性占比62.2%，成为旅行消费人群的“绝对主力”，消费力遥遥领先；以90后、00后为代表的青年女性占比28.5%，消费潜力初现；以50后、60后银发族为代表的群体占比9.3%，消费“品质化”升级，旅行消费金额领跑，不输年轻人。

报告认为，女性在旅行产品预订方面更具决策力量，对于旅行体验和性价比的追求孜孜不倦，携程各频道上留下了女性用户消费及体验的“倩影”，她们格外擅长精打细算，追求高性价比，如携程直播女性用户占比超65%，她们一年省下了7.8亿元的旅行费用。而且，她们对于旅行热点也更加敏感。2024年以来，携程口碑榜、热点榜等产品日均访问女性用户增长42%，翔实可靠、敏捷精准的内容为女性理性决策提供充分支持。

报告显示，2023年以来，老年女性群体的旅行消费正悄然释放，50岁以上老年女性出行订单增速最快高达205.6%。越来越多的银发游民在路上，她们或自驾，或邮轮，或旅居，出游方式丰富多彩。来自天津的60后携程旅行家李木子阿姨，目前正在和老伴自驾前往青海玉树的途中，采访中她表示，像她们这代城镇退休职工，大部分有钱有闲，能开车“说走就走”，恰好处于旅行的“黄金年代”，“常年在路上，更要有老年人的缜密、青年人的身体，孩童般的心境”。

穿越热带雨林、体验登山和滑雪、自驾走遍全国几十个城市，越来越多的老年人更愿意融入目的地生活，了解当地历史人文，很多低龄老人也愿意参与目的地的徒步、骑行、露营等轻体育项目。部分银发奶奶们还常年旅居，体验“生活在别处”。来自上海的50后曹小青，就一路从广东、广西旅居到了海南三亚，她趁春节后上海飞三亚的“机票跳水”，果断错峰出行，仅用了几百元在携程App上订好行程，开启了长达数月的温暖、舒适的旅居生活，刚好完美避开了上海的这波寒流。

互联网令世界皆可相连，近一年，携程App女性预订用户中，甚至有92岁银发奶奶下单了邮轮套餐，和97岁的高龄老闺蜜一起奔赴海上假期，可谓活到老、玩到老。祖国繁荣富强，也让更多老年人乐享晚年，在旅行中品味人生美好。

偏爱错峰游、玩法更丰富，“银发族”以出游频率高、旅行品质高、消费金额高撬动旅游大市场。据中国旅游研究院预测，截至2025年，我国出游率较高、旅游消费较多的低龄健康老人将超过1亿人，老年旅游收入有望超过万亿元。有钱有闲且规模持续扩大的银发人群为旅游市场注入新活力，也成为旅游业的兵家“必争之地”。

报告还显示，女性喜欢“握紧方向盘，徜徉在路上”，“有本一族”的女性更愿以自驾方式享受穿越山海的自由。2023 年以来，女性租车订单同比增长133%；年龄最小的 18 岁，最大的 92 岁。

中年女性也有颗“少女心”，她们在玩转国内外知名景点的同时，也热衷于成为“迪士尼在逃公主”或“魔法少女”。报告显示，女性境内外下单景区中，上海迪士尼度假区、北京环球度假区、香港迪士尼乐园、香港海洋公园等名列前茅，受女性用户青睐。携程门票也推出 3 月宠爱月活动，联合近百家景区为女性旅行者提供优待票。

旅行对于女性来说，不仅能提升自己的眼界，还能满足自我需求，提升幸福感。报告显示，35 岁以上女性在旅行产品预订方面更具决策力量，家庭游七成为女性带队，近八成女性会为同行人预订产品。来自上海的 80 后妈妈 Tinco 目前就在带娃环游世界的邮轮旅途中，路过美国加州的迪士尼和新西兰奥克兰的霍比特人村时，她比较之后，在携程上订了票和行程。她说：“因为环球旅行中不确定因素很多，通过携程预订、咨询、退票、改时间都比国外网站方便，服务到位，省去了很多麻烦。”

资料来源：女性旅行力量“势不可当”，携程发布《2024 女性旅行消费洞察报告》[EB/OL]. 环球旅讯，2024-03-06.

（三）引进和培养综合性的电子商务人才，提高工作人员的技术水平

旅行社应增加投入，培养或引进既懂技术又精通旅游管理、旅游产品设计、旅游产品营销等的综合性人才，提高旅行社工作人员对网络营销的重视程度和应用水平；鼓励员工学习计算机应用基础知识，使其熟练掌握操作技能，将计算机知识和旅游市场营销知识有机结合起来，不断创新网络营销模式。对于需要投入大量人力而短期无法看到效益的较高层次的应用，要着眼于长远利益，端正思想认识，提高员工的积极性。

（四）基于网络的深度营销挖掘

由于各种营销方式所带来的流量都导向企业的网站或者移动客户端，它们作为企业业务经营的前端平台，可以为企业客户关系管理和深度营销提供极大方便。旅行社在建立公司网络平台或者移动终端时，要关注用户信息的搜集与整理，通过后台大数据的相关分析工具，可以分析出诸多有利于改善经营管理的有用信息。如通过用户来源分析，可以看出用户是来自自然流量，还是来源于广告链接；还可以进

一步分析是来源于哪一种网络营销方式导入，来源于哪一个网络营销平台导入，这为网络营销效果优化提供了数据支撑。又如用户行为分析，通过对众多用户在网站的浏览行为分析，可以看出用户对网站的哪些内容，对公司的哪些产品更为关注，这也为网站优化和产品策略优化提供了关键的数据支撑。

网络为企业管理提供了传统模式所不能提供的各种各样的信息和数据。随着企业运营时间的持续，长期记录积累的数据将越来越丰富和完善，这将为旅游企业实现精准网络营销和精确管理提供可能，可以帮助旅行社提高工作效率、减少费用支出，使旅行社的传统经营运作方式变得信息化、简单化和科学化，增强旅行社的竞争力。

随着整个社会信息化的智能化发展，网络将进一步融入人们生活的方方面面，网络营销也将变得愈加重要。开展旅行社网络营销是旅行社营销的必然趋势，每个旅行社都应当重视网络营销这种销售方式，并根据自己的规模和特点制定相应的营销策略。发挥网络的功能，将旅行社销售管理和网络结合起来，这样可以为我国旅行社行业的发展打开新的空间。

任务实施

<table>
<tr><td>项目名称</td><td colspan="5">推进网络营销</td><td>学时</td><td>4</td></tr>
<tr><td>学习小组</td><td></td><td>姓名</td><td></td><td>学号</td><td></td><td>指导教师</td><td></td></tr>
<tr><td colspan="8">工作任务描述：
你朋友所在的旅行社作为一家以研学旅游为主要业务的旅行社，为了迎接暑期研学旅游的旺季，策划了丰富多样的研学旅游产品。为了推进产品的销售，网络销售手段必不可少，请你为它的产品策划相应的网络营销方案。</td></tr>
<tr><td colspan="8">具体工作任务：
1. 获取相关资料与信息：
（1）搜索相关资料，了解什么是网络营销。
（2）网上搜索与旅行社网络营销相关的典型案例。
2. 讨论与调研：
（1）小组讨论旅行社常见的网络营销形式有哪些。
（2）选择一家旅行社或 OTA，搜集资料或调研，了解它常用的网络营销开展情况。
（3）借助相关案例的参考，为旅行社策划网络营销方案。
3. 成果展示：各小组汇报讨论和调研结果，将网络营销方案通过 PPT 在课堂上展示。
4. 提交工作记录单和策划方案。</td></tr>
<tr><td colspan="8">学习条件：
1. 旅行社经营管理实训室。
2. 每个小组配备一台可上网的电脑。
3. 任务清单、工作记录单、学习情境练习单等。
4. 课件、视频资料、题库等。</td></tr>
</table>

评价标准

序号	评价项目	分值	得分
1	仪容仪表	10分	
2	语言表达	20分	
3	内容完整	30分	
4	逻辑条理	20分	
5	形式创新	20分	

项目总结

通过本项目的学习与执行，学生应理解销售价格的制定是关乎旅行社企业盈利能力和市场竞争力的关键环节，在项目实践中掌握常见的定价方法和定价策略，并能加以实践运用，具备相应的实务操作能力。销售渠道是旅游产品得以方便快捷地抵达旅游者手中的途径。销售渠道的建立关乎旅游产品的销售效率与销售量，是旅行社销售管理的重要内容。学生应了解常见的旅行社销售渠道的形式，并能根据旅行社的情况搭建适合企业的销售渠道，同时掌握中间商的选择要点，能够在实施操作过程中培养自己灵活运用的能力。旅行社在构建自身销售渠道的过程中，要依据自身情况和当前市场的发展做出有针对性的选择，从而实现渠道制胜的目标。不断创新的网络营销活动在旅行社产品的推广销售过程中是必不可少的形式，也是销售管理工作中的重要组成内容。学生应学习网络营销对旅行社行业的必要性与现实意义，以及目前旅行社网络营销的策略重点，并通过实践与调研，对其形成更深入的认识，同时掌握实务性的操作技巧，将其在营销实践中加以运用。

项目五

旅行社接待服务

在经过一系列的业务宣传与推广，将旅行社及相关产品的信息通过各种渠道送达消费者后，有一定消费意愿的旅游者就可能会主动来联系旅行社，进一步了解旅行社和产品的信息。此时，怎样将有消费意愿的消费者转化为实际的消费者，怎样将实际的消费者变成忠诚的消费者就成了旅行社面临的关键问题。让我们走进旅行社的接待服务与管理，一同寻找解决上述问题的答案吧！

任务一　提供电话咨询接待服务

学习目标

知识目标	了解接待人员需要具备的基本素质及电话接待的特点。
能力目标	会通过电话等方式与消费者实现有效沟通。
素质目标	树立正确的岗位观念与工作理念。

任务描述

“丁零零……”有客人打来电话。客人的电话咨询内容也许五花八门，也许奇问百出，作为旅行社重要的对外推介窗口，如何通过电话沟通将潜在的消费者转化为实际的消费者，则成为体现你工作能力和业绩的重要环节。请各小组在做好充分准备后，按照设定的脚本，分组进行电话咨询接待服务训练和展示。

知识准备

一、旅行社接待服务人员业务素质要求

在消费者正式成为旅行社的实际消费者之前，旅行社的接待服务工作一般由旅行社门市部的接待服务人员担任，其岗位职责主要包括为消费者提供咨询、介绍旅行社的产品、办理各种销售业务和处理相关文件等。旅行社门市接待服务人员除了要具备较高的职业道德水平和熟悉一般旅游产品及旅游知识等基本素质，还应具备如下业务素质：

（一）充足的旅行社产品知识储备

接待人员首要的业务素质就是要对旅行社产品有着充分的知识储备。一是要充分掌握旅行社的每个产品各自基本的线路安排、特点、适合的情况及基本的组合方式。二是要较多地了解其他旅行社同类型产品，找到本旅行社产品的相对优势。一般来说，散客报团会较多地接受旅行社的既有线路，但如果是集体报团，如企事业单位的奖励旅游或工会活动等，则可能需要根据对方的要求调整或重新设计适合的旅游线路。

（二）较丰富的旅游心理分析能力

接待人员应掌握一定的旅游心理学知识，在与消费者的良好沟通中能够通过运用旅游心理分析，抓住问题的实质，发现消费者真正的旅游需求。

（三）较强的旅行社产品推销能力

接待人员必须具备较强的产品推销能力，在与消费者沟通的过程中，能够运用一定的产品推销技巧，积极主动地向消费者介绍适合他们的本旅行社的产品，并善于抓住稍纵即逝的机会引导消费者购买。

（四）较强的文字处理能力

较强的文字处理能力也是接待人员必备的条件。一是在条件允许的情况下，在与消费者沟通的过程中，应能快速准确地记录下消费者的基本旅游需求和消费者的基本情况，如联系方式、适合旅游的时间、提出的反对意见等，或者事后根据记忆快速进行整理记录。二是学会填写各类业务表格，起草各种业务文件，特别是能够迅速、准确地拟订旅游合同。三是具有较强的文字总结能力，能够较好地将接收到的消费者咨询情况及处理各种业务的情况进行分类整理和总结，并及时发现问题，获取经验。

延伸阅读

FAB 产品介绍法

FAB 案例引入：一位卖花女郎向一位路过的小伙子兜售鲜花。小伙子说，你的鲜花太贵了。卖花女郎说，送给女孩子最好的礼物就是鲜花，假如你的女朋友看到你捧着一束花去见她，她会有什么表现呢？我想她会含情脉脉地看着你，脸上洋溢出幸福的笑容，在众人羡慕的眼光中给你一个最热烈的拥抱。听到这里，小伙子立即掏出了钱包。

什么是FAB? FAB是一种常见但很实用的产品介绍方法。恰当地运用FAB产品介绍法，可能会较快地实现产品销售。

F是英文单词feature的首字母，意为产品的属性。产品的属性是指产品本身所固有的性质，是产品在不同领域差异性的集合。产品的属性根据不同的界定范围可以有多种，如产品的包装、价格、外观、材质、质量、规格、工艺、保质期等。

A是英文单词advantage的首字母，意为产品的功能、作用或优点。产品的功能、作用或优点一般是无形的，很难被看到、尝到、摸到和闻到，因此需要销售人员的介绍才能传达给消费者。

B是英文单词benefit的首字母，意为利益。消费者购买产品的最终目的是满足自身的需求，从产品消费中获取利益。消费者表面上看是在买产品，但实际上需要的不是产品的属性，也不是产品的功能、作用或优点，而是通过产品功能获得某方面需求的满足，即获得利益。

简言之，F解决产品是什么的问题，A解决产品能做什么的问题，而B解决产品能为消费者带来什么利益的问题。将利益展示给消费者，是FAB介绍法的核心。而F、A、B之间又有着内在的逻辑关系，即F产生A，A产生B。只是孤立地介绍B，也是不符合介绍逻辑和消费者信息获取习惯的。因此常见的FAB产品介绍法的句式是“因为产品具有什么样的属性”“所以产品具有什么样的功能或优点”“产品可以带给您什么利益”。当然在实际应用中，应灵活采用，有时也可以倒装使用，如通过与消费者沟通先获取B，依据B，介绍A再至F，即采用BAF介绍法。

销售和接待人员应时时牢记：自己所销售的并不是货品，而是要为消费者带来某种利益。如上例，卖花女郎在介绍或展示了鲜花的价格和外观后，直接将兜售的重点放到了小伙子的内在需求上，生动地展示了鲜花给小伙子带来的利益，自然就击中了小伙子的心，让小伙子欣然掏钱。

而在实际的产品介绍工作中，特别是一些新入职的销售和接待人员在介绍产品时往往容易将介绍重点放在产品的属性、功能、作用和优点上，忽视了关键的利益，而导致产品介绍事倍功半。如下例：

小王是一个茶叶专柜的营业员。有一次，一位顾客走进来，小王连忙热情地与其打招呼，就开始探寻顾客的需求：“你想买什么茶叶呢?”

顾客说："听说用鲜花做的茶不错，你们这里有吗？"

小王："有，我们这里有很多种花茶。"

于是小王连忙拿出所有的花茶："我们的花茶品种很齐全。有玫瑰花、茉莉花、菊花，还有一种最新的产品——德国的水果茶……"

顾客拿起一包玫瑰花茶在看，小王说："玫瑰花茶好，味道很香的。"顾客再拿起另一包，小王又说："这是进口的，是好茶。"

顾客放下手上的茶叶，说："谢谢，我再到别的地方看看。"说完就走了。

在进行FAB产品介绍时，也要注意以下几个原则：

（1）实事求是。应基于产品的实际情况进行介绍，切勿夸大其词，也不要去攻击其他品牌或竞争者的产品，在进行产品比较时也应基于客观的事实去介绍。

（2）清晰简洁。在进行产品介绍时，应以最简洁、最易于为消费者所接受的方式进行清晰的表达。特别是对于一些专业术语，在面向专业消费者时不宜过多解释，面向非专业消费者时则应尽量用简单、易于理解的语言进行表述或尽量减少使用专业术语。

（3）主次分明。不要企图把与产品相关的所有信息都灌输给消费者，应根据消费者的需求，有重点、有主次地进行产品介绍。对于重要的信息，比如产品的优点、好处，可以详细地阐述；对于产品的缺点、不利的信息，可以简单陈述。不同的消费者可能对产品的需求点会有差别，在与消费者沟通的过程中应快速抓住消费者的需求点，选择合适的产品进行有针对性的介绍。

二、电话接待的特点

（一）电话接待过程靠声音传递信息

人与人之间面对面的沟通，除了声音，还可以有肢体语言，如表情、动作等，也可借助其他工具和活动传递信息。而电话接待则主要依赖声音进行沟通，消费者无法通过电话看到接待人员的肢体语言、面部表情。因此在电话接待过程中，说什么很重要，怎么说更重要。电话接待的语言和面对面接待时的语言也会有所差别，面对面接待时的语言会有表情、动作等的配合，而电话接待中，消费者主要通过听到的声音来感受接待人员的服务，因此电话接待人员除注意电话内容外，更要注意语音、语调和语速。

（二）电话接待人员必须在较短的时间内与消费者实现有效沟通

电话接待人员在接到消费者电话咨询时，应通过沟通快速了解消费者的需求情况，并有针对性地介绍适合的产品及给消费者带来的利益，抓住消费者愿意保持通话的兴趣点。如果在短时间内没办法搞清消费者的需求情况并提供合适的产品介绍，消费者可能会随时终止通话。他们不喜欢浪费时间去听一些自己不感兴趣或与自己不直接相关的事情，除非这次通话能满足他们的某种需求。同时，在沟通过程中，还要清晰掌握消费者的相关信息，如姓名、联系电话、工作单位及旅游需求等。

（三）电话接待是一种你来我往的交互过程

在电话接待沟通中，主要通过声音的交流进行。在交流时一般要做到三点：一是尽量多地将话语权交给消费者，通过消费者的表达掌握需求信息，在听取消费者表达时要认真倾听并适当进行配合；二是在回答或介绍产品时应尽量热情、清晰简洁，以便消费者在较短的时间获取需要的信息；三是要注重与消费者的感性沟通，特别是在首次通话时，应尽量打动消费者的心，使消费者迅速建立起对你的信任。

三、电话接待的规范与技巧

一般来说，消费者能来电咨询旅行社产品，就表明该消费者是存在一定的消费意愿的，因此每一次来电都是一个重要的产品销售机会，应慎重对待每一次电话咨询接待服务。旅行社接待人员的电话接待和其他服务行业的电话接待一样，也有一定的规范与技巧。

（一）随时做好接听电话的准备

如果电话接待人员在门市部等岗位值班，应在工作位置坐直，注意力集中，准备好记录用的纸、笔及电脑等，随时准备接听来电咨询。如果在其他场合接到电话咨询，也应快速调整工作状态，坐直或站直，将注意力集中，并尽量做好记录工作。

（二）电话沟通时的心态与声音

接待人员在使用电话与消费者沟通时，要提前将心情迅速调整到良好的状态。接听时一般应使用自然的声音，语言要清晰简练，语速要适中，不要让消费者感觉到你在抢时间或在拖延时间。接待人员要切记自己代表旅行社，要通过电话沟通让消费者感受到你的友好与真诚，使消费者能够理解你所讲的内容。

（三）电话接通时间的一般标准

电话等待是一件让人不愉快的事情。如果来电很久无人接听，会让消费者潜意识里认为该旅行社可能已经倒闭，或者工作人员懒散或脱岗，进而逐渐失去在该旅行社消费的意愿，因此在接听电话时应及时准确。当然，也不必在电话铃一响就马上把电话接起，这样快速地接听电话对消费者来说可能有点快，一般也不符合消费者的等待心理。研究和实证发现，一般在电话铃响 3 声之后或 10 秒钟以内接通电话最符合人们的通话心理，这样对于接待人员来说也显得比较从容。如果通话过程中需要出现中断，一般中断时间也不要超过 17 秒；如果确实需要较长时间，则可以和对方商量采取回电的方式。在电话结束时，一般也要先等对方挂断电话后再挂断电话，如果对方未挂断电话，则可以停顿约 3 秒后轻轻把电话挂掉。

（四）电话沟通时的规范用语

第一，接待人员一般要先自报家门，先报出本旅行社及自己的姓名等。例如："您好，××旅行社，我是××（也可以包含职位），很高兴为您服务（或乐意为您效劳），请问您有什么需要协助的吗（或请问我有什么能为您服务的吗）？"当然，不同的情况下也会有不同的方式，如有总机转接的电话，一般就不需要报旅行社的名称；如果是熟悉的老顾客，过于礼貌则会显得生分。

第二，如果对方在通话过程中报了姓名，就应立刻打招呼，并在以后的沟通中使用带姓的尊称，如张先生、王女士。称呼在不同的地区会有所差别，如济南一般会称呼对方为老师，如张老师、王老师等。如果是之前联系过的消费者，在电话接听时应第一时间用上对方带姓的尊称。每个人对自己的姓名都有一份特殊的感情，称呼对方时涉及姓名可快速拉近双方的距离。

第三，如果对方指名要某人接电话，正好被指定人有时间接电话，那就应热情地请对方稍等，并快速安排转接。如果被指定人正在接听别的电话，就要礼貌地告知对方，并请对方稍候。如果等待时间较长，则可告知对方："××正在通电话，等会儿让他给您回电话，好吗？"如果对方同意，则可请对方留下联系方式和姓名等信息。被指定人接听或回复电话时，在打招呼后，一般应当首先表示歉意，如："实在抱歉，让您久等了……"如果被指定人不在或不方便，需要代指定人接电话，则可以说："很抱歉，××不在，有什么我可以为您效劳的吗？"

第四，尽量使用带有"温度"的词语。所谓有"温度"的词语，即多使用让对方感到你热情、诚恳、友善的词语，尽量不使用令人生气的字眼。如在电话沟通中出现需要中断电话的过程，再次通话前，如果以一种不耐烦或调侃的语调说“啊！你还等着呢”，这必然会让对方生气，稍好一点的如“您还在等吗”，虽然不会立刻引起对方生气，但让对方回答时会有些许尴尬的意味，而如果带有歉意地说“谢谢您，让您久等了”或“实在抱歉，让您久等了”等，尽管有时久等不是你造成的，自己主动道歉，会让对方产生良好的心理反应，这样彼此就会减少因电话中断带来的不良心理状态。

第五，不对消费者说不，但也不能轻诺。不要与消费者起争执，也不能和消费者说不，除非是非常肯定的事。对消费者提出的一些你不知道的问题，如果简单回答“我不知道”，则会显得特别生硬，也缺乏服务意识。对一些不清楚或不知道的问题，也不要不知道装作知道，可以说：“非常抱歉，这个问题我也不是很了解，但我马上去查……”如果查的时间较短，也可以说：“非常抱歉，这个问题我也不是很了解，麻烦您稍等，我查一下……”然后快速地向了解这一问题的同事咨询，随后为消费者做出解答。这样的回答既能让对方感受到你的严谨真诚，又能让对方感受到你的积极主动。对于一些没有绝对把握的问题，也不要随意许诺，如“没问题”“我来办，您放心”“在我这里都不是问题”等，因为这些许诺性的语言风险太大。特别是对于旅行社来说，很多事情都会受到外部因素的影响，更增加了不确定性，如订机票、办理护照等，可以尝试采用“我们会尽一切努力来为您办理，但……”等留有余地的回答方式来规避风险。

第六，电话结束前的用语。一般电话结束前，接待人员还应继续询问消费者“还有什么可以帮您的吗”等，来体现旅行社接待的服务特性。

（五）相关信息的记录

接听电话时应尽量做好留言记录或事后对通话情况进行记录整理。留言记录一般包括打电话的日期、时间，来电者的姓名、职务及工作单位，来电者的联系方式，沟通的主要内容，遗留的问题或后续应进行的工作以及接待服务人员的签名等。

任务实施

5人一组，各组分别就电话接待设计脚本，并选派成员进行电话接待模拟，一方为接待方，一方为来电咨询的消费者。然后，再由各组交叉选派成员进行电话接待模拟。在模拟过程中，各组分别模拟时，由其他组成员进行评议。在各组交叉模拟时，由教师进行评议。

评分标准

序号	评价项目	分值	得分
1	仪容仪表	10 分	
2	语言表达能力	20 分	
3	分析问题能力	30 分	
4	总结能力	20 分	
5	运用知识能力	20 分	

任务二　提供门市现场接待服务

学习目标

知识目标　了解门市接待人员的岗位职责和运转流程。

能力目标　能通过面对面接待方式与消费者实现有效沟通和办理相关业务。

素质目标　树立正确的岗位观观念及工作理念。

任务描述

运营良好的旅行社，每天都要接待登门咨询的消费者。此时，优质的门市接待服务便显得至关重要。作为门市接待人员的你，此时就要承担这一重要任务，去接待每一位登门的消费者。请各小组在做好充分准备后，按照设定的脚本，分组进行门市现场接待服务展示。

知识准备

旅行社门市是指旅行社在注册地的市、县行政区域内设立的不具备独立法人资格，为设立社招徕旅游者并提供咨询、宣传等服务的网点，有的设立社也会根据场地情况在门厅位置设置安排门市接待。门市是一个旅行社的门面，根据旅行社的行业特点，一般会追求典雅、幽静、舒适、人情味浓的装修设计风格，过于华丽或过于凌乱都会使消费者产生难以接近或不愿接近的想法。一般来说，愿意登门来咨询的消费者，其消费意愿往往会高于进行电话咨询的消费者。因此，成功的门市现场接待服务显得更加重要。

一、门市接待人员的岗位职责

（一）提供咨询接待服务

咨询接待服务是门市接待人员的重要岗位职责。咨询的方式包括电话咨询、网络咨询、信函咨询、现场咨询等。电话咨询在任务一中已经进行了较为详细的讲述。随着通信方式的不断发展，信函咨询方式已经相对较少，网络咨询则是近些年较为流行的方式，它一般借助各类网络平台，如旅行社自建的网站互动平台、网络供应商提供的公用平台如微博、贴吧及一些即时交互平台如微信群、QQ 群等。在使用平台进行交互时，因为每一条交互信息都可以留存取证，所以更要注意语言或文字的严谨性。现场咨询的主要形式为消费者的登门咨询，在本任务中将进行讲述。

（二）推介旅行社产品

推介和销售旅行社产品是门市接待人员提供服务的主要目的，因此接待人员应能较快地抓住消费者的需求意愿，推荐适当的旅行社产品，包括团体旅行社产品、散客旅行社产品及单项委托服务等；也可以根据消费者的需求，在旅行社的经营能力范围内对产品进行适当调整或重新设计。

（三）办理相关业务手续

根据消费者的需求，门市接待人员应在谈定产品和价格等事项后为消费者办理相关的业务手续，包括旅游合同签订，相关资料收集、复印，费用交纳等。不同的业务，手续会有一定的差别，如出境游产品比国内游产品办理的手续就相对复杂，时间也会比较长，而单项委托服务则相对简单。

（四）提供产品售后服务

产品售后服务是了解旅行社产品消费情况、解决售后问题、增进与旅游者亲和度的重要环节。其主要工作包括向购买旅行社产品的旅游者了解产品消费的情况，接受和处理旅游者的反馈意见及投诉等。

（五）处理各种文件

门市接待人员应认真整理业务交往过程中的各种文件，并进行分类整理存档。有条件的旅行社可以建立旅游者接待服务卡，将其姓名、年龄、出游爱好、详细联系方式等记入卡中，定期或不定期地与旅游者通过各种方式保持联系，增加旅游者对本旅行社的情感度，也为今后推荐新的旅行社产品做好客源储备。

二、门市接待服务的一般流程

（一）准备工作

1. 门市卫生清洁整理

门市是旅行社的形象、窗口、广告。旅行社门市接待人员一般应提前 15 分钟到达营业场所，做好常规的安全检查、签到，对门市的地面、台面、会议室、电脑传真等进行清洁，对资料架、广告牌、宣传册等进行整理摆放，保证旅行社的门市以一个清洁齐整的形象迎客。

2. 个人形象的准备

来营业场所上班之前，门市接待人员要提前做好服饰、妆容的准备。不同的行业对服饰、妆容的要求会有所不同。多数旅行社会要求门市接待人员穿专门设计制作的工装。统一的着装会带给消费者规范专业的感觉，同时也会增强工作人员的职业约束和认同感。也有部分旅行社不为门市接待人员配备工装。一般来说，旅行社门市接待服务人员应以高雅、整洁、大方、庄重并突出旅行社特色的正规着装为主，不宜着便服或奇装异服，在饰品搭配上一般也应以简洁为主，不宜佩戴过多、过大或过于显眼的饰品，要保持头发、面部、手等部位的干净整洁，女士可适当化淡妆。

3. 晨会及工作检查

人数较多的旅行社门市每日会召开晨会，晨会一般的工作包括对员工考勤、着装和门市卫生清洁等的检查，宣读相关的通知，安排当日的工作，并协助调整员工的工作状态等。晨会前后，在消费者登门前，门市接待人员应尽快查收尚未查收的邮件、传真等，并进行相应的处理和准备。

（二）待客工作

1. 礼貌迎客

从消费者进门到出门，礼貌迎客要贯穿始终。一般而言，消费者只有感受到你的真诚礼貌，才会更愿意与你进行沟通，并听取你产品的推介，进而奠定成功的基础。虽然礼貌不一定促成成功，但不礼貌肯定会导致失败。礼貌迎客一般要做到如下三点，并将之融入接待服务之中，为消费者营造出轻松愉快的氛围。

（1）礼貌三声：来有迎声，中有服务声，走有送声。

（2）热情四到：眼到、手到、口到、心到。

（3）文明十字：请、您好、谢谢、对不起、再见。

2. 探寻需求

探寻出消费者的需求，是成功进行产品推介的前提。水平较高的接待人员第一眼就可以从年龄、性别、服饰、职业特征、言谈举止等细节上对消费者的消费需求倾向产生一定的判断，而后通过与消费者的沟通交流探寻出消费者的需求。在与消费者沟通交流时，尽量把话语权交给消费者，也是较快获取消费者需求的有效方式。

3. 推介产品

基于对消费者需求的判断，门市接待人员可以有选择地为消费者推介旅行社产品，同时也可以在推介的过程中发现或引导消费者的需求，进而进行更有针对性的旅行社产品推介。基于此，有时探寻需求和推介产品会在交错融合中开展。推介产品的目的是把卖点转化为买点，实现快速销售，因此门市接待人员在推介产品时应简洁快速地将产品介绍给消费者，少说一些产品的诞生过程，多说一些产品能为消费者带来什么，在推介产品时也应尽量避免使用夸张性的词语。推介产品时还有一个重要的工作就是打消消费者的疑虑，说服消费者的反对意见。

延伸阅读

如何说服反对意见？

从心理学角度分析，消费者一般都有害怕做错决定，担心买错、买贵，担心效果不好等心理状态，因此消费者对产品提出反对意见属于正常的反应。

第一，消费者产生反对意见不可怕，可怕的是搞不清反对的原因。

消费者产生反对意见的常见原因有：

（1）消费者怀疑你所推介的产品并不是他想要的；

（2）消费者对你提出的条件无法接受；

（3）消费者处于一种想要礼貌避开的状态；

（4）消费者对自己的需求并不明确，需要说服自己；

（5）消费者感觉接待人员给他的压力太大，想自己做出决策；

（6）消费者害怕变化或对接待人员不信任；

（7）其他原因。

第二，找到反对的原因，提前做好准备。

世界上有名的销售员乔·吉拉德曾经说：客户的拒绝并不可怕，可怕的是他们对你和你的产品不发表任何意见。我一向欢迎客户的频频刁难，只要他们开口说话，我就可以找到成交的机会。

从这一点来看，消费者越是提出反对意见，就越表明消费者有更强的消费意愿。因此消费者的反对意见不是一次失败推介的结束，而是一次成功推介的开始。

在消费者提出反对意见后，接待人员做出合适的答复则显得至关重要。对于常见的消费者的反对意见，提前做好准备则会更加有的放矢而不至于陷入被动局面。编制标准应答语是一种比较好的方法。具体程序如下：

（1）把接待人员每天遇到的消费者异议写下来；

（2）进行分类统计，依照每一异议出现的次数多少排列出顺序，出现频率最高的异议排在前面；

（3）以集体讨论的方式编制适当的应答语，并编写整理成文章；

（4）所有接待人员都记熟，并由经验丰富的接待人员扮演消费者，大家轮流练习标准应答语；

（5）对练习过程中发现的不足，通过讨论进行修改和提高；

（6）对修改过的应答语进行再练习，并最后定稿备用，最好是印成小册子发给大家，以供随时翻阅，达到运用自如、脱口而出的程度。

第三，倾听是克服拒绝的良方。

人最难的不是表达，而是倾听，有时消费者的反对或拒绝意见得到尽情表达后，反对或拒绝的意识或心态也会减弱，反而更有利于问题的解决。倾听是一门学问，倾听往往和微笑一样，是解决问题的利器。倾听时要切忌对谈话内容漠不关心或只听内容忽略感觉。良好的倾听往往需要做到如下几点：

（1）克服自以为是的心理状态，不要总想占主导地位，应认真听消费者讲。

（2）尊重对方，让消费者把话讲完，一般不要打断消费者的谈话。

（3）不要匆忙下结论，不要急于评价对方的观点，不要急切地表达建议，更不要因为与对方不同的见解而产生激烈的争执。

（4）要抓住主要意思，不要被个别枝节所吸引。善于倾听的人总是注意分析哪些内容是主要的，哪些内容是次要的，以便抓住事实背后的主要意思，避免造成误解。

(5) 要带有浓厚的兴趣去听，诸如可以身体前倾来表示对谈话的兴趣，以头部动作和丰富的面部表情回应消费者等。

(6) 在倾听的过程中，可以适时加上自己的见解，以使给予和吸收两个方面平衡。

(7) 消费者说完后，有条件的话，让他喝一点热茶或吃一块巧克力什么的。消费者需要感受到被人关心，有时反对或拒绝的意见会在关怀和真诚中慢慢融化。

(三) 收客工作

1. 合同签订

当消费者确定好旅游需求意向后，就进入了旅游合同签订阶段。不同的旅游方式，合同也会有所差别。根据旅游方式的不同，2014 年原国家旅游局与原国家工商行政管理总局联合出台了《团队出境旅游合同（示范文本）》(GF－2014－2402)、《团队境内旅游合同（示范文本）》(GF－2014－2401)、《大陆居民赴台湾地区旅游合同（示范文本）》(GF－2014－2403) 等旅游合同示范文本，各地原旅游局或协会等结合原国家旅游局发布的示范文本制作了简化版，在遵照原国家旅游局发布的纯文本性条款约束的前提下，删除了部分纯文本性的条款。旅游合同的签订是旅行社的重要工作之一，该内容将在本项目任务四中详述。

2. 费用收取

消费者一旦签订好旅游合同后，接待人员就应该收取相关费用，并为旅游者开好发票。收取费用时一定要做到“三唱一复”。“三唱”即唱价（确认消费者所购旅行社产品的价格）、唱收（确认所收消费者的现款金额）、唱付（确认找给消费者的余款余额），“一复”即复核（确认所付旅行社产品与收进费用相符）。在使用现金进行收付时，也要注意对现金真伪的辨识，一般可以当面借助带有验钞功能的点钞机进行。

随着支付方式的不断变革，很多消费者使用支付宝、微信或手机银行转账等方式，此时旅行社就应该为这些付款方式准备相应的设备，并做好验证核实工作。如果是对公企事业单位，也有的会采取公对公转账或支票付款的方式。

3. 业务办理

业务办理主要有两个方面，一方面是面向消费者的业务，如需要消费者提供资料的留存（如身份证原件和复印件、办理护照和签证需要的材料）、需要交给消费者的相关资料（如合同、宣传册及部分纪念品）、需要消费者配合完成的相关业务等。另一方面是面向旅行社内部的业务，当合同签订完毕后，部分业务就要转至其他部门进行具体的操作，如旅游安排可转至计调部，账款可转至财务部。

当面向消费者的所有业务完成，消费者准备离开时，接待人员应主动向消费者表示感谢，并请消费者对该项产品的质量和旅行社的服务放心，提醒消费者在旅游出发前要注意的事项，并预祝消费者旅途愉快。

（四）闭店工作

门市接待人员完成一天的工作，需要离开门市时，应做好相应的闭店工作。闭店工作一般包括如下部分：

（1）仔细核对、整理当日的收客资料，连同旅游合同归档，同时对当日财务账目进行整理；

（2）填写工作日志，并请部门经理审核；

（3）部门经理做好第二个工作日的晨会准备；

（4）查看电子邮件及相关网络平台上的信息，并对一些时限要求较高的内容尽快处理完毕，当天完不成的，可以在工作日志上注明，以备第二日继续；

（5）离开时，应认真检查断水断电情况，做好防火、防盗安全检查；

（6）换下工装、下班签退，最后一个离开的要锁好门窗；

（7）非工作必要，下班后工作人员一般不得在门市内逗留。

延伸阅读

怎么跟顾客拉近距离？ 最有用的销售法——“微笑”

微笑是不分文化，每个人都能理解的，它是国际通用语言。跨文化研究表明，面带微笑是世界各地情感沟通的第一手段。

有句话说得好：微笑是两个人之间最短的距离，人际交往中离不开微笑，微笑是一种最容易让人接受的礼物，一个没有笑的世界简直不可想象。

商家总是想方设法地吸引消费者。因为只有源源不断的客流，才能给商家带来丰厚的利润。如何吸引消费者，让消费者乐意驻足店内，也是令商家头疼的问题。特别是面对情感丰富的消费者时，接待人员更需要和消费者亲密交流。如何让仅有一面之缘的陌生消费者认同你的产品？微笑，是沟通的第一步。消费者来到你的门店，一个自然微笑，首先就让人心情开朗，如沐春风。

接近消费者的“三米原则”：消费者距离自己还有三米远的时候就可以和消费者打招呼，微笑，进行目光接触。这一点对于门店很重要。如果接待人员没有注意到这一点，不理不睬，就会让消费者无所适从或感觉自己被忽略。

物极必反，不要过分热情。大家一定有过这种经历，有时候我们在专卖店或商场购物时，会碰到一些过分热情的导购，他们老远就会和你打招呼。当你走进他们的专柜时，他们更是尾随而至，寸步不离，并且喋喋不休地开始介绍他们的产品。消费者喜欢一种宽松的、自由的购物或消费环境，不分青红皂白地介绍反而会让他们感到一种无形的压力而趁早“逃之夭夭”。所以接待人员切忌“过分热情”。

微笑能够拉近人与人的距离，能够让他们更容易感受到商家的真诚。服务是决定消费者购买的重要一步，切记不能忽视每一个小细节。你今天微笑了吗？

任务实施

按照任务一中的分组，各组分别就门市现场接待设计脚本，并将组员分成两部分，一部分为接待人员，另一部分为登门的消费者，并安排一名同学担任门市经理，进行门市现场接待模拟。重点模拟门市现场接待服务的准备工作、待客工作、费用收取和消费者离店及闭店工作。各组分别模拟时，由其他组成员和教师进行评议。

评分标准

序号	评价项目	分值	得分
1	仪容仪表	10 分	
2	语言表达	20 分	
3	问题分析	30 分	
4	知识运用	20 分	
5	团队协作	20 分	

任务三　提供在线咨询接待服务

学习目标

知识目标	了解在线咨询服务的特点及相关要求。
能力目标	能通过在线服务等方式与消费者实现有效沟通。
素质目标	树立正确的岗位观念与工作理念。

任务描述

随着互联网技术的不断发展，网络活动已成为人们生活的重要组成部分，旅行社的在线预订业务也逐渐成为旅行社业务开展的重要方式。如何通过互联网为消费者提供精准的服务，成为衡量现代旅行社接待人员的重要标尺。请各小组在做好充分准备后，按照设定的脚本，分组以微信或 QQ 等交互平台模拟在线预订服务。

知识准备

一、旅行社在线经营功能分类

按在线经营功能分类，旅行社在线经营可分为旅游产品信息在线展示和旅游产品在线交易。旅游产品信息在线展示主要包括在线展示旅游产品信息、旅行社信息、旅游产品交易信息等。旅游产品在线交易主要包括在线预订、支付、签署旅游合同、售后服务等。

二、旅行社产品在线交易的基本流程

旅行社产品在线交易的基本流程包括产品信息交流、产品预订、订单确认、订

单支付、签订合同、评价等。产品信息交流是指旅行社应提供在线查询和交流服务，应在网站页面上提供醒目的在线客服信息。产品预订是指旅行社应提供完整、有效的旅游产品预订系统或预订方式，并记录旅游交易信息。订单确认是指旅行社应对旅游者的订单进行确认，并将确认结果反馈给旅游者；订单意向未达成一致的，旅行社可修订订单，并反馈给旅游者。订单支付应明确支付方式和收款方信息。签订合同可签署书面合同，也可签署电子合同。评价是指旅游者对旅行社服务进行打分。

三、旅行社在线经营服务要求

（1）隐私保护声明要求：网站中要有详细的隐私保护声明。

（2）信息真实要求：旅行社信息、旅游产品信息、库存数据信息、点评信息等应真实。

（3）安全要求：保障经营全过程的信息安全、对交易信息和交易双方信息进行加密处理、交易完成后交易信息不外泄、交易环境中保证旅游者信息不外泄、保障支付过程和支付资金安全。

（4）交易数据存储及可追溯要求：交易双方数据的保存时间一般为自最后一次登录之日不少于三年，可查询的交易数据保存时间一般为自交易发生之日起不少于三年，应保留交易过程信息，在数据保存期限内，应确保旅游者可查询、下载或打印交易数据记录。

（5）售后服务要求：旅行社应建立在线交易售后服务制度，宜设置 24 小时应急服务电话，可建立在线旅游服务质量回访制度。

（6）投诉处理要求：旅行社应为旅游者的投诉提供有效的接收和处理渠道，并应将投诉处理结果及时反馈给旅游者。

四、旅行社在线咨询服务接待的特点

（一）在线咨询可通过多媒体传递信息

相较于传统的现场接待服务和电话咨询接待服务，在线咨询可以更多地借助互联网功能，实现文本、声音和图像等多种媒体形式进行信息传递。诸如可以通过截屏功能将需要截取的图片资料直接发送给访客，直接将已设定好的网站链接推送给访客等。提供在线咨询服务应充分利用多媒体优势，以便更有效、更直接地向访客传递信息。

（二）在线咨询可通过多种平台运营

一般而言，在线咨询服务可以通过相应网站提供的交互平台进行。为了提供更好的服务，可以根据访客的不同情况，邀请客人加入微信、QQ 等不同的群，也可以将访客转接给相关的部门或人员，实现访客和工作人员的无障碍直接沟通，部分在线咨询服务也可以转为电话咨询服务或现场接待服务。

（三）在线咨询可更好地留存服务信息

利用在线咨询的信息留存和分析功能，可以实现主动对话、实时查看、客户识别与管理、留言服务、访客阻止等，也可以通过对常见问题预设常用语，根据常用语预设相应的答案，发送给访客，以提高响应速度、减少访客等待的时间。同时，提供在线咨询服务的工作人员更要注重交互信息的真实性和可靠性，避免不当或错误信息的传递，以免为在线咨询服务工作带来被动。

任务实施

5 人一组，各组分别就在线咨询服务接待设计脚本，并选派成员进行在线咨询服务接待模拟，一方为接待方，一方为在线咨询的访客。然后，各组交叉选派成员进行在线咨询接待模拟。在模拟过程中，各组分别模拟时，由其他组成员进行评议。在各组交叉模拟时，由教师进行评议。

评分标准

序号	评价项目	分值	得分
1	信息交互能力	30 分	
2	分析问题能力	30 分	
3	应变能力	20 分	
4	运用知识能力	20 分	

任务四 签订旅游合同

学习目标

知识目标	了解旅游合同的常见格式和主要内容。
能力目标	能审阅和签订旅游合同。
素质目标	培养严谨慎重的工作意识。

任务描述

消费者和旅行社双方一旦达成意向，就要进入合同签订阶段。合同一旦签订，双方就要在享受相应权利的同时，开始承担相应的义务。请被授权签订旅游合同的你，拿起手中的笔，根据任务二脚本中成功推介的产品项目，模拟签订旅游合同。

知识准备

一、旅游合同需要载明的事项

中华人民共和国国务院颁布的《旅行社条例》（据2017年3月1日《国务院关于修改和废止部分行政法规的决定》第二次修订）第四章第二十八条规定：

旅行社为旅游者提供服务，应当与旅游者签订旅游合同并载明下列事项：

（一）旅行社的名称及其经营范围、地址、联系电话和旅行社业务经营许可证编号；

（二）旅行社经办人的姓名、联系电话；

（三）签约地点和日期；

（四）旅游行程的出发地、途经地和目的地；

（五）旅游行程中交通、住宿、餐饮服务安排及其标准；

（六）旅行社统一安排的游览项目的具体内容及时间；

（七）旅游者自由活动的时间和次数；

（八）旅游者应当交纳的旅游费用及交纳方式；

（九）旅行社安排的购物次数、停留时间及购物场所的名称；

（十）需要旅游者另行付费的游览项目及价格；

（十一）解除或者变更合同的条件和提前通知的期限；

（十二）违反合同的纠纷解决机制及应当承担的责任；

（十三）旅游服务监督、投诉电话；

（十四）双方协商一致的其他内容。

同时，第二十九条对旅游合同的签订做出了进一步的说明：

旅行社在与旅游者签订旅游合同时，应当对旅游合同的具体内容作出真实、准确、完整的说明。

旅行社和旅游者签订的旅游合同约定不明确或者对格式条款的理解发生争议的，应当按照通常理解予以解释；对格式条款有两种以上解释的，应当作出有利于旅游者的解释；格式条款和非格式条款不一致的，应当采用非格式条款。

二、签订旅游合同时需要注意的问题

旅游合同是旅行社面向旅游者签订的主要合同，对于可能存在争议或风险的内容，应当在法律允许的范围内尽量以补充条款等形式进行明确的合同约定，从而有效地规避风险。在填写合同时应特别注意以下几点：

（一）旅游者的相关情况

除了旅游者的基本信息如姓名、身份证号等，旅行社一般还要对旅游者的身体状况进行说明并请其签字确认，诸如有无既往病史、有无传染性疾病、有无特殊禁忌等；如果旅游者无既往病史和特殊禁忌，则应由旅游者或团体代表签署“身体均健康，无既往病史和传染性疾病，无特殊禁忌”的声明或确认单。对于老年人，最保险的方式是要求旅游者提供医院开具的健康证明；对于未成年人，旅游合同须在监护人的监督下签署，旅行社不能单独与未成年人签订旅游合同。同时，在不影响旅游团队其他成员的情况下，旅行社应对旅游者的个人隐私做好保密。

（二）旅游合同中是否有违反法律法规的内容

除了《中华人民共和国民法典》合同编，与旅游合同相关度较高的法律法规主要包括《中华人民共和国旅游法》《旅行社条例》《旅行社条例实施细则》以及文化和旅游部出台的旅游合同示范文本中提及的条款。如果签订的旅游合同与上述法律法规相违背，则相应的条款无效；如因相应条款产生纠纷，则在纠纷处理时可能会作出有利于旅游者的解释。如在示范文本中虽然有“自愿购物和参加另行付费旅游项目约定”的条款，但特别要注意在旅游合同中旅行社一般不指定购物场所或另行付费项目名称。《中华人民共和国旅游法》第三十五条明确规定：“旅行社不得以不合理的低价组织旅游活动，诱骗旅游者，并通过安排购物或者另行付费旅游项目获取回扣等不正当利益。旅行社组织、接待旅游者，不得指定具体购物场所，不得安排另行付费旅游项目。但是，经双方协商一致或者旅游者要求，且不影响其他旅游者行程安排的除外。发生违反前两款规定情形的，旅游者有权在旅游行程结束后三十日内，要求旅行社为其办理退货并先行垫付退货货款，或者退还另行付费旅游项目的费用。”

（三）旅游行程单的内容

文化和旅游部发布的示范文本规定旅行社应当提供带团号的旅游行程单（以下简称行程单），经双方签字或者盖章确认后作为本合同的组成部分。行程单应当对如下内容作出明确的说明：

（1）旅游行程的出发地、途经地、目的地、结束地，线路行程时间和具体安排（按自然日计算，含乘飞机、车、船等在途时间，不足 24 小时以一日计）；

（2）地接社的名称、地址、联系人和联系电话；

（3）交通服务安排及其标准（明确交通工具及档次等级、出发时间以及是否需要中转等信息）；

（4）住宿服务安排及其标准（明确住宿饭店的名称、地点、星级，非星级饭店应当注明是否有空调、热水、独立卫生间等相关服务设施）；

（5）用餐（早餐和正餐）服务安排及其标准（明确用餐次数、地点、标准）；

（6）旅行社统一安排的游览项目的具体内容及时间（明确旅游线路内容包括景区点及游览项目名称等，景区点停留的最少时间）；

（7）自由活动的时间；

（8）行程安排的娱乐活动（明确娱乐活动的时间、地点和项目内容）。

行程单用语须准确清晰，在服务标准用语中不应当出现“准×星级”“豪华”“仅供参考”“以××为准”“与××同级”等不确定用语。

任务实施

以团队境内旅游合同签订为标的，教师安排学生利用课余时间学习和了解相关的法律规定，并对旅游合同涉及的内容进行阐释和指导，由学生分别按照任务二的脚本中成功的产品推介，模拟签订旅游合同，并由教师进行评议。

评分标准

序号	评价项目	分值	得分
1	项目充实完整	20 分	
2	内容格式规范	30 分	
3	文字清晰准确	20 分	
4	逻辑严谨合理	20 分	
5	其他	10 分	

任务五　填写运行计划表与导游计划表

学习目标

知识目标　了解团队旅游和散客旅游服务的特点。

能力目标　能制作和填写运行计划表与导游计划表。

素质目标　培养严谨慎重的工作意识。

任务描述

旅游团队马上就要出发了，为确保旅游项目的顺利完成，要在团队出发前做好详细的计划和安排，而运行计划表和导游计划表等则是出团前计划和安排的重要组成部分。作为地接社计调人员的你，请根据任务二中的信息，分别模拟填写运行计划表和导游计划表。

知识准备

对于旅行社而言，根据旅游者人数和运行方式的不同，旅游主要有两类方式：团队旅游、散客旅游。在传统上，团队旅游是旅行社的主要运营项目，也是旅行社的主要盈利项目，在运作上一般也会采取包价的方式。但随着旅游业的不断发展，人们的旅游需求开始呈现多样化，团队旅游在总量上开始趋于平衡甚至下滑趋势，在比重上也呈现较为明显的下滑趋势，而散客旅游等多样化的方式则开始有明显的增长趋势。

一、团队旅游的分类

一般而言，团队旅游是指 10 人或以上的旅游者组成旅游集体，采用一次性支付旅游费用，有组织、有计划地按照预定行程进行的旅游运行方式。目前我国的团队旅游主要有三种组织形式，即入境团队旅游、出境团队旅游和国内团队旅游。

（一）入境团队旅游

入境团队旅游是指由我国的旅行社到境外旅游客源地或通过海外旅游中间商招徕和组织的 10 人或以上签约旅游者前来我国大陆进行旅游活动的旅游组织形式。

（二）出境团队旅游

出境（含边境）团队旅游是指由我国经过批准具有经营出境旅游资格的旅行社招徕和组织的 10 人或以上中国公民赴境外（含边境）进行旅游活动的旅游组织形式。

（三）国内团队旅游

国内团队旅游是指由我国旅行社招徕和组织的 10 人及以上中国公民在中国境内进行旅游活动的旅游组织形式。

二、团队旅游的特点

长期以来，团队旅游是旅行社最主要的经营业务，它最大的特点就是计划性非常强，协调工作也特别多。不同的团队旅游类型又有着各自的特点，如表 5－1 所示。

表 5-1　三种团队旅游组织形式的特点比较

团队旅游组织形式	主要特点
入境团队旅游	预订周期长、停留时间长、接团利润高
出境团队旅游	文化差异大、活动日程稳定、消费水平高
国内团队旅游	预订周期短、日程变化小、消费水平差别大

延伸阅读

中华人民共和国旅游法（节选）

第九章　法律责任

第九十六条　旅行社违反本法规定，有下列行为之一的，由旅游主管部门责令改正，没收违法所得，并处五千元以上五万元以下罚款；情节严重的，责令停业整顿或者吊销旅行社业务经营许可证；对直接负责的主管人员和其他直接责任人员，处二千元以上二万元以下罚款：

（一）未按照规定为出境或者入境团队旅游安排领队或者导游全程陪同的；

（二）安排未取得导游证的人员提供导游服务或者安排不具备领队条件的人员提供领队服务的；

（三）未向临时聘用的导游支付导游服务费用的；

（四）要求导游垫付或者向导游收取费用的。

第九十七条　旅行社违反本法规定，有下列行为之一的，由旅游主管部门或者有关部门责令改正，没收违法所得，并处五千元以上五万元以下罚款；违法所得五万元以上的，并处违法所得一倍以上五倍以下罚款；情节严重的，责令停业整顿或者吊销旅行社业务经营许可证；对直接负责的主管人员和其他直接责任人员，处二千元以上二万元以下罚款：

（一）进行虚假宣传，误导旅游者的；

（二）向不合格的供应商订购产品和服务的；

（三）未按照规定投保旅行社责任保险的。

第一百条　旅行社违反本法规定，有下列行为之一的，由旅游主管部门责令改正，处三万元以上三十万元以下罚款，并责令停业整顿；造成旅游者滞留等严重后果的，吊销旅行社业务经营许可证；对直接负责的主管人员和其他直接责任人员，处二千元以上二万元以下罚款，并暂扣或者吊销导游证：

（一）在旅游行程中擅自变更旅游行程安排，严重损害旅游者权益的；

（二）拒绝履行合同的；

（三）未征得旅游者书面同意，委托其他旅行社履行包价旅游合同的。

第一百零一条　旅行社违反本法规定，安排旅游者参观或者参与违反我国法律、法规和社会公德的项目或者活动的，由旅游主管部门责令改正，没收违法所得，责令停业整顿，并处二万元以上二十万元以下罚款；情节严重的，吊销旅行社业务经营许可证；对直接负责的主管人员和其他直接责任人员，处二千元以上二万元以下罚款，并暂扣或者吊销导游证。

第一百零八条　对违反本法规定的旅游经营者及其从业人员，旅游主管部门和有关部门应当记入信用档案，向社会公布。

三、散客旅游的分类

由于旅游者的需求多种多样，旅行社经营的散客旅游项目层出不穷，按照业务性质大致可分为单项委托服务、旅游咨询服务和选择性旅游服务三种主要类型。

（一）单项委托服务

单项委托服务是旅行社为散客提供的各种按单项计价的可供选择的服务，主要包括抵离接送，行李提取、保管和托运，代订机车票、饭店，代办旅游保险，代办出入境、过境临时居住和旅游签证，代向海关办理申报检验手续，代办国内旅游委托、导游服务等。

（二）旅游咨询服务

旅游咨询服务是旅行社向旅游者提供的各种与旅游相关的信息和建议的服务。旅游咨询服务大部分是由旅行社免费提供的，但也有的旅游经营单位会收取一定的旅游咨询费，有的旅游经营单位特别是一些 OTA 还专门设置了旅游咨询师岗为旅游者提供专业的旅游咨询服务。

（三）选择性旅游服务

选择性旅游服务是旅行社通过招徕将赴同一旅游目的地的来自不同地方的旅游者组织起来，分别按单项计价的旅游组织形式。选择性旅游的具体形式包括小包价旅游中的可选择性部分，某一景点游览、某一文娱节目观赏、当地风味品尝等单项服务，半日游、一日游、数日游等。

四、散客旅游的特点

散客旅游又称自助旅游或半自助旅游，形式灵活、单项明码标价、选择性强。随着人们生活水平的不断提高，旅游方式日趋多样化，特别是对于年轻人或家庭来说，自由行、自驾游的旅游方式日趋增多，而散客旅游正好可以适应这一市场需求，为自由行、自驾游等提供更为灵活多样的服务。散客旅游相对于团队旅游而言，主要特点是规模小、批次多、变化大、要求高、预订期短。

任务实施

组团社计调人员将旅游团接待任务转至地接社计调人员时，需要制作并发送旅行社运行计划表，而地接社计调人员则需要根据运行计划表给地陪导游员制作并发送导游计划表。学生在教师的指导下，分别制作并填写旅行社运行计划表和导游计划表。

评分标准

序号	评价项目	分值	得分
1	项目充实完整	20 分	
2	内容格式规范	30 分	
3	文字清晰准确	20 分	
4	逻辑严谨合理	20 分	
5	其他	10 分	

任务六　受理旅游投诉

学习目标

知识目标　了解旅游投诉常见的主题、旅游者投诉的一般心理诉求、受理投诉的一般要求和程序。

能力目标 能受理一般的旅游者投诉，填写旅游投诉单和整理旅游投诉档案。

素质目标 培养冷静处理和厘清主要问题的能力。

任务描述

根据设定的脚本，由学生分组模拟旅游投诉和受理旅游投诉。

知识准备

旅游者的投诉途径一般有三种：第一种是通过旅游行政管理部门等进行投诉，相关部门会根据投诉的情况，对旅行社进行调查或要求旅行社对投诉做出回应，此类投诉较少会转由业务接待部门，一般会由旅行社或门店的负责人进行处理；第二种是直接向旅游服务部门诸如酒店、餐馆、景区、航空公司等进行投诉，此类投诉一般由导游或领队协助进行解决；第三种是通过旅行社的服务质量跟踪反馈和电话、网络、上门等对旅行社直接进行投诉。再好的服务也很难避免有瑕疵，即使是同样的服务，不同的消费者在感受上也会有差别。对于旅行社来说，虽然应尽量避免投诉产生，但投诉也属于一种必然存在。对于直接进行的投诉，旅行社门市接待人员往往是要最先接触和面对的，因此旅行社门市接待人员如何受理旅游者投诉则成为重要的问题甚至是关键问题。

一、旅游投诉常见的主题

本书所称旅游投诉是指在旅游服务接待过程中，旅游者为维护自身和他人的旅游合法权益，对认为损害其合法权益的旅行社和有关服务单位，以书面、口头形式向旅游行政管理部门或直接向旅行社反映或要求予以处理的行为。旅游投诉常见的主题主要有两大类：

（一）旅游服务部门类

此类投诉是指在旅游服务接待过程中，旅游者对旅游服务部门提供的服务不满意，认为旅游服务部门损害了其合法权益而产生的投诉。此类投诉涉及的主题一般体现在住宿、用餐、交通、景区或娱乐场所等提供的服务方面，诸如住宿标准低于约定标准、酒店内物品失窃、用餐质量低、车辆标准低、航班延误、行李损坏或丢失、产生意外伤害、景区或娱乐场所服务质量差等。

案例 酒店脏乱差，伤人不道歉

某年 10 月 2 日中午 12 点，旅游者入住 J 市某酒店的标准间，晚上发现床铺、被单、枕头下面布满了十几条吸血的蜱虫。旅游者向酒店负责人反映后，工作人员给游客更换了房间，但旅游者发现更换的房间床铺一样布满了蜱虫，且旅游者的朋友被蜱虫咬伤。酒店很不情愿地退还了房费，且收回了旅游者的单据。此间，酒店并无歉意，态度还十分恶劣。游客要求酒店赔偿费用并给予合理解释。（游客已经将床铺上的虫子与入住单据拍摄下来。）

资料来源：南方日报联合广东省旅游质监所整理的十大典型纠纷。

（二）旅行社自身类

此类投诉是指在旅游服务接待过程中，旅游者对旅行社直接提供的服务不满意，认为旅行社损害了其合法权益而产生的投诉。此类投诉涉及的主题一般体现在导游服务、销售工作、计调工作、行程安排等方面，诸如导游迟到、擅自离团甩团、侮辱或刁难客人、旅游合同签订不完善、未推荐旅游意外保险、住宿交通安排失误、重大调整未经旅游者同意或知晓、因旅行社过错导致错接漏接、行程安排与约定不符等。

案例 导游行为缺规范，迟到拖延遭投诉

旅游者致电反映：某年 1 月 14 日在网上报名参加广州某国际旅行社惠东顺寮湾旅游，旅行社要求旅游者早上 8:00 集合出发，但导游无端迟到 15 分钟，使整团人等导游到达才出发，拖延了行程。中午休息时，导游告知旅游者有 1 个小时的自由活动时间，并约好 13:30 集合，等旅游者全部集合完毕后导游却迟迟不现身，让旅游者站在寒风中等了 40 分钟。

资料来源：南方日报联合广东省旅游质监所整理的十大典型纠纷。

二、旅游投诉的心理

一般来说，旅游者进行投诉是基于对投诉接收者的信任。旅游者之所以进行投诉是因为旅游者实际获得的服务体验低于其期望获得的服务体验。旅游者在进行投

诉时除了外在的投诉主题外，还会有一定的心理诉求，了解旅游者投诉的心理诉求会更有利于投诉的接收和处理。旅游者常见的心理诉求主要包括三类：

（一）求尊重

获得尊重是人们最普遍、最基本的心理需求之一，相互尊重则成为处理人际关系的重要原则之一。在旅游活动中，如果旅游从业人员的服务没有做到位，没有达到旅游者的预期，旅游者会产生挫折感，感到没有获得应有的尊重，从而感觉自己的权益受到了侵害，心灵受到了创伤，继而通过投诉寻求权益保护。

（二）求平衡

一个人遇到某种挫折时，会产生心理不平衡，由此而引起的悲伤、懊恼、愤怒和不满等情绪就需要痛痛快快地发泄出来，而当把情绪发泄出来后，就可以比较理智地对待遇到的挫折了。进行投诉的旅游者认为自己受到了不公平的待遇，遇到了挫折，因此从客观上需要寻求心理上的某种平衡，投诉的过程往往也是宣泄的过程。

（三）求补偿

在遭受了物质或精神损失后，希望获得补偿以弥补损失是人们普遍的心理需求之一。在旅游过程中，旅游者对所获得的服务不满意时就会希望获得补偿，诸如对导游服务不满意要求退还导游服务费，对住宿不满意要求调换高标准房间，对饮食不满意希望打折，遇到交通事故希望得到更多的赔偿，买到不满意的产品要求退换货，食物中毒要求旅游费和误工费赔偿等。

三、受理旅游投诉的基本要求

要恰当地受理旅游者投诉，接待人员一般要做到如下几点：

（1）熟知与投诉处理相关的法律和规定，如《中华人民共和国旅游法》《旅行社条例》《旅行社条例实施细则》《旅游经营者投诉处理规范》《旅游投诉处理办法》等。

（2）了解旅游者常见的投诉心理，如求尊重、求平衡、求补偿等。

（3）善于倾听，保持沉默，仔细了解旅游者投诉的原因，切忌受旅游者的情绪控制而激动进而导致争执。

（4）表达歉意，真诚交流，理解旅游者，并适时做好记录，必要时可以用录音等方式采集相关材料。

（5）对于能够处理的投诉可以在权限范围内予以妥善处理，对于暂时处理不了的投诉也要体现出主动服务的态度，并尽快向相关部门或人员进行通告或汇报。切忌一有投诉就转给其他部门或人员，同时也切忌大包大揽，超权限或能力进行处理，如果处理不当，则可能会带来更大的问题。

四、受理旅游投诉的一般程序

（一）认真倾听旅游者投诉的内容

发生旅游者投诉时，无论旅游者的投诉缘由是否合理，接待人员都要让旅游者把他们的委屈和不满全部倾诉，耐心让对方把话说完，不要打断对方的倾诉，也不要急于解释，更不能与对方争吵。在受理旅游者投诉时，无论投诉的问题大还是小，接待人员都应予以高度重视。在接受投诉中，接待人员一般要保持微笑，对于投诉在未调查清楚事实真相前不要急于表态。

（二）记录、整理旅游者的投诉，填写旅游投诉受理单

在认真倾听旅游者投诉的过程中，接待人员应理清旅游者投诉的主体事件和基本诉求，并向旅游者作简要表述，在得到旅游者认可的情况下向旅游者表示感谢，并体现出积极处理投诉的态度。对于可以直接做出解释或处理的，在充分尊重旅游者的基础上，接待人员可依法依规做出相应的处理，即使旅游者有不合理的要求或误解，也要委婉说明事实，遇到对方出言不逊，也应采取适度容忍的态度。对于不能直接做出解释或处理的，接待人员要向旅游者说明后续处理的程序；同时对旅游者的投诉进行认真记录整理，并填写旅游投诉受理单。

（三）将接收到的旅游投诉反馈给旅行社的旅游投诉处理机构

对于接收到的旅游投诉，已处理完毕的要向旅行社的旅游投诉处理机构或相关领导汇报投诉受理情况；对于不能直接做出解释或处理的，要及时将投诉情况反馈给旅行社的旅游投诉处理机构，通过旅游投诉处理机构受理旅游者投诉。

（四）及时处理相关问题，并对旅游投诉做出答复

旅游者直接向旅行社进行投诉，表明旅游者对旅行社是存在信任的，这也是旅游者给旅行社发现问题、改进问题的机会，因此旅行社要积极面对旅游者的投诉，针对旅游者投诉的问题，应尽量在短时间内做出答复，并及时采取相应的解决措施予以处理。经查明确实属于旅行社过失的，应尽快做出处理和赔偿决定，提供可供

选择、切实可行的纠正方案，并告知旅游者受理投诉的具体措施；同时，还应对旅游者的批评指正表示感谢，对给旅游者带来的损害表示歉意。

延伸阅读

某旅行社旅游投诉处理标准方案如表5－2所示。

表5－2 某旅行社旅游投诉处理标准方案

投诉主题	详细内容	建议赔偿方案	人员责任
导游	迟到	如果有实际损失，按实赔偿	导游人员负全责，并承担所有经济损失
	擅自离团，故意甩团	承担客人在导游离团期间所支出的食宿费等直接费用，并赔偿全部旅游费用的30％作为违约金	导游人员承担全部经济损失并接受公司的其他处罚
	擅自增加自费项目（未取得客人书面同意）	根据情况退还客人自费项目50％～100％的费用	导游人员负责承担全部赔偿费用
	擅自增加购物点	退还客人购物价20％的费用	导游人员负责承担全部赔偿费用
	私自兜售商品	退还客人全额的购物价款	导游人员负责承担全部赔偿费用
	安排客人到非旅游部门指定的商店购物且物品属伪劣商品	无条件退还客人所购的伪劣商品	导游人员负责承担全部赔偿费用
	擅自减少游览项目	退还景点门票费，并赔偿同额违约金	导游人员负责承担全部赔偿费用
	侮辱或刁难客人	退还导游服务费，并赔偿同额违约金	导游人员负责承担全部赔偿费用
销售人员	未与客人签订旅游合同	承担因打官司而产生的赔偿费用的50％	销售人员承担全部赔偿费用
	未向客人推荐旅游意外保险	承担因打官司而产生的赔偿费用的20％	销售人员承担全部赔偿费用
	对持有特殊要求的客人，事先未曾与上一级工作人员作详细沟通	退还对特殊要求服务的费用，并赔偿特殊要求费用的20％作为违约金	销售人员承担全部赔偿费用的50％

续表

投诉主题	详细内容	建议赔偿方案	人员责任
计调人员	住宿、交通安排失误（造成经济损失）	承担差额，并赔偿该住宿、交通的20%作为违约金	计调人员承担全部赔偿费用的50%
	对持有特殊要求的客人，事先未曾与地接社进行落实	退还对特殊要求服务的费用，并赔偿特殊要求费用的20%作为违约金	计调人员承担全部赔偿费用的50%
	行程安排有较大变更，事先不通知销售人员和客人	如有赔偿费用的，由计调承担，另有其他费用产生的，一并承担	计调人员承担全部赔偿费用
	团队安排中出现的特殊情况，事先不告诉、不提示导游	不收取因特殊情况而改变的活动项目费用，并退还原定活动项目的全额	记计调人员的过失
住宿	低于合同约定的等级档次	退还给客人所付房费与实际房费的差额，并赔偿原定房费中的20%作为违约金	计调人员承担全部赔偿费用的50%
	在酒店内物品失窃	1. 与酒店交涉，请求赔偿 2. 与保险公司交涉，按旅行社责任险的规定赔偿（需花一定的时间进行调查、交涉）	计调人员负责跟踪事件
用餐	质价不符	赔偿客人所付餐费的20%	追究订餐人责任，记过失，并赔偿公司全部经济损失
	旅行社安排的团队餐，引起客人食物中毒	退还不能继续旅游的余下旅游费用（除机票外）及误工费若干	追究订餐人责任，并向餐厅追究责任
行程	因旅行社过错，造成客人误机（车、船）	赔偿实际经济损失和全额旅游费用的10%作为违约金	追究责任人，根据实际情况作处理，存在明显过失的记过处理，并承担全部经济损失的50%
	实际游览项目与合同约定不符	退还差额，并赔偿原定游览项目费用的20%作为违约金	追究责任人，根据实际情况做处理，存在明显过失的记过处理，并承担全部经济损失的50%
	因不可抗力因素造成行程减少或取消	退还没有发生的费用，无须赔偿	无责任人，计调积极配合处理行程安排

续表

投诉主题	详细内容	建议赔偿方案	人员责任
用车	与合同约定不符（标准降低）	退车费，并赔偿车费的 20% 作为违约金。参考价：退每人每天 50 元	明确责任，追究计调或车队责任，承担全部经济损失的 50%
	空调失灵或车况破旧	退车费，并赔偿车费的 20% 的违约金。参考价：退每人每天 50 元	明确责任，追究计调或车队责任，承担全部经济损失的 20%
	途中出现故障，一时修不好且没能及时更换	退车费，和当天未成行的景点门票费、服务费，并赔偿车费和当天游览费的 20% 作为违约金	追究车队责任，使之承担全部经济损失
	司机线路不熟，耽误 1 小时以上，减少景点	退景点门票费，并赔偿违约金	追究车队责任，使之承担全部经济损失
	客人放在车上的物品，去景点观光时失窃	向保险公司报案，旅行社责任险赔偿（需花一定的时间进行调查、交涉），同时追究车队责任	计调人员负责跟踪事件
航空公司	航班延误、取消（航空公司原因）	向航空公司提出赔偿要求，赔偿方案由航空公司根据规定办理	无
	托运行李遗失或损坏	向航空公司提出赔偿要求，赔偿方案由航空公司根据规定办理	无
人身意外	因自身疾病引起的损失或损害	无赔偿责任	无
	自由活动（正常活动以外的自由时间）期间发生意外	无赔偿责任（投保者及时报保险公司处理）	无
	旅途受伤，未能得到导游或其他工作人员的关心和看护	按实际情况酌情退导游服务费	按实际情况酌情退导游服务费

（五）积极改进，做好投诉受理档案管理

良好的投诉受理可以最大限度地降低旅行社的损失，特别是企业形象和市场的损失，有时甚至会提升企业形象、增加顾客忠诚度从而扩大潜在市场。但对于旅行社而言，如何避免同类事件出现，如何提升服务质量更为关键。因此，当投诉产生后，应

将投诉信息转告有关部门或人员，督促其及时采取有效措施加以纠正和防范，通过积极改进，不断提升服务质量以避免或减少因旅行社过失而产生的投诉。在投诉受理过程中，要及时掌握进展情况，处理完毕后要继续与旅游者保持联系，了解其对投诉受理情况的意见。处理完毕后，应将旅游投诉的内容及处理办法完整记录在案，做好投诉受理档案的管理以备必要时的核查，也可以为以后受理旅游投诉的案例提供借鉴。

任务实施

结合本任务知识准备部分给出的案例或其他较为成型的案例设计脚本，学生分组模拟旅游投诉者和投诉受理接待人员，并由投诉受理接待人员填写投诉受理单，由本组学生组成旅游投诉处理机构，对投诉进行模拟受理，做出处理和赔偿决定，提供纠正方案并告知旅游者，受理完成后，整理投诉受理档案。

评分标准

1. 小组互评：由其他小组对模拟小组的演练情况进行点评并打分。

序号	评价项目	分值	得分
1	仪容仪表	5 分	
2	语言表达	10 分	
3	问题分析	15 分	
4	知识运用	10 分	
5	团队协作	10 分	

2. 教师评价：由教师对各小组填写的受理单和整理的档案进行点评打分。

序号	评价项目	分值	得分
1	项目充实完整	10 分	
2	内容格式规范	15 分	
3	文字清晰准确	10 分	
4	逻辑严谨合理	10 分	
5	其他	5 分	

项目总结

该项目主要通过电话接待、脚本设计和模拟电话接待服务，指导学生更好地了解旅行社接待人员应具备的业务素质要求、电话接待的特点，掌握一定的电话接待规范与技巧，并可以较好地锻炼学生的设计、沟通和协作能力。通过旅行社门市接待脚本设计和模拟门市接待服务，学生可以更好地了解旅行社门市接待人员的岗位职责、门市接待服务的一般流程，并可以较好地锻炼设计、沟通、应急处理和协作能力。通过模拟在线咨询接待服务，学生可以更好地了解在线交易的基本流程、在线经营服务的基本要求和在线咨询服务的特点。通过模拟旅游合同的签订，学生可以更好地了解旅游合同的主要内容、需要载明的事项以及签订合同时需要注意的事项，并可以较好地培养严谨、审慎的意识。通过对运行计划表和导游计划表的模拟填写，学生可以更好地了解团队旅游、散客旅游的类型与特点，掌握运行计划表和导游计划表填写的规范，并可以较好地增强逻辑分析能力，培养严谨、审慎的意识。通过旅游投诉脚本设计，模拟旅游投诉和旅游投诉受理，学生可以更好地了解旅游投诉常见的主题、旅游者投诉的一般心理诉求、受理投诉的一般要求和程序，掌握一定的旅游者投诉的受理能力，会填写旅游投诉单和整理旅游投诉档案，并可以较好地培养冷静处理和厘清主要问题的能力。

项目六

旅行社质量管理

众所周知，质量是企业的生命，离开了质量，其他的都是空中楼阁。质量并不是水平越高越好，它是一个相对的概念，相对于目标客户可以支付的价格和竞争对手的质量水平。质量管理是一项系统工程，不是某个部门的责任。那么如何为旅行社打好这个“地基”呢？

任务一　旅行社服务质量认知

学习目标

知识目标	1. 了解质量的内涵； 2. 理解旅行社质量的特点； 3. 掌握旅行社质量的五个维度和评估方法。
能力目标	能够实施旅行社质量评估。
素质目标	1. 树立旅行社质量管理的意识； 2. 增强责任心。

任务描述

旅行社有效地运转起来，产品在市场上也获得畅销，一切呈现欣欣向荣的景象，可是烦恼的事情也接踵而来：公司连续几次收到消费者的投诉，网络上的评价也开始下滑，甚至有些老顾客表达了失望的情绪，表示再也不预订公司的产品了。可是，员工也觉得很委屈，他们认为自己兢兢业业地工作，尽量为游客提供最好的产品和服务，是游客太挑剔了。面对这种状况，你认为大家对质量的认知出现了问题，以至于出现信息茧房。不突破对产品和服务质量固有的认知，质量管理和改进措施很难推进，质量水平也无法获得提升。请你主持一次关于什么是产品质量的大讨论，将大家讨论的结果汇总起来，并发表你的看法。

知识准备

一、质量的内涵

质量是一个多维度的概念，在不同的领域和背景下有不同的定义和理解。在质量管理领域，对质量内涵的理解包括以下几种观点：

（一）质量是满足需要的程度

美国著名的质量管理专家朱兰博士从顾客的角度出发，提出了产品质量就是产品的适用性，即产品在使用时能成功地满足顾客需要的程度。美国的质量管理大师德鲁克认为“质量就是满足需要”，顾客对产品的基本要求就是适用，适用性恰如其分地表达了质量的内涵。

这一定义有两个方面的含义，即使用要求和满足程度。人们使用产品，总对产品质量提出一定的要求，而这些要求往往受到使用时间、使用地点、使用对象、社会环境和市场竞争等因素的影响。这些因素变化会使人们对同一产品提出不同的质量要求。因此，质量不是一个固定不变的概念，它是动态的、变化的、发展的；它是随着时间、地点、使用对象的不同而不同，随着社会的发展、技术的进步而不断更新和丰富的。

顾客对产品的使用要求的满足程度，反映在对产品的性能、经济特性、服务特性、环境特性和心理特性等方面。因此，质量是一个综合的概念。它并不要求技术特性越高越好，而是追求诸如性能、成本、数量、交货期、服务等因素的最佳组合，即所谓的最适当。

（二）质量是反映实体满足明确或隐含需要能力的特性总和

ISO/8402—1994 中将“质量术语”定义为反映实体满足明确和隐含需要的能力的特性总和。明确需要的特性是指在合同或者技术规范中规定的要求，隐含需要的特性是指没有在合同或技术规范中规定的需要特性，但顾客在使用过程中实际存在的需要。

从定义可以看出，质量就其本质来说是一种客观事物具有某种能力的属性，只有客观事物具备了某种能力，才可能满足人们的需要。需要由两个层次构成：第一层次是从顾客的角度出发，产品或服务必须满足规定或潜在的需要，这种“需要”既可以是技术规范中规定的要求，也可以是在技术规范中未注明，但顾客在消费产品中实际存在的需要。它是动态的、变化的、发展的和相对的，随时间、地点、使用对象和社会环境的变化而变化。因此，这里的“需要”实质上就是产品或服务的“适用性”。第二层次是从生产者的角度出发，在第一层次的前提下，质量是产品特征和特性的总和。美国质量管理专家克劳斯比从生产者的角度出发，把质量概括为“产品符合规定要求的程度”。需要应加以表征，必须转化成有指标的特征和特性，这些特征和特性通常是可以衡量的：全部符合特征和特性要求的产品，就是满足用户需要的产品。因此，“质量”定义的第二个层次实质上就是产品的符合性。

另外，质量的定义中所说“实体”是指可单独描述和研究的事物，它可以是活动、过程、产品、组织、体系、人以及它们的组合。全面质量控制的创始人阿曼德·费根堡姆认为，产品或服务质量是指营销、设计、制造、维修中各种特性的综合体。

从以上分析可知，企业只有生产出顾客使用的产品，才能占领市场。而就企业内部来讲，企业又必须生产符合质量特征和特性指标的产品。所以，企业除了要研究质量的“适用性”，还要研究质量的“符合性”。

（三）质量是一组固有特性满足要求的程度

国际标准化组织（ISO）颁布的国际标准 ISO 9001:2015（等同于我国国家标准 GB/T 19000—2016）中对质量的定义是：客体的一组固有特性满足要求的程度。

上述定义可以从以下几个方面来理解：

1. 固有特性

定义中的特性是指产品或服务本身所固有的属性，它是产品或服务在设计、制造或提供过程中形成的，包括物质特性（如设施设备的性能）、感官特性（用嗅觉、触觉、味觉、视觉等感觉控测的特性，如气味、色彩、声音等）、行为特性（如礼貌、诚实、正直）、时间特性（如准时性、可靠性）、人体工效特性（如语言或生理特性、人身安全特性）、功能特性（如飞机最高速度）等。这些固有特性的要求大多是可测量的。

2. 满足要求

满足要求是指“明示的、通常隐含的或必须履行的需求或期望”。“明示的”可以理解为规定的要求或标准，如在合同文件中阐明的要求或顾客明确提出的要求；“通常隐含的”是指行业或企业规范，在合同等相关文件中不会给出明确的规定，所考虑的需求或期望是不言而喻的，通常是行业交易的惯例或一般做法。“必须履行的”是指法律法规要求的或有强制性标准要求的。只有全面满足这三方面的要求，才能评定为好的质量或优秀的质量。

3. 程度

程度是指质量的相对性，质量不是一个二元的概念，即好或坏，而是有一个连续的尺度。一个产品或服务的质量可以是“优秀”“良好”“合格”“不合格”，这取决于它满足要求的程度。

4. 客体

客体是指质量的载体，不仅限于物理产品，也包括无形的服务，以及产品或服务的提供过程，还可以是某项活动的工作质量或某个过程的工作质量。质量管理不仅要管好产品本身的质量，还要管好质量赖以产生和形成的工作质量，并以工作质量为重点。

二、旅行社质量

旅行社质量是指旅行社在提供产品和服务的过程中，能够持续地满足顾客需求、超越顾客期望以及符合行业标准的程度。这一概念涵盖了旅行社业务的各个方面，旅游产品的设计、宣传、销售、实际执行的每个环节，都直接关系到服务质量的高低。具体来讲，可以从以下几个方面理解：

（一）符合性

旅行社提供的产品和服务符合明确的或隐含的需要，主要包括四个方面：符合旅游合同约定条款的有关规定，如在某地的游览时间不少于 2 个小时，提供五星级酒店住宿标准等；符合旅游活动一般习惯的需要，有些内容并没有在旅游合同中约定，但却是游客隐藏的需求，如希望受到尊重和特殊关照的需要；符合旅行社企业有关质量管理的规章制度，如不同部门的信息共享或者要求游客投诉必须在 24 小时内给出处理结果等；符合法律法规和行业规范的要求，如旅行社必须合规合法经营、保障旅游安全、保护环境、履行合同等。

（二）适应性

人们购买旅行社产品是为了满足自身的需求，如放松身心、探求新知、获得愉悦等，旅行社提供的产品以顾客为中心，满足甚至超越顾客期望。这要求旅行社深入理解顾客需求，提供定制化、灵活多样的旅游方案，包括但不限于旅游设施的便捷性、信息的易获取性以及服务的人性化程度，以适应旅游者对旅游活动的个性化需求。一方面，旅行社要考虑特定目标消费人群在消费场景中对产品的要求，将这些转变为旅行社产品的属性和功能；另一方面，旅行社考虑产品质量的经济性，使产品的价格适应目标消费人群的购买能力。

（三）综合性

旅行社产品和服务是由多个要素组成的整体体验，包括景点吸引力、住宿舒适度、餐饮质量、交通便利性、导游服务、购物体验等。每个环节都会影响旅游者的整体满意度。旅行社质量既包括旅游过程中的旅游者体验（过程质量），如咨询的便捷性、预订的效率、旅行中的导览解说等，也包括旅游结束后的成果或回忆（结果质量）。过程质量强调旅游活动进行时的互动与感受，而结果质量则关注旅游结束后旅游者所获得的整体满足感和价值。

三、旅行社质量的评估

（一）旅行社质量评估的五个维度

旅行社产品质量无形性、多面性的特点需要从不同的角度来衡量。与有形产品重视结果质量不同，旅行社产品产生过程的质量更加重要。对于过程质量，人们将他们对产品质量的认识与其期望的结果进行比较。不同消费人群对旅行社产品质量的评估标准不同，但都可以归结为五个维度。

1. 有形性

有形性是旅行社所提供的物理证据，包括服务设施、设备、员工的外表和通信材料等，如办公室的清洁和专业布局、设施设备的外观、员工的仪容仪表、宣传册的质量和信息的准确性等。

2. 可靠性

旅行社服务的可靠性是指旅行社可靠而准确地履行服务承诺的能力，涉及预订的准确性、行程的准时性以及在出现问题时能否迅速解决等。旅行社提供的是综合程度比较高的产品，涉及交通、餐饮、住宿、娱乐等多个部门，并且需要旅游者全程参与，旅游活动的开展在不断转换的时空里完成，产品生产受到多种因素的影响，具有很高的不确定性，能按照事先的约定和承诺完成旅游活动需要较高的质量管理能力，也是旅游者在评价质量水平时最看重的。

3. 反应性

反应性强调旅行社对客户请求的响应速度和愿意帮助的态度。旅游者参加旅游活动时，可能随时会有各种问题需要旅行社给予回应和解答。能否及时地满足旅游者各种合理的要求，是考验旅行社顾客至上的经营理念和业务能力是否合格的条件。

4. 保证性

保证性涉及服务提供者的知识、礼貌和能力，以及他们建立信任和信心的能力。旅行社的员工需要展现出专业知识，确保客户感到安全和信任。一般来说，旅游者与旅行社接触主要有两项：一是向旅行社销售人员或门市接待人员进行产品咨询和签订购买合同；二是在旅游活动的过程中与导游人员的接触。这两个关键接触点主要包括接待旅游者人员的礼貌礼节、接待流程、接待技巧、业务水平等，具体表现在对旅游者的礼遇和尊敬、与旅游者有效的沟通、有效完成任务的能力和对旅游者关心的态度。

5. 移情性

移情性是指服务提供者对旅游者需求的理解和个性化的关注。这要求服务人员具有接近旅游者的能力和敏锐的洞察力，倾听游客心声，能够理解并预测客户的需求，提供定制化的服务和关怀，使游客感到被重视和理解，满足游客的情感体验。

（二）旅行社质量评估的标准

产品质量标准要求通过服务调研和营销了解目标客户群的期望和要求，将有价值的信息转化为服务标准，以便按照顾客期望设计产品和管理企业工作行为，使服务过程和服务结果让顾客满意。

质量标准分为硬性的和软性的标准。硬性标准是指通过计算、计时或测量的特征和活动，如接听游客电话时，必须在响铃 3 声之内接起；导游送机必须提前 2 小时到达机场等。软性标准不能简单地观察和测量，需要通过与顾客、员工或其他人沟通交流才能收集到，如接待人员与游客交流时，要因人而异，诚恳、主动、尊重游客；人力资源部根据岗位职责所要求的能力安排人员，做到人岗匹配等。软性标准可以根据为旅行社质量评估五个维度不同项目的赋值而获取（见表 6-1）。

表 6-1　旅行社质量评估五个维度不同项目的赋值

维度	标准项目	顾客赋值
有形性	服务设施设备完善且易于操作	
	员工仪容仪表整洁得当	
	设备、装潢等产生吸引人的视觉效果	
	宣传材料的摆放与宣传语能够引人注意	
可靠性	服务人员认真履行对顾客做出的承诺	
	顾客遇到问题时，服务人员会抱着真诚的态度解决顾客的问题	
	服务人员会在承诺的时间内提供服务	
	服务人员能够保障游客的人身安全和财产安全	
	服务人员提供的服务没有差错	
	旅行社具有良好的公众形象和信誉	
	服务人员能够处理投诉，采取补救措施	

续表

维度	标准项目	顾客赋值
反应性	服务人员能够耐心地解答顾客的问题	
	服务人员能够准确地提供服务的时间	
	服务人员能够及时处理顾客反映的问题	
	服务人员乐于为顾客提供帮助	
保证性	服务人员可以有效地解答顾客提出的问题	
	服务人员能够主动识别并满足顾客需要	
	服务人员对顾客彬彬有礼	
	服务人员具有为顾客提供服务的专业知识和技能	
	服务人员善于与顾客沟通，提供出行建议	
移情性	服务人员能够关注每一位顾客	
	服务人员能够理解顾客的具体要求	
	服务人员能够对顾客的情况感同身受	

注：顾客可以依据自己的感受对每个项目赋值，赋值范围为 1～10 分，1 分表示非常不赞成，10 分表示非常赞成。

有标准才能进行衡量，有衡量才能进行管理。如果不能正确有效地衡量产品质量，就无法确定质量的差距，更遑论纠正质量问题和采取补救措施。

任务实施

教师组织学生分组完成任务。5 人一组召开质量辩论会议，主持人要求每位小组成员发表对质量内涵的认知，尽量做到不重复前人的观点。主持人要抓住其中不一致的观点进行辩论。最终，大家将意见进行汇总并评论，制作 PPT 进行展示。教师对每一小组讨论和 PPT 展示情况进行打分。

评分标准

序号	评价项目	分值	得分
1	小组准备和组织能力	20 分	
2	团队合作	20 分	
3	沟通技巧	20 分	
4	批判性思维	10 分	
5	结论和建议	30 分	

任务二　提高游客满意度

学习目标

知识目标

1. 了解游客满意度的内涵及影响因素；
2. 理解服务质量差距模型；
3. 掌握游客满意度调查的方法。

能力目标

1. 能够利用服务质量差距模型来进行旅行社服务质量差距分析；
2. 能够诊断旅行社服务质量存在不足的原因。

素质目标

1. 建立“顾客至上”的理念；
2. 增强责任心。

任务描述

旅行社质量管理水平的高低最终体现在游客满意度上。大家想知道，游客对你们服务和产品的满意度有多高；针对游客的消费体验，你们哪些工作做对了，哪些工作在做无用功，甚至适得其反。于是，你们决定做一个游客满意度调查。请你撰写一份游客满意度调查问卷。

知识准备

质量的最终裁判者是顾客，顾客满意度是衡量质量水平高低的重要指标。随着旅行社行业竞争加剧，企业之间的较量从基于产品的竞争转向基于客源市场的竞争，让顾客满意成为竞争的焦点。顾客满意度小幅度的提升将带来利润的大幅度上升。

一、顾客满意的内涵及影响因素

（一）内涵

菲利普·科特勒认为，顾客满意是指一个人通过对一个产品的可感知效果与他的期望值相比较后，所形成的愉悦或失望的感觉状态。顾客满意是一种主观感受，是顾客通过消费产品形成的可感知效果与原有期望进行对比而带来的愉悦或失望的感觉状态。如果顾客消费产品的可感知效果不如顾客的预期，则顾客感到不满意；如果可感知效果恰如预期，则顾客感到满意；如果可感知效果超过预期，则顾客感到非常满意。

顾客满意在旅行社经营管理中占据核心地位。一般而言，顾客满意是顾客对旅行社和员工提供的产品和服务的直接性、综合性评价，是顾客对企业、产品、服务和员工的认可，顾客根据自己的价值判断来评价产品和服务。对于企业来说，顾客满意是获得顾客信任和忠诚的基础，也是企业持续改进和创新的重要动力。

顾客满意包括三个层次：产品满意、服务满意和社会满意。产品满意是指产品本身的特性，如价格、质量水平等；服务满意则涉及服务的整个过程，包括游前、游中和游后服务；顾客满意还会产生社会效益，如旅行社品牌声誉、社会责任感等。

（二）影响因素

1. 产品质量

产品质量直接影响顾客的满意度。高质量的产品更容易获得顾客的认可。

2. 服务水平

服务水平包括服务的及时性、专业性、友好性和个性化服务等。良好的服务可以提升顾客的满意度。

3. 顾客期望

顾客期望与实际体验之间的差距是影响满意度的关键。超出顾客期望可以带来更高的满意度。顾客期望与个人经历、产品口碑等因素有关。

4. 品牌形象

品牌的知名度、声誉和市场地位可以影响顾客的预期和满意度。强大的品牌形象可以培养顾客的品牌忠诚度，忠诚的顾客通常对品牌有更高的容忍度和满意度。

5. 价格合理性

顾客会根据产品或服务的价值和价格来判断是否满意。

二、服务质量差距模型

（一）服务质量差距模型的内容

服务质量差距模型（见图 6－1）是 20 世纪 80 年代中期到 90 年代初，美国营销学家帕拉苏拉曼、赞瑟姆和贝利等人提出的，是专门用来分析质量问题根源的一种模型。顾客差距（差距 5）即顾客期望与顾客感知的服务之间的差距——这是差距模型的核心。要弥合这一差距，就要对以下四个差距进行弥合：差距 1——不了解顾客的期望；差距 2——未选择正确的服务设计和标准；差距 3——未按标准提供服务；差距 4——服务传递与对外承诺不匹配。

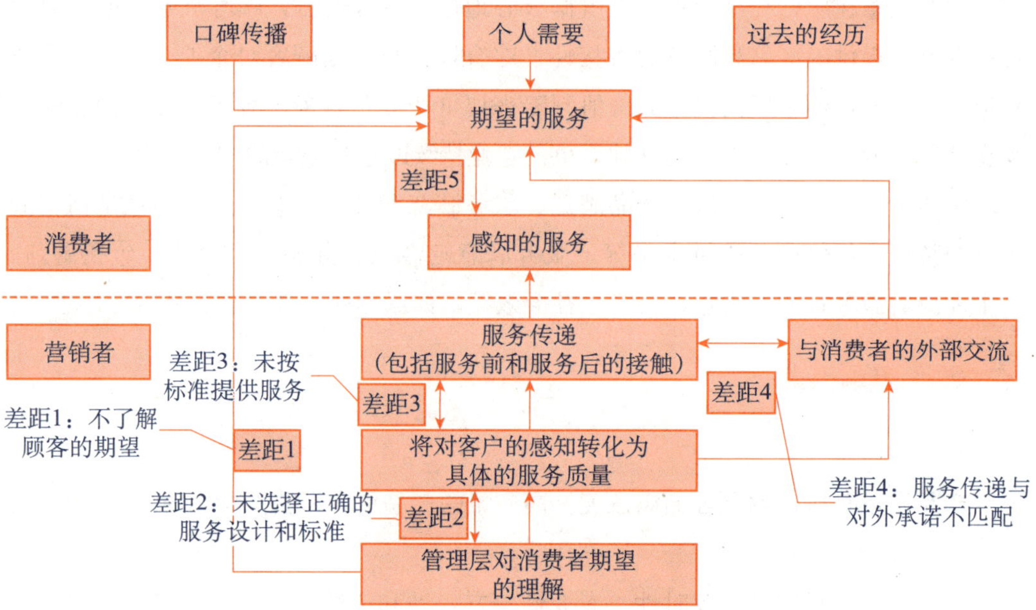

图 6－1　服务质量差距模型

借助服务质量差距模型，旅行社可以探索服务质量差距形成的原因。旅游消费者依据过去的消费经验、个人的需求、价格的高低、从亲朋好友或其他外部渠道了解到有关旅行社产品的信息以及旅行社对产品的营销宣传，形成了对产品的期望。旅行社关注消费者的期望，希望能提供满足或超过消费者期望的服务。旅行社根据对消费者期望的理解进行决策，设计服务流程和服务行为应达到的标准。工作人员按照服务标准完成服务流程和服务行为，向旅游消费者提供服务。旅游消费者经历了产品的生产过程，获得了消费体验，形成了对服务质量的感知，将实际获得的感知与期望对比，产生满意或不满意的感觉。

（二）服务差距分析

旅游消费者之所以会产生不满意的感觉，是因为服务质量存在差距。测量旅行社内部存在的服务差距是有效测量服务质量的手段。差距越大，说明消费者对旅行社提供的服务就越不满意。服务差距分析能帮助旅行社了解服务质量问题的根源，为改善服务质量提供依据。

1. 消费者期望理解的差距

这是顾客期望与旅行社对顾客期望的认知之间的差距。在提供产品和服务的过程中，旅行社不能准确理解顾客需求和期望，对顾客的期望理解存在偏差，导致产品和服务无法满足顾客的真实需求。产生认知差距的主要原因在于：

（1）对市场研究和需求分析的信息不准确。旅行社在收集市场信息时，由于主客观原因，如管理层可能受到自身经验、偏见或先入为主的观念的影响，收集的信息不完整，掺杂了一些错误的信息。

（2）对消费者期望的解释信息不准确。由于使用分析工具不当和分析能力不足等原因，旅行社对收集的信息解读出现失误，如对目标客户群的偏好、趋势变化了解不足导致服务设计偏离顾客真实需求。

（3）没有需求分析。有些旅行社出于节约成本等因素的考虑，没有进行充分的市场调查和需求分析，仅凭决策者个人好恶或主观判断臆测消费者的期望。

（4）臃肿的组织层次使消费者信息传递不畅。条块分割的组织结构设计和僵化的制度设计使信息传递出现扭曲或丧失，决策者无法获得正确的市场反馈。

（5）缺乏有效收集消费者信息的渠道。旅行社缺乏有效的机制来系统收集和分析顾客的反馈及市场需求信息。如没有简单方便的投诉方式或消费者投诉被压制在基层，导致消费者对旅行社失去信心，即使产生不满也不能投诉。一线接待人员是市场信息的主要提供者，但由于缺乏信息收集的工具和意识，信息资源没有被有效地利用起来。

通过识别和解决这些问题，旅行社可以更好地理解顾客的期望，并提供更符合顾客需求的产品和服务。

2. 服务质量决策的差距

该差距体现在旅行社制定的服务标准与从顾客期望中提炼的标准之间不一致。即使在顾客的期望被充分和正确理解的情况下，质量决策也会出现失误。旅行社设定了内部服务流程和质量标准，但这些标准没有准确反映或超越顾客的期望，就会形成服务质量决策差距。主要原因如下：

（1）内部沟通不畅。旅行社内部各部门之间沟通协调不足，导致顾客需求信息在转化成服务标准时发生扭曲。

（2）质量管理目标不明确。旅行社没有建立一套明确的质量目标考核体系，使各个服务流程之间缺乏联系和支持。

（3）资源受限。财务、人力或技术资源的限制，使旅行社难以制定和实施高标准的服务策略。

（4）管理层决策偏差。管理层基于成本考虑或错误判断，制定的服务标准未能充分反映顾客的期望。

3. 服务质量实施的差距

这是指服务标准与实际提供的服务之间的差距，即执行不力。旅行社在实际操作过程中，可能因员工技能水平不足、资源调配不合理或者沟通不畅等导致企业员工的服务行为不符合质量决策的要求。产生这一差距的原因在于：

（1）企业管理混乱。旅行社的决策者制定了正确的决策，但在实施和执行层面由于管理不善，上层的政策缺乏或者没有完全被执行。

（2）服务流程设计缺陷。服务流程设计不合理或执行效率低下，导致服务延误；或者服务标准过于复杂苛刻、标准过于宽泛，工作人员执行起来存在很大难度或无法执行。

（3）工作人员不认可服务质量决策，在执行过程中大打折扣。旅行社内部营销不充分或者根本不开展内部营销，导致工作人员对质量决策不理解，甚至产生抵触情绪。

（4）培训不足。员工不具备开展服务质量标准的知识和技能，无法按照服务标准执行，或者没有提高服务质量的意识而导致执行不到位。

（5）配套政策不完备，缺少有效的奖惩措施，工作人员没有执行决策的积极性和主动性。

（6）技术支持不足。旅行社信息技术应用不够或资源不足，如缺少供应链管理系统，无法形成部门之间或与合作单外之间的业务协同，影响服务的效率和质量。

（7）供应商提供服务的差距。旅行社产品的生产具有很强的外部性和公共性，旅游服务供应商提供的服务构成服务流程的主要内容。供应商服务的差距是指旅游服务供应商提供的服务无法达到旅行社的质量要求而形成的差距。形成原因主要有：

1）供应商的选择不当。旅行社对供应商的选择标准不是基于提高消费者满意度的基础上，而是基于成本节约和其他因素，或者缺乏明确严格的标准，随意性大。

2）供应商的管理不善，缺乏对服务供应商有效的激励和监控手段。

3）与供应商信息沟通不畅，供应商不能及时获得有关服务需求的信息。

4）合同管理不善，没有与供应商签订规范的合同或者合同条款约定不明确。

4. 营销沟通的差距

这是指旅行社对外宣传与提供的服务之间的不匹配。旅行社在广告、旅游咨询、网站或宣传册上所展示的服务承诺，在实际服务中无法兑现，导致顾客不满。如承诺全程无购物、夸大酒店设施和行程特色等，提高了顾客期望，但在实际游览过程中，因货不对版而让顾客产生失望情绪。产生的主要原因在于：

（1）信息传递渠道不通畅。营销人员对产品不了解或了解得不充分，在与顾客沟通时做出错误的承诺。营销人员与服务生产人员沟通不畅，不能及时获得变化的信息。

（2）夸大或不实宣传。为了招徕顾客，旅行社宣传材料夸大服务内容或效果，对顾客承诺太多，导致顾客期望过高。在进行市场宣传时提出一些服务标准，接待人员不能按照标准完成工作。

5. 感知服务质量差距

这是指顾客对接受到的服务感知与其期望之间的差异。上述五种差距导致顾客的期望与实际的感知不符，顾客产生不满意的情感状态。即使旅行社提供的服务符合或超越了规定的标准，也会导致顾客对服务质量有不同的评价。产生的主要原因在于：

（1）个体差异。顾客的个人经历、价值观、文化背景等不同，对同一服务的感知也不同。

（2）情感因素。服务过程中的人际互动、环境氛围等情感因素会影响顾客的总体体验，可能与服务质量本身无关。

（3）比较效益。顾客往往会将当前的服务与其他旅行经历或同行业其他旅行社的服务进行比较，从而形成不同的感知。

通过细致分析服务差距，旅行社可以系统地识别产品和服务提供过程中的潜在问题，并采取有针对性的措施优化服务设计，提升服务质量，缩小顾客期望与实际体验之间的差距，提高顾客的满意度和忠诚度。

三、顾客满意度调查

顾客满意度是衡量顾客满意程度的指标。一般通过抽样调查的方式计算顾客满意度。旅行社随机抽取顾客样本，根据顾客对特定顾客满意的指标打分数进行加权平均得出相应的结果。

（一）顾客满意度的层级

顾客满意度是一个变动的目标，能够使一个顾客满意的东西，未必会使另外一个顾客满意，能使得顾客在一种情况下满意的东西，在另一种情况下未必能使其满意。只有对不同的顾客群体的满意度因素非常了解，才有可能实现100%的顾客满意。所以，顾客满意度是一种心理状态，也是一种自我体验。对这种心理状态也要进行界定，否则就无法对顾客满意度进行评价。心理学家认为情感体验可以按梯级划分为若干层次，根据这个理论，顾客的满意度可以被划分为不同的级别（见表6-2），这有助于企业更细致地理解顾客的感受，并对产品和服务进行相应的改进。

表6-2　顾客满意级度

级度	指征	描述	满足度指数范围
很不满意	愤慨、恼怒、投诉、反宣传	顾客在消费了旅行社的产品之后感到愤慨、恼羞成怒且难以容忍，不仅试图找机会投诉，而且还会利用一切机会进行反宣传以发泄心中的不快。	39及以下
不满意	气愤、烦恼	顾客在消费了旅行社的产品后所产生的气愤、烦恼状态。在这种状态下，顾客尚可勉强忍受，希望通过一定方式进行弥补，在适当的时候，也会进行反宣传，提醒自己的亲朋不要去购买同样的产品。	49～40
不太满意	抱怨、遗憾	顾客在消费了旅行社的产品后产生的抱怨、遗憾状态。在这种状态下，顾客虽心存不满，可能不会投诉，一般不会产生再次购买的行为。	59～50
一般	无明显正、负情绪	顾客在消费了旅行社的产品后所形成的没有明显情绪的状态，认为产品差强人意，还说得过去，没有喜悦也没有抱怨。	69～60
较满意	好感、肯定、赞许	顾客在消费了旅行社的产品后所形成的好感、肯定和赞许状态。在这种状态下，顾客内心还算满意，但离更高要求还相差甚远，而与一些更差的情况相比，又令人欣慰。	79～70
满意	称心、赞扬、愉快	顾客在消费了旅行社的产品时所产生的称心、赞扬和愉快状态。在这种状态下，顾客不仅对自己的选择予以肯定，还会乐于向亲朋推荐，自己的期望与现实基本相符，找不出大的遗憾所在。	89～80
很满意	激动、满足、感谢	顾客在消费了旅行社的产品后所形成的激动、满足、感谢状态。在这种状态下，顾客的期望不仅完全达到，没有任何遗憾，而且可能还大大超出自己的期望。这时顾客不仅为自己的选择而自豪，还会利用一切机会向亲朋宣传、推荐，希望他人都来消费。	100～90

顾客满意级度的界定是相对的，因为满意虽有层次之分，但毕竟界限模糊，从

一个层次到另一个层次并没有明显的界限。之所以进行顾客满意级度的划分，目的是供企业进行顾客满意程度的评价之用。

（二）顾客满意度信息收集

顾客满意度信息收集是一个复杂且多维度的过程，涉及多种方法和技术。旅行社应根据信息收集的目的、信息的性质和资金等来确定收集信息的最佳方案。根据现有的研究和实践经验，以下是一些主要的收集方法：

1. 现场问卷调查

这是最传统也是最常用的方法之一。通过登录旅行社信息管理系统或者扫描二维码，让顾客填写调查问卷，可以直接获取游客对旅游产品和服务的满意度评价。

2. 网络评论分析

随着互联网的普及，游客通过社交媒体、旅游网站等平台发布的评论成为重要的数据来源。旅行社可以利用网络爬虫技术从各大旅游网站（如携程、同程、去哪儿等）获取游客对旅游产品和服务的评价信息；还可以利用社交媒体平台的 API 接口，自动抓取和分析游客的公开评论和帖子。旅行社可以通过对这些在线评论信息进行分析，了解游客的真实感受和需求。

3. 多元化的反馈渠道

旅行社可以通过电子邮件、电话、微信等即时通信工具与游客进行互动，收集游客反馈的信息。这种方法可以更灵活地调整调查内容，以适应不同游客的需求。

4. 投诉质检平台

旅行社可以通过网站或信息管理系统，对游客的投诉进行及时回应和处理，同时从中提供有价值的信息用于改进服务质量。

5. 大数据分析

旅行社可以通过使用统计软件对相关数据进行描述性分析和相关性分析，了解游客的基本行为特征，发现游客满意度的变化趋势和影响因素。

（三）顾客满意度调查的意义

1. 落实服务标准，规范员工行为

顾客满意度可以作为服务质量测评的工具。旅行社可以通过对服务规范的落实检查，将调查数据作为通报或考核的依据，检查工作人员是否按照服务规范操作，从而传递服务压力，督促员工落实服务标准，规范员工行为，培养员工良好的服务习惯。

旅行社可以以问卷的形式，通过电话回访或微信等方式，让游客填写游客满意度问卷，向游客确认服务接待人员是否按照规范进行操作。问卷调查方式覆盖面广、

成本低，但考核证据力较弱，游客填写时的随意性较大。旅行社还可以以神秘顾客检测（暗访）的方式，通过打电话、网上交流、面见等多种方式考查工作人员的工作状态和能力，全程进行录像或录音。这种方式可行度较高，并且根据录音录像等记录对工作人员进行针对性指导，但实施起来成本比较高。

2. 衡量服务效果，评价前后端服务绩效

游客对服务质量的理解与旅行社的理解有时会产生差异。即使旅行社工作人员提供了规范的服务，达到了服务标准，游客也可能对这样的服务无动于衷，甚至并不感觉良好。游客的感知质量与旅行社的标准质量产生巨大差异，前者是游客导向的质量，后者是生产导向的质量。游客的感知质量是消费者感受到的服务质量，受游客背景和偏好的影响，在事实上影响游客决策行为。

游客满意度调查不仅关注服务过程中提供服务的规范性和标准性，更关注服务结果，即游客感受到的服务质量的满意程度。前者是过程质量，评价工作人员做了什么以及做得怎么样。后者是结果质量，评价服务效果和游客整体感受。游客满意度调查不仅涉及一线接待人员，不与游客直接接触的二线工作人员也能被评价，构成完整的前后端服务评价系统。

结果质量特别关注客户关心什么，哪些是关键影响因素。旅行社利用统计技术，可计算出各级指标对上一级指标的影响强度，从而找出关键影响因素；结合指标满意度表现和影响程度，找出服务短板，优化资源配置。

3. 关注企业内部服务缺口，推动短板改进

通过游客满意度调查，从游客角度收集信息，旅行社可以了解本企业的服务水平和游客不满意的方面，并在此基础上，具体深入分析游客产生不满意的原因，找出导致游客不满意的企业行为，据此提出有针对性的、可操作的改进意见和改进方法，并关联相关责任部门，跟踪衡量改进效果，考核督促问题改进，补足短板。

满意度并非越高越好，满意度的提升需要巨大的资源投入。旅行社可以将服务要素分为两类：一类是基础服务要素，针对这类要素，旅行社设计的标准只需要达到行业一般水平即可，满足游客的基本需要，不需要在这类要素方面加大资源投入；另一类是期望服务要素，旅行社需要在这类服务要素上体现企业的优势和竞争力，设定的标准要高于行业一般水平，应加大对这些方面的资源投入。旅行社通过对服务要素的分类管理，可以实现更精细的资源优化配置。

4. 提供卓越服务，提高游客体验

为游客提供标准化的服务，有些游客满意，有些游客不满意，旅行社需要针对不同的消费群体进行满意度调查，分析不同背景、不同消费行为和态度的游客对同一项服务结果感知的差异性，找出导致差异的关键影响因素，为实施差异化服务提供参考依据。根据长期的数据跟踪发现，在竞争市场中，非常满意人群的忠诚度是

一般满意人群的 4～6 倍，所以旅行社应尽力把一般满意的游客提升到非常满意状态。提供超出标准化的个性化服务，意味着高水准、超出一般水平的服务，所以称为卓越服务。

旅行社不仅能够满足游客的需求，让游客满意，而且可以通过营造深刻的场景，注重服务细节和服务创新，提供令人印象深刻的、容易描述和传播的体验，塑造和传播口碑。

任务实施

教师组织学生分组完成任务。组织学生分组讨论如何利用服务差距模型设计游客满意度问卷，商议问卷要分为几部分，每部分问题的题目设计，最终每组提交一份游客满意度调查问卷，并制作 PPT，说明问卷制作的理念和想法。教师针对每一小组提交调查问卷的合理性、可操作性、演示水平等要素进行打分。

评分标准

序号	评价项目	分值	得分
1	目标明确	10 分	
2	问题设计	30 分	
3	问题的类型与结构	30 分	
4	逻辑性	20 分	
5	PPT 演示	10 分	

任务三　质量管理

学习目标

知识目标

1. 了解旅行社质量管理的内涵和内容；
2. 理解旅行社质量管理的特点；
3. 掌握质量管理指标体系。

能力目标	1. 能够设计旅行社质量管理指标体系； 2. 能够制定旅行社质量管理的保障措施。
素质目标	1. 树立旅行社质量管理的意识； 2. 具有从大局出发、统筹规划的思想。

任务描述

你们明白了旅行社质量的内涵和产生的原因，但如何解决质量问题，提升和保持质量水平，仍然千头万绪。旅行社决定让你作为质量管理的负责人，请你为旅行社设计一份旅行社质量管理建议书。

一、质量管理的内涵与内容

（一）内涵

旅行社质量管理是指旅行社为了提升服务品质、确保客户满意度和维护企业声誉，综合运用一整套质量管理的体系、思想和方法进行的系统管理的活动。其核心目的是通过有效管理和控制旅游产品的设计、销售、实施及后续服务等各个环节来达到提高服务质量、减少服务失误、满足甚至超越顾客期望的目标。

（二）内容

具体来说，旅行社质量管理涵盖以下几个关键方面：

1. 质量规划

旅行社要在产品设计和服务提供的初期阶段，明确质量目标，制定质量标准和操作流程，确保所有旅游产品和服务从源头上符合高质量要求。

2. 供应商管理

旅行社要对其合作的酒店、交通、餐饮、景点等供应商进行严格筛选和定期评估，确保这些外部服务提供商能够达到既定的质量标准。

3. 员工培训

提高员工的服务意识、专业技能和解决问题的能力，是保证服务质量的关键。旅行社要通过定期培训和考核，提升员工对服务质量重要性的认识和执行能力。

4. 过程控制

旅行社要在旅游服务实施过程中，通过监控和检查，及时发现并纠正偏差，比如旅行团的行程安排、导游服务态度、交通准时性等，确保服务过程符合标准。

5. 客户反馈与持续改进

旅行社要积极收集客户意见和建议，通过调查问卷、在线评价等方式分析客户满意度，识别服务中的不足，并根据反馈进行改进，形成质量改进的闭环。

6. 认证与标准化

旅行社要参与行业相关的质量管理体系认证（如 ISO 9001），遵循国家或国际旅游服务标准，提升企业的规范化管理水平和市场竞争力。

二、旅行社质量管理的特点

（一）全面性

旅行社质量管理是一种“三全”管理，即全面的质量管理、全过程的质量管理和全员参与的质量管理。

1. 全面的质量管理

旅行社质量管理所要求的是广义的产品质量，质量管理不仅涉及旅行社各个部门的工作质量，还包括饭店、餐馆、交通、景点、娱乐、保险等协作单位的工作质量。旅行社质量管理不仅要关注内部运营，还要延伸到对外部供应商的选择、监督和评价，以确保整个供应链的质量一致性。

2. 全过程的质量管理

旅行社质量管理覆盖旅游服务的全过程，从产品设计、宣传销售到旅游实施、售后服务，每个环节都需要纳入质量管理范围，确保每个步骤都能达到既定的质量标准。

（1）游前阶段。在游前阶段，旅行社质量管理的重点是旅游产品设计、宣传、销售和门市接待，对收集信息、经营决策、设计包装、操作实施和门市接待等环节实施质量控制，防止无吸引力和质价不符产品的设计和销售。

（2）游中阶段。在游中阶段，旅行社质量管理的重点是导游服务质量和协作单位的工作质量。旅行社必须对导游人员的服务态度、服务水平、语言、仪表和职业道德等方面实施标准化、程序化和规范化管理，使旅游者通过导游人员的服务而对旅行社产生信任和好感。一方面，旅行社应根据不同的旅游者，扬长避短地选择最合适的导游带团；另一方面，旅行社应及时收集旅游者对导游人员服务质量的信息反馈，随时监督和调整导游人员。为保证饭店、餐馆、交通、景点、娱乐、保险等协作单位的工作质量，旅行社必须选择质量好、信誉高的单位作为合作伙伴。在长期合作过程中，协作单位有责任和义务按约提供使旅游者满意的服务。

（3）游后阶段。在游后阶段，旅行社质量管理的重点是做好旅行社产品质量的检查和评定，旅游善后工作的处理、旅游投诉的处理和其他售后工作。

3. 全员参与的质量管理

旅行社产品质量最终如何，关键在于全体员工提高服务质量的积极性。实践证明，旅行社仅有少数人参与质量监督和管理，不能从根本上解决服务质量问题，只有当旅行社全体员工都从所在岗位出发，参与质量管理，旅行社的服务质量才有保证。由于旅行社产品质量形成的全过程涉及旅行社每个部门、每个岗位的工作，因此，全体员工都来参加质量管理是保证产品质量所必需的条件。

（二）系统性

质量管理是一个系统工程，旅行社需要从上至下建立一套完整的、协调的且相互关联的管理体系来确保产品和服务的高品质，包括质量目标设定、质量计划制订、过程控制、质量检测与评价、持续改进等多方面内容，各环节相互关联，共同作用于整体服务质量的提升。

（三）预防性

旅行社质量管理强调事前控制和风险预防，通过科学预测和有效管理，尽可能在问题发生前予以避免，减少质量问题的发生频率和影响程度。在旅行社进行产品设计时，要保证产品的安全性、时间性、舒适性、经济性、娱乐性、知识性等各方面的质量要求；在提供服务时，要对各种影响服务质量的因素进行有效控制，发现质量问题，及时分析原因，采取有效措施解决出现的问题。

（四）标准化与个性化结合

旅行社既要遵循行业标准和规范，确保服务的基本质量和安全性，也要注重服务的个性化和创新性，以满足不同顾客群体的特殊需求，增强客户满意度和忠诚度。首先，旅行社需要构建一套全面的服务标准体系，涵盖产品设计、预订流程、客户服务、应急处理等多个环节。这些标准应明确服务流程、服务内容、服务时限及质量要求，确保基础服务质量的一致性和可靠性。其次，旅行社要通过市场调研、数据分析等手段对客户进行细分，识别不同客户群体的特定需求和偏好；基于客户细分的结果，开发灵活多样的旅游产品和服务选项，包括行程定制、主题旅游包、增值服务（如私人导游、特色餐饮）等；利用技术平台（如在线预订系统、AI 辅助推荐）来简化定制过程，提高效率。

（五）动态性

旅游市场环境和顾客需求不断变化，旅行社的质量管理也需要具备灵活性和适应性，这样才能够快速响应市场变化，适时调整管理策略和措施。质量管理是一个持续循环的过程，通过不断的自我评估、客户反馈收集和数据分析，找出存在的问题和改进点，推动服务质量的持续提升。旅行社应建立有效的客户反馈机制，包括在线评价、问卷调查、社交媒体监听等，及时收集客户对标准化服务和个性化服务的意见和建议；利用这些反馈不断调整服务标准和个性化策略，形成持续改进的循环。

三、旅行社质量管理指标体系

旅行社质量管理指标体系是衡量和评价旅行社服务质量和经营管理水平的一系列标准和参数的集合。其通过量化和定性分析的方式，确保旅行社提供的旅游产品与服务能够满足顾客需求，提升行业竞争力。一个全面的旅行社质量管理指标体系通常涵盖以下五个关键方面：

（一）产品设计质量指标

旅行社的产品设计质量，一般是指旅游线路和旅游行程设计安排的质量。旅行社的产品设计是保证其整体产品质量的基础。如果旅游线路安排合理，旅游项目丰富多彩、劳逸程度适当，就能够满足旅游者在旅游过程中游览和生活的需要。一般来说，产品设计的质量指标包括以下几个方面。

1. 市场定位准确

明确目标市场和客户群体，能够深入理解目标市场的消费需求和消费特点，根据游客的兴趣、习惯和消费能力设计旅游活动，确保旅游产品设计贴合特定市场细分的需求和偏好。

2. 旅游行程安排合理

旅行社在产品设计方面，应注意避免旅游线路中出现不必要的重复或往返，以防止旅游者因过多的线路重复或往返而产生厌烦情绪、不信任态度。游览项目雷同是旅行社产品设计的大忌，必须设法避免。

3. 安全性和保障措施充分

确保所有旅游活动均符合安全标准，提供必要的保险和应急处理方案。交通工具要切实有保障，如城市间交通工具不应安排为过路列车或航次较少的民航航班，以避免在旅游旺季时因火车票或飞机票供应紧张而不能保证旅游者按计划抵离。

4. 投入产出比合理

确保旅游产品的开发与运营成本与预期收益之间保持平衡，实现经济效益。

5. 特色与创新突出

明确旅游产品中的独特卖点或核心体验，如自然风光、文化特色、娱乐活动等，使其成为吸引游客的关键因素；创造独特且新颖的旅游体验，避免同质化竞争，增强市场竞争力。

（二）服务项目采购质量指标

产品设计完成之后就是对旅游活动所需要的服务项目进行采购。旅行社应以国家标准或行业标准为依据，与主要的旅游服务供应单位签订采购合同或协议，并经常进行“踩点”“踩线”，通过实地考察了解供应商提供服务的真实情况。

1. 服务满意度

服务满意度是衡量服务接受者（导游或终端客户）对所提供服务满意程度的指标，可以通过问卷调查、在线评价、客户反馈等方式收集数据。

2. 服务质量标准符合度

服务质量标准符合度是评估供应商提供的服务是否符合事先约定的质量标准、行业标准或法定要求，包括服务和实施设备的技术质量、专业水平、安全标准等指标。

3. 服务交付的可靠性

服务交付的可靠性是考察服务提供商在约定时间内完成服务的能力以及服务的连续性和稳定性。延迟交付或频繁中断会影响旅行社业务操作和游客体验。

4. 服务的响应性

服务的响应性是衡量供应商对服务请求、投诉或问题的响应速度及解决效率。快速响应和有效解决问题是提升游客满意度的关键。

5. 成本效益比

成本效益比是评估所采购服务的成本与其带来的价值和效果之间的关系。高质量服务不一定意味着高成本，重要的是性价比。

6. 合作关系

供应商的合作态度、沟通效率、灵活性以及持续改进的能力也是服务质量的一部分。良好的供应商关系有助于长期合作和服务质量的持续提升。

7. 合规性

合规性是确保服务提供过程遵守所有相关的法律法规、行业规范及企业内部政策，有效管理服务执行中的风险。

旅行社应通过导游员、旅游者的反馈意见和实地考察，检查各家旅游服务供应单位的服务质量。对于服务质量好的单位，旅行社应该加强与它们的合作；对于服务质量存在一定问题的单位，旅行社应指出其服务上的差距并提出改进要求；对于服务质量较差、指出后仍不改进或改进程度较小、无法达到有关标准和不能满足旅游者要求的单位，旅行社应终止同它们的合作关系，保证自己的产品质量。

（三）产品销售质量指标

产品销售质量指标是衡量企业销售活动效果和产品市场表现的一系列关键数据。旅行社的产品销售质量管理是为了避免在日后的接待过程中，旅游者因对旅行社产品价格产生疑义而造成投诉。旅行社在产品销售质量管理方面，应着重分析产品的采购价格是否准确、销售价格是否合理、有无价实不符的情况。如果发现旅行社产品价格与实际服务内容之间存在较大的偏离，应设法予以适当的修正或补救。旅行社进行产品促销时，其广告等宣传促销内容应实事求是，讲究诚信，如实地向旅游者介绍产品情况。旅行社如发现本社的促销中存在任何与事实不符的宣传内容，应坚决予以剔除和更正，以免影响旅行社的声誉。

1. 销售额

销售额是指一定时期内产品的总销售收入，是评价销售业绩最直接的指标。

2. 销售增长率

销售增长率的计算方法为（本期销售额－上期销售额）/上期销售额×100%，反映销售业绩的增长趋势。

3. 市场份额

市场份额是指旅行社产品在特定市场中所占的比例，反映企业在行业中的竞争地位。

4. 客户回头率

客户回头率是指一段时间内再次购买的游客占总购买游客数的比例，体现游客的忠诚度。

5. 平均订单价值

平均订单价值是指平均每笔订单的金额。提高平均订单价值可以有效增加收入。

6. 转化率

转化率是指将潜在客户转化为实际购买者的比例，适用于线上销售，是评估营销效率的重要指标。

7. 退订率

退订率是指退订产品数量占总销售商品数量的比例。高退定率可能意味着产品问题或游客期望未得到满足。

8. 净推荐值

净推荐值是指通过询问游客“您有多大可能向朋友或同事推荐我们的产品?”来评估游客的推荐意愿，分为1～10分，分数越高说明游客越愿意推荐，是衡量游客忠诚度和品牌口碑的重要指标。

（四）旅游接待服务质量指标

旅游接待服务质量指标是指衡量旅游服务提供者在接待游客过程中服务质量的标准，直接关系到游客的体验感和满意度。根据《中华人民共和国旅游行业标准》，旅行社在提供接待服务时，应确保餐饮、住宿、交通、游览等方面的服务达到合同约定的标准。

1. 顾客满意度

这是最直观的评价指标。旅行社通常通过调查问卷、在线评价等方式收集游客对住宿、餐饮、交通、景点讲解、导游服务、旅游咨询等方面的满意度评分。

2. 响应性

响应性包括咨询回复速度、问题解决效率、投诉处理效率等，反映了旅行社对游客需求的敏感度和处理效率。

3. 服务态度

服务态度包括员工的友好程度、专业性、耐心及礼貌。良好的服务态度能够对旅游者产生一种强烈的吸引力，而低劣的服务态度则会对旅游者产生一种排斥力。

4. 设施设备完善度

设施设备完善度包括住宿条件、卫生状况、公共设施（如洗手间、休息区）的维护情况以及无障碍设施的配备等。

5. 安全性

安全性是指旅游活动的安全保障措施，如安全提醒、安全指引、保险服务等。

6. 导游能力

导游能力包括导游的知识水平、语言表达能力、沟通技巧、组织接待能力等。

（五）环境质量指标

旅行社环境质量指标通常是指旅行社在提供服务过程中所涉及的硬件设施和软件服务的环境因素。

1. 设施设备

设施设备包括旅行社的办公环境、客户接待区、休息区等的设施是否齐全、现代化以及维护状况。

2. 信息提供

信息提供是指旅行社提供的信息是否准确、及时，包括旅游产品信息、行程安排、注意事项等。

3. 服务人员素质

服务人员素质是指服务人员的专业知识、服务态度、沟通能力以及解决问题的能力。

4. 环境卫生

环境卫生是指旅行社的实体环境是否清洁、整洁，包括空气、噪声等环境因素。

5. 游客反馈机制

游客反馈机制是指旅行社是否有有效的游客反馈和投诉处理机制，能否及时响应并改进服务。

6. 技术应用

技术应用是指旅行社是否利用现代信息技术，如在线预订系统、移动应用等，提高服务效率和质量。

7. 品牌影响力

品牌影响力是指旅行社的品牌知名度、美誉度以及市场竞争力。

四、质量管理的保障措施

“质量就是金钱”，美国运通公司的调查表明，1 个旅游者如果有 1 次不愉快的旅行经历，他会告诉身边的 12 个人；如果有一次愉快的旅行经历，他却只会告诉 3 个人；与留住 1 名现有顾客相比，得到 1 个新顾客将花费 5 倍多的时间和金钱。旅行社应从战略上重视质量工作，从战术上采取切实措施，扎扎实实地做好质量管理工作。

（一）建立质量管理体系

旅行社应依据经营目标、业务特点和服务的目标消费者群体，参照国际标准如

ISO 9001 和我国服务质量评价标准如《服务质量评价通则》等建立质量管理体系，明确质量管理目标、流程、职责和评估方法，确保所有业务活动都有章可循。

（二）建立协调保障机制

旅行社需要建立协调保障机制，确保相关部门和人员积极参与服务质量提升工作，并提供必要的人员、经费保障和工作便利（见图 6-2）。先由业务部向门市部工作人员及导游人员指派业务，根据指派的业务，门市部工作人员和导游人员向游客提供服务；再由质管部根据游客的反映对旅行社服务质量进行评估，然后由质管部将评估结果分别反馈给相关员工和业务部，同时将质检情况上报总经理并存档；最后由旅行社总经理向业务部发出质量指令，一次质量信息循环完成。建立协调保障机制，可及时发现质量问题、解决质量问题。

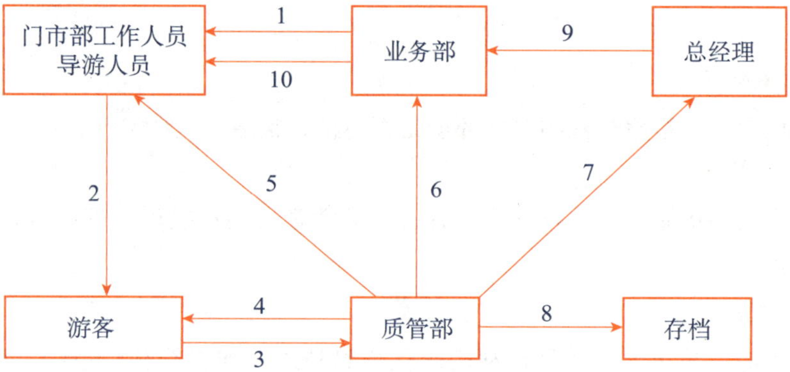

注：1.指派业务；2.服务游客；3.提供信息；4.质量评估；5.反馈员工；
6.质检反馈；7.质检上报；8.质检存档；9.发布指令；10.业务再指派

图 6-2　旅行社协调保障机制

（三）建立游客服务反馈机制

旅行社要建立高效的客户服务体系，提供多渠道（如电话、在线平台、社交媒体等）的客户服务，及时响应客户需求和投诉；实施客户满意度调查，开展数据采集工作，利用评价模型整理分析采集的数据，形成评价报告，总结遇到的问题和解决方案；依靠旅游者进行质量监督和评议，让旅游者参与监督旅行社服务质量的执行情况。对其中正确而可行的意见和建议，旅行社应积极采纳，同时考虑对提出好的意见和建议的游客给予适当的奖励。

（四）严格供应商管理

旅行社应严格筛选合作伙伴，包括酒店、交通、餐饮等供应商，定期评估其服务质量，签订合作协议时应明确质量标准和服务要求，确保供应链上的每一环都能达到高标准。

（五）培育企业质量文化

旅行社应提高管理人员和从业人员的质量意识、素养，推动旅行社树立以质量为中心的发展战略；定期对员工进行服务意识、专业技能、文化素养等方面的培训，提高员工的服务质量和应急处理能力，确保每位员工都能为客户提供优质服务。旅行社可根据通过各种途径收集的质量情况定期撰写质量报告，用接团总数、质优团数所占比例、质差团数所占比例等数量指标，对旅行社质量情况进行量化分析，使旅行社上至总经理下到普通员工，都对旅行社整体服务质量有一个准确的了解和把握。对管理层而言，质量报告可以作为采取质量措施及奖惩部门和员工的重要依据；而对各部门和普通员工来说，质量报告为他们以后的工作指明了努力的方向，工作做得好的，以后应该继续发扬，工作做得不好的，应该及时纠正。

（六）质量管理信息化建设

旅行社应利用现代信息技术，如 CRM 系统、供应链管理系统、大数据分析等提升服务效率和游客体验；通过数据分析了解市场趋势和客户需求，为决策提供支持；推动旅行社线上线下融合，利用大数据、云计算等技术提高个性化、多样化服务能力。

延伸阅读

质量管理的内容及监测点

质量在旅行社各项活动中产生，表 6－3 列举了旅行社质量管理内容以及监测点。

表 6－3 质量管理内容以及监测点详细表

序号	关键质量活动	涉及的部门	质量监测点
1	以顾客需求为中心	最高领导者	1. 最高领导者对满足顾客要求有何想法，现以何种方式传达顾客要求的重要性？ 2. 旅行社通过哪些方式、途径，以确保顾客要求得到确定、转化并予以满足？ 3. 旅行社是否针对顾客和最终使用者来确定他们关心的服务特性？

续表

序号	关键质量活动	涉及的部门	质量监测点
2	执行力与沟通	管理层	1. 旅行社各个部门（尤其是外联、计调）、各级人员职责、权限及其相互关系是否确定并予以沟通？ 2. 旅行社是否明确了自上而下及自下而上的沟通方式（如例会、报告制度等）？ 3. 旅行社的组织结构是否与业务分类及其相应的服务形式协调一致？（旅游形式多样，其业务分类也呈多样化，按旅游者空间活动范围分为国际、国内旅游业务；按服务形式分为组团旅游和接团旅游业务；按组织形式分为团体旅游和散客旅游业务；按业务分工分为旅游经营、旅游批发、旅游零售、旅游代理、特种旅游业务等。旅行社的业务分类及服务方式的不同直接影响其组织机构的不同。）
3	提供的资源	人力资源管理部门	1. 为达到顾客满意，旅行社是否能够及时确定并提供所需资源和工具？关键岗位（计调、导游、领队岗）资源是否充足、适宜（持证数量、语种等）？ 2. 旅行社对资源的确定、提供、使用是否进行管理、验证，是否消除了不适当资源、不适当使用，提高资源利用率？
4	有重要能力要求的岗位及基础设施和工作环境	人力资源管理部门	1. 旅行社是否确定需要有学历、经历、专业能力、经验等要求的岗位？是否根据履行岗位职责所要求的能力安排人员？ 2. 旅行社是否从教育、培训、技能和经历等方面评价工作人员的能力或进行人力素质测评？ 3. 旅行社对岗位基本培训要求是否确定？是否为满足旅行社业务发展、个人成长，必须具备的知识、经验、能力提出新的培训要求？ 4. 根据确定的培训需求是否安排计划并组织分层分类培训？ 5. 旅行社对所开展的培训的有效性是否进行评价？所采取的评价方法（包括实习上团、观察、问卷等）是否有效、适宜？ 6. 旅行社是否配备了适宜的交通、通信、电脑等设备，并对其进行维护和控制？ 7. 为保证服务质量，旅行社的工作环境、服务环境（接待门市、办公室等）是否充分、适宜？
5	顾客需求识别	外联	1. 外联部门的顾客资料和接待计划，是否明确了顾客的不同需求？ 2. 旅行社的目标市场是否明确、适宜？ 3. 对于顾客的需求和预期要求，旅行社是否已确定并被充分理解？ 4. 与旅行社服务有关的法律法规有哪些？是否已被收集并得到确定？ 5. 为满足顾客要求，旅行社提出了哪些与服务要求有关的附加要求？这些附加要求是否在接待计划中明确注明？

续表

序号	关键质量活动	涉及的部门	质量监测点
6	产品开发	外联、计调	1. 旅行社是否编制了业务流程说明性文件？在该文件中，是否对接待计划等提出了明确要求？ 2. 如何确保服务实践中的导游服务处于受控状态？ 3. 由于顾客的不同，对旅游服务有哪些特殊要求？当顾客有特殊要求时（特定的服务、项目、合同），是否进行了策划，并制订了特定的质量计划？
7	顾客沟通	所有部门	1. 旅行社是否已建立可靠、有效的与顾客沟通的渠道和方式？在和顾客沟通的过程中，旅行社是否尽力、充分、主动？ 2. 旅行社在顾客旅游前（服务咨询及洽谈合同）、旅游中（外联、计调、导游接待运作）、旅游后（顾客意见征询、顾客投诉）是否已建立有效的沟通方式，并能及时沟通？ 3. 发生顾客投诉后，旅行社是否及时沟通、处理、解决当前的不满意？ 4. 在与顾客沟通时，是否因人而异，诚恳、主动、尊重顾客？
8	线路策划	相关部门	1. 在线路设计计划批准后，应对照服务提要进行踩点考察并形成报告，对此设计结果应做出评审。 2. 在旅游产品设计终结形成最终线路报价时，应进行评审，使之与服务规范中有关旅游服务标准及设计原则，服务提供规范中有关服务项目的要求，服务控制规范中有关服务过程控制的要求一致并满足。 3. 设计评审时应识别和预见存在问题的区域和不足并是否有应变计划，如安全问题、票务问题、办证问题、因天气变化影响等问题，并采取措施以确保整个服务规范和服务提供规范满足顾客的要求，质量控制规范足以为所提供的服务质量提供准确的信息。 4. 参加每个设计评审的人员应包括与被评审服务质量有关系的所有职能部门的代表。 5. 设计确认，主要是服务规范、服务提供规范、服务质量控制规范的确认。确认应分阶段进行，如： ——服务提供前的确认； ——试行一段时间后的确认； ——定期的重新确认； 设计确认可采取组团/地接社认可或首团运行方式。 6. 旅游线路设计更改的主要控制对象是服务规范、服务提供规范、服务质量控制规范及配套作业文件。一般情况下，若设计有所更改，通知顾客是必要的。

续表

序号	关键质量活动	涉及的部门	质量监测点
9	旅游资源采购	计调部门	1. 旅行社的供方包括餐馆、酒店、交通、商店、景点、娱乐场所、专业接待单位、地接社、兼职导游、保险公司等，重点是地接社和兼职导游。 2. 对供方的评价方式主要是现场考察、以往业绩的认可以及供方提供的文件（公开文件、管理文件、营业许可证、资格证书等）。具体为： ——交通。飞机、火车主要是航班、车次的评审；而汽车、轮船要进行全面的评审。评审内容主要是安全、服务质量、时间等。旅游服务过程提供的汽车服务应符合《旅游汽车服务质量》（LB/T 002—1995）的规定和合同承诺的车辆标准。 ——餐饮。评审内容为安全、卫生、膳食质量和服务质量。旅游涉外饭店应按相应星级标准，未定星级的，应有旅游接待定点标志。 ——住宿。评审内容为安全、卫生、设备设施、承诺状况和服务质量。 ——娱乐场所。评审内容为安全、卫生、服务质量和节目是否文明健康，符合规定。 ——购物商场。评审内容主要有安全、卫生、价格、商品质量、服务质量等，应有旅游购物定点标志。 ——接团社。评审内容主要是服务质量、服务承诺、信誉、接待能力等。 3. 旅行社对供方选择、评价准则是否确定？对供方选择、评价结果是否形成记录并予以保持？ 4. 旅行社计调采购是否依据清单进行？ 5. 供方业绩是否有动态记录？对其服务不良时是否采取措施？是否建立实施合格供方重新评价准则？对重新评价结果及跟踪措施是否有记录并予以保持？ 6. 旅行社是否建立并保持与合格供方的信息反馈渠道，及时沟通、保持协调，有良好的互惠关系？ 7. 临时供方是否建立、实施了有效的控制措施？是否及时更新合格供方清单？ 8. 检查是否与供方建立沟通渠道，采购依据是否充分、可靠？ 9. 采购要求是否明确、适宜（包括服务等级、价格、服务承诺等）？ 10. 旅行社是否对采购服务的验证记录、与供方的沟通以及对不合格服务的反应做出规定，以证实其符合规定要求？ 11. 对采购服务如何通过现场进行验证，在采购文件中对现场验证的安排和产品放行的方法做出规定？

续表

序号	关键质量活动	涉及的部门	质量监测点
10	旅游接待	导游接待部门	1. 领队/导游服务规范是否明确，并落实到岗位？ 2. 岗位的作业指导书（陪同、领队服务规范等）是否有效？ 3. 各相关岗位人员对作业指导书的要求是否清楚并予以实施？ 4. 领队/导游岗位服务人员资格是否经过旅行社认可？ 5. 对导游服务过程是否有记录的要求（领队/陪同报告、日志等）？对此记录如何进行管理？管理是否有效？
11	顾客财产管理	外联部门、计调部门及导游接待部门	1. 顾客财产主要指顾客提供的行李物品、票证等。 2. 顾客提供的行李物品的验证主要是数量和外观方面，对票证主要是数量方面。 3. 对顾客提供的行李物品、票证应分别储存。如果在验证、贮存时发现问题，应及时通知顾客。 4. 顾客提供的财产是否已在接待计划或相关记录中明确说明？ 5. 当顾客的财产发生丢失、损坏或发现不适用的情况时，旅行社是否采取措施防止扩大，并予以记录，向顾客报告？
12	顾客满意	外联部门、质管部门	1. 为监控和测量顾客是否满意，旅行社通过哪些渠道获取信息？采用哪些方法进行顾客满意程度的测量或监控？ 2. 旅行社是否在顾客不满意的问题点和使顾客满意的关键因素上设置了检查或监控点，并确定了检查或监控方法？ 3. 旅行社对顾客满意程度的评价是否来自顾客的意见感受？是否具有代表性、可信性？ 4. 对顾客的投诉/意见是否及时处理，处理结果顾客是否满意？ 5. 对顾客投诉是否在采取补救措施后，能分析顾客投诉的原因，采取纠正或预防措施，防止再发生类似的顾客投诉？
13	旅游服务的监视和测量	计调部门、导游接待部门	1. 服务的监视和测量主要指对旅游服务提供的监视和测量，其方法包括全陪对全过程旅游服务情况的现场自检、陪同和领队对供方提供服务的现场检查、计调及导游接待部门负责人或其他管理人员对导游接待服务的抽查或随团检查。 2. 旅行社是否制定了各类服务监视的要求（包括验收准则）？

续表

序号	关键质量活动	涉及的部门	质量监测点
14	数据/信息分析及改进	外联部门、计调部门、质管部门	1. 旅行社收集了哪些数据/信息进行了分析并采取了相应的改进措施？ 2. 为提高数据/信息分析的有效性和效率，旅行社是否采用了适当的统计技术？ 3. 旅行社的数据/信息统计分析通常是以文字或表格形式反映具体事实的，如市场信息分析、市场调查报告、顾客反馈意见汇总等。 4. 旅游市场信息包括：交通信息、饭店信息、旅游景点信息、购物信息、旅行社信息、旅游团运作信息、国外旅游商信息。 5. 旅行社持续改进绩效是否明显？是否有充分的、可靠的事实或数据对比予以证明？

任务实施

教师组织学生分组完成任务。5 人一组召开质量管理协商会议，商议建议书需要分几部分，最后每个小组提交一份××旅行社质量管理建议书，并制作 PPT 进行演示。建议书的内容结合本任务的知识点予以确定，教师可以给出建议书的写作模板，也可以仅提出建议。教师对每一小组建议书的合理性、可操作性、演示水平、仪容仪表等要素进行打分。

评分标准

序号	评价项目	分值	得分
1	明确性和具体性	10 分	
2	内容的全面性	20 分	
3	实用性和可行性	20 分	
4	逻辑性和结构性	20 分	
5	PPT 演示	30 分	

项目总结

旅行社产品与服务质量存在于员工的工作质量和工作流程中，是需要所有员工都必须参与的系统工程。不重视质量管理的旅行社往往在冲突发生时被动地解决，解决的方法也以惩罚当事员工为主。殊不知，80%的质量问题是管理工作存在问题造成的，惩罚员工本末倒置，不仅打击员工工作的积极性，对于解决问题也于事无补。只有运用系统论的原理去考察质量问题，提高管理水平，产品与服务质量才能获得大的改观。

项目七

旅行社风险管理

旅行社组建成功，产品也在市场上逐渐畅销，可对一个优秀的管理者来讲仍是战战兢兢，如履薄冰。任何事情都不可能一帆风顺，在经营管理上遭受挫折也是很常见的。伟大的公司总是风平浪静的，没有多少故事可讲，因为大部分风险他们已经预计到了，并采取了有效的措施规避这些风险。当遇到风险事故时，由于已做好了充足的准备，因此能将损失降至最低。那么，旅行社会经历什么风险呢？应该怎么进行预防和控制呢？

任务一 旅行社风险与风险管理认知

学习目标

知识目标	1. 理解旅行社风险的内涵与特点； 2. 掌握旅行社风险因素； 3. 理解风险管理的内涵和特点，了解风险管理的目标。
能力目标	1. 能够分析旅行社存在的风险因素； 2. 能够评价旅行社风险管理的水平。
素质目标	1. 树立风险意识； 2. 增强抗挫折能力。

任务描述

旅行社接二连三出事，搞得创业团队焦头烂额，无暇顾及，最近又惹上了官司，赔了一大笔钱。旅游旺季时，所有的人都加班加点。但是在进行财务结算时，大家发现，尽管企业上下都非常忙碌，却是赔钱赚吆喝，企业出现了亏损。这些让创业团队感到了创业的不易，员工情绪沮丧，士气低落、人心涣散，有一个骨干员工跳槽到竞争对手的企业。如何走到了这一步，你的朋友希望你能给大家分析一下。你制作了 PPT 向大家分析了旅行社可能遇到的风险以及风险管理的方法。

知识准备

一、旅行社风险的核心要素与特点

旅行社是对社会经济依赖性较强的行业，我国的社会经济正在经历快速发展和剧烈变化的阶段，科技日新月异、经营工具层出不穷、金融危机如达摩克利斯之剑高悬、政治外交风波此起彼伏、自然灾害不知何时降临等，这些都给旅行社的运营带来冲击，使旅行社越来越成为一个高风险的行业。研究旅行社面临的风险以及如何进行风险管理成为企业经营管理的重要方面。

（一）旅行社风险的核心要素

风险涉及不确定性及其可能带来的损失或收益。具体来说，风险包含两个核心要素：

1. 不确定性

不确定性指特定风险事件发生的概率，如果事件是确定的，只产生一个结果，风险就不存在。风险事件发生的概率是一个介于 0（不可能发生）和 1（必然发生）之间的数值。高可能性意味着事件更有可能发生，而低可能性则相反。

2. 潜在影响

潜在影响指的是如果风险事件确实发生，将会造成的后果或影响的严重程度可以是正面的（机会），也可以是负面的（威胁）。

因此，旅行社风险是在特定的情况下和特定的时期内，旅行社内部潜在的隐患或外部环境变动所造成的不确定的负面影响或损失，包括遭受经济损失、声誉损害或其他不利影响。

（二）旅行社风险的特点

除了不确定性和负面性两大基本特征，旅行社风险还具有以下特点：

1. 客观存在性

风险是客观存在的，不因人们的好恶而改变，不管企业喜不喜欢它，它都萦绕在身边。旅行社无法完全避免风险，但可以通过管理和控制来降低风险的影响。

2. 时空条件关联性

风险的发生与特定的时间和空间条件相关，如某些风险可能只在特定季节或地区发生。

3. 影响利益

风险的发生可能会对旅行社的经济利益产生负面影响，包括直接的财务损失和间接的业务中断。

4. 可估测性

尽管风险具有不确定性，但其大小和可能性可以通过一定的方法进行估测或度量，以便更好地进行风险管理。

5. 可防范性

旅行社可以通过制定预防措施和应对策略来降低风险的发生概率或减轻其潜在影响。一家风险管控良好的企业，在经营管理上总是波澜不惊，没有扣人心弦的故事，因为很多风险在没发生时就成功地避开了。

二、旅行社风险因素分析

旅行社在经营过程中面临的风险因素是多样化的，主要包括外部风险因素和内部风险因素。

（一）旅行社外部风险因素

旅行社外部风险因素是指旅行社由外部微观环境和宏观环境因素变动而带来的风险，其中微观环境风险对旅行社的影响是直接的，宏观环境风险对旅行社的影响是间接的。

1. 微观环境风险

（1）竞争者。我国旅行社的数量不断增加，旅游市场竞争日益激烈，同欧美旅游发达国家相比，我国旅游市场结构还处于混乱和不成熟的阶段，削价竞争和产品“搭顺风车”现象使旅行社面临巨大的行业竞争压力。除了现有的竞争对手，旅行社还面临行业外竞争者（准备进入旅游行业的潜在的竞争对手）的入侵和资本兼并运作。另有一些似是而非的企业也看上了旅游市场，如一些经营研学旅行的教育机构也参与到旅游市场的争夺中。

（2）旅游供应商。在我国，旅行社散、小、弱、差的局面难以在短时间内获得改变，而同时，旅行社的上游供应商集中度较高，品牌效应强。与上游供应商合作时，旅行社往往处于劣势，供应商的某些微变化，却在旅行社经营中放大了风险，如著名景区随意涨价、购物商店蓄意欺诈等。

（3）合作同行。现代旅游区域跨度大的特点使旅行社需要与下游的合作同行共同完成接待，下游同行往往距离比较远，甚至需要跨国界，对同行的了解和情况把握不够具体，使合作中风险加大和维权困难。

（4）中间商。中间商存在对旅行社产品推荐不力和恶意拖欠旅行社账款等现象，这对旅行社来说也是风险。

（5）旅游消费者。旅游消费者维权意识提高，消费需求不断变化，对旅行社持敌意和不信任态度。

2. 宏观环境风险

(1) 自然灾害。小到刮风、下雨等微观天气变化，大到地震、海啸、飓风等自然灾害，都为旅行社的经营带来了风险。

(2) 科学技术。信息技术的发展削弱了旅行社的部分职能，直接导致旅行社客源减少。

(3) 政治。政策法规收紧，旅游行政主管部门对旅行社的处罚力度加大。

(4) 经济。我国经济增速放缓，金融风险始终存在。

(5) 公众。媒体对旅行社负面新闻的报道影响旅行社在社会公众眼中的形象。资本对传统旅行社投资兴趣缺乏，导致旅行社融资困难。

(二) 旅行社内部风险因素

1. 战略决策风险

企业在投资、生产和销售等市场经济活动中，都会因为决策依据的信息不完全、决策手段不完善、决策执行不及时和不充分，以及竞争的加剧等原因而蒙受经济损失，造成经营风险。在客户层面，存在激烈的竞争风险和时刻变化的市场需求风险。组织战略基本分为低成本战略和差异化战略。当企业采取低成本战略以避免需求风险时，却不得不承担其他竞争对手也采取同样的战略而带来的竞争风险。当企业采取差异化战略（如蓝海战略）以避免竞争风险时，却不得不承担企业的差异化价值主张不被目标顾客接受或接受程度较低的需求风险。战略上的决策风险并不是指某一种具体特定的风险，而是包含一系列具体的风险。

2. 运营管理风险

战术上、运营上的风险包括产品开发不能适销对路、消费者大量流失、采购能力不足、原材料成本提高、丧失销售机会、价格竞争失败、促销不力、出现重大公共危机、销售渠道不畅、产品销售不尽人意、商标被仿冒和盗用等。管理上的风险表现在人力资源管理失控、人员流动率过高、沟通体系不畅通、组织结构设置不合理、授权不当等方面。

以下是旅行社运营管理需要重点防范的十大内部风险：

(1) 人力资源风险。员工流动率高、关键员工离职、员工技能不足或培训不足，都可能影响服务质量和运营效率。

(2) 财务风险。现金流管理不善、债务水平过高、成本控制不力或收入不足。内部控制机制不健全，存在欺诈、错误或资产流失，导致财务危机。

(3) 运营效率风险。不合时宜的工作流程、低效的内部沟通、缺乏自动化或技术应用，导致服务交付缓慢和客户满意度下降。

（4）服务质量风险。服务标准不一致、客户服务响应慢或服务失误，损害客户信任和品牌形象。

（5）产品开发风险。产品创新不足、产品同质化严重或产品不符合市场需求，导致竞争力下降。

（6）信息技术风险。信息系统不可靠、数据管理不善或缺乏网络安全措施，导致数据丢失、服务中断或客户信息泄露。

（7）合规性风险。未能遵守行业规范、法律法规或内部政策，导致罚款、诉讼或声誉损失。

（8）客户关系风险。市场定位不准确或未能及时适应市场变化，又或未能有效管理客户关系，如忽视客户反馈、缺乏个性化服务或客户忠诚度计划，导致目标客户群体的流失。

（9）执行力风险。部门间沟通不畅、信息传递不顺畅，导致决策延误和执行不力。

（10）组织文化风险。缺乏积极的企业文化，员工士气低落或内部冲突，影响团队合作和工作氛围。

延伸阅读

"吹牛也上税"——旅行社虚假宣传的危害

旅行社漫天飞舞的广告宣传单、宣传展架、微信推送、微博推广等，都涉及行程产品的介绍和宣传。如不关注，可能会带来很多不必要的麻烦。

一、虚假宣传法律来源

旅行社虚假宣传行为一般是在旅游宣传活动中，旅行社利用广告或者对旅游产品和服务等做出与实际不相符的虚假信息，导致客户因此产生误解的行为。

这种虚假宣传和适当的夸大夸张宣传，最重要的区别在于提供信息的虚假性，比如宣传的风景相当美，有湖，结果到旅游目的地，发现仅是一汪死水，那可能就构成虚假宣传了。

《中华人民共和国旅游法》第三十二条、《中华人民共和国广告法》第四条以及《中华人民共和国反不正当竞争法》第八条，均有关于虚假宣传的规定，可见，虚假宣传在商业行为中普遍存在。

《中华人民共和国反不正当竞争法》第八条规定："经营者不得对其商品的性能、功能、质量、销售状况、用户评价、曾获荣誉等作虚假或者引人误解的商业宣传，欺骗、误导消费者。经营者不得通过组织虚假交易等方式，帮助其他经营者进行虚假或者引人误解的商业宣传。”这一条明确规定了虚假宣传可能构成的行为，尤其应注意“虚假交易”，这在电商时代较为普遍。

1. 绝对性用词

在旅游行业中，宣传图以及行程单中出现的词语如“最高级”“最佳”“国家级”等词语，应当禁止使用。比如“我们的导游是最佳的”“我们住的酒店是最高级的”等。但是可以切换其他表述，比如“更好”“更多”等。

绝对化的词语尽量不使用，在司法实践以及行政监管中，可能会出现一些类似的话语有争议，但是更多的还是根据案件情况分别认定。

2. 模糊性用词

旅行社在宣传中经常用到“准五星”“准四星”“国际四星”“豪华大巴车”“仅供参考”等模糊性词语，这类词语也是禁止使用的。

关于模糊性词语，每个人的感受是不一样的，比如“准五星酒店”，在旅游行业中，可能想要表达的是，和五星级酒店差不多，但是没有评定星级，这种就很难界定，很容易给顾客造成一种很豪华的感觉，到现场又发现不一样，引发投诉纠纷。

这时最好的表达方式为空调标间、空调单间、正规空调大巴车等，表达其最基本适用的属性。若真的想要达到宣传的效果，可附上相关图片。

旅行社订购的酒店无法完全展示时，可以将相关酒店链接附到行程之中，方便客人查看。

3. 最终解释权

有一些旅行社会在行程单或者宣传单上写“本活动最终解释权归旅行社所有”“本行程单仅为参考，导游可根据具体情况自行调整旅游行程”等，这些都是排除消费者合法权益的行为，从法律上是无效的。

未经游客书面同意调整行程，属于非法变更行程，严重的可能吊销旅行社业务经营许可证。

4. 其他行为

旅行社根据行程产品、地域不同或者活动不同制作的各种宣传单中，有不规范的地方，如使用国旗、国徽、建党100周年标志、特定的一些标志等，都可能会被认定为虚假宣传。

目前OTA发展迅速，很多还会虚构交易（也就是人们常说的“刷单”），就很容易被认定为虚假宣传，而且后果还比较严重。

二、虚假宣传法律后果

1. 行政责任

《中华人民共和国旅游法》第九十七条规定："旅行社违反本法规定，有下列行为之一的，由旅游主管部门或者有关部门责令改正，没收违法所得，并处五千元以上五万元以下罚款；违法所得五万元以上的，并处违法所得一倍以上五倍以下罚款；情节严重的，责令停业整顿或者吊销旅行社业务经营许可证；对直接负责的主管人员和其他直接责任人员，处二千元以上二万元以下罚款：（一）进行虚假宣传，误导旅游者的；（二）向不合格的供应商订购产品和服务的；（三）未按照规定投保旅行社责任保险的。"

由此可见，小小的用词不当，也可能造成严重的后果，不规范用词用语，可能会让旅行社承受巨大的损失。

如果旅行社的虚假宣传行为已经扰乱了市场秩序，可能还会依据《中华人民共和国反不正当竞争法》第二十条进行处罚。

这只是行政处罚，还有民事责任的承担。

2. 民事责任

关于民事赔偿部分，需要更多关注的就是三倍赔偿。在《中华人民共和国旅游法》中也有三倍赔偿，但是那是在甩团的情况下适用的，不适用于虚假宣传或者欺诈。

除此之外，还有《中华人民共和国消费者权益保护法》规定了三倍赔偿问题，适用于虚假行为已经达到了欺诈（比如把有的说没、没的说有等）的程度。所以，不要以为只有《中华人民共和国旅游法》来规范旅游行业，还有其他法律法规。

《中华人民共和国消费者权益保护法》第五十五条规定："经营者提供商品或者服务有欺诈行为的，应当按照消费者的要求增加赔偿其受到的损失，增加赔偿的金额为消费者购买商品的价款或者接受服务的费用的三倍；增加赔偿的金额不足五百元的，为五百元。法律另有规定的，依照其规定。"

三、旅行社风险管理的认知

（一）旅行社风险管理的概念

旅行社风险管理是指旅行社在经营过程中，通过一系列系统化的方法和步骤来识别、分析、评估潜在风险，确定恰当的处理方法并采取相应措施来控制、减轻或转移这些风险，以确定的管理成本替代不确定的风险成本，并以最小的经济代价获得最大保障的活动。这一过程旨在帮助旅行社预防或减少由内外部因素引起的各种不确定性对企业的负面影响，包括财务损失、声誉损害、客户信任度下降等，以保障其业务运营的稳定性、盈利性和可持续性。

正确理解风险管理的概念，对于构建一个能够抵御未来挑战、持续发展的组织至关重要。

1. 前瞻性

有效的风险管理不仅仅是对已发生事件的应对，更重要的是在风险发生前的识别、评估和预防。它是一种前瞻性的管理策略，旨在减少未来损失和不确定性。

2. 持续性

风险管理是持续的过程，它不是一次性任务，而是一个需要不断循环进行的活动，包括风险识别、评估、应对和监控。环境变化、新技术的应用、市场趋势等都可能引入新的风险，因此风险管理需要持续适应这些变化。

3. 全面性

风险具有系统性的特点，因此风险管理是一项系统工程，应涵盖所有层级和功能，不应仅限于高层管理者或特定部门，而是应该渗透到组织的每一个层面和职能中。风险管理作为一项管理职能纳入企业的所有管理系统，在整个企业范围内进行一体化的统筹和实施。每个员工都应该对其职责范围内的风险有所认识，并参与风险管理活动。其中，最高管理者对风险管理担负主要职责。有些企业的高层往往只关注利润指标，对即将到来的风险视而不见，甚至为了取得短期的经济效益铤而走险，对可能带来的风险和惩罚心存侥幸。高层对风险的态度常常是上行下效，给企业带来灭顶之灾。

4. 经济性

风险管理需要分析成本效益，实施风险管理措施需要成本，因此需要权衡风险控制的成本与风险可能导致的损失，选择最经济有效的风险管理策略。

5. 可转换性

风险管理常被用来降低负面影响，但风险不仅仅是一个需要控制的负面因素，同时也应被识别和利用其潜在的机会（即正面因素）。风险和机会常常结伴而行，不能因为厌恶风险而拒绝机会的来临。风险带来的不仅仅是损失，如果处理得当，也可以成为企业获得重大发展的机会。拒绝风险，往往让企业故步自封、因噎废食，反而成为企业发展的风险。

6. 科学性

风险管理不能简单地进行主观衡量，需要量化和定性分析相结合。在可能的情况下，可以使用量化方法（如概率和影响评估）来分析风险。风险的量化管理有助于旅行社衡量各种风险管理目标实现的程度和对风险管理目标的控制。同时，旅行社也要考虑那些难以量化的定性因素，如声誉风险、文化因素等。

（二）旅行社风险管理的目标

旅行社风险管理的目标是旨在通过一系列策略和措施，确保旅行社在面临各种内部和外部风险时，能够维持运营的连续性、保护资产安全、确保财务稳定、维护良好声誉，并最终支持企业的长期发展目标。具体来说，这些目标可以归纳为以下几个方面：

1. 预防和降低损失，保护企业资产

旅行社应通过识别潜在风险并提前采取措施，避免或减少风险事件的发生及其可能造成的损失；保护旅行社的物质资产、财务资源和无形资产，如品牌声誉和客户关系。

2. 优化资源配置，合理控制成本

旅行社应基于风险评估结果，合理分配资金、人力和技术资源用于风险管理活动，以最小化因风险发生而产生的直接和间接成本，包括赔偿、法律费用、业务中断成本等。

3. 确保合规性，提高决策质量

旅行社应确保遵守所有相关的法律法规和行业标准，避免法律风险和罚款；通过全面的风险评估为管理层提供准确的信息，支持更加明智和风险敏感型的决策制定。

4. 提高适应性和灵活性，保证运营的稳定性和持续性

旅行社应建立能够快速响应变化的风险管理体系，确保能灵活应对新出现的风险和挑战。旅行社在面对市场波动、自然灾害、突发事件等不确定性时，可以通过风险预防和缓解措施，减少潜在的财务损失和运营中断，保持业务的稳定运行和持续发展。

5. 培养风险意识文化，提高业务流程和运营的效率和效果

旅行社应在内部培养风险意识和责任感，确保所有员工都参与风险管理；通过风险管理提高企业运营的透明度，增强投资者和合作伙伴的信心。

通过实现这些目标，旅行社能够更好地应对不确定性和潜在威胁，同时把握机遇，促进企业的稳定增长和市场竞争力。

任务实施

教师组织学生分组完成任务。5 人一组召开讨论会议，主持人要求每位小组成员发表对质量风险的认知，尽量做到不重复前人的观点。主持人要抓住其中不一致

的观点进行辩论。最终将大家的意见进行汇总并进行评论，制作 PPT 进行展示。教师对每一小组讨论和 PPT 展示情况进行打分。

评分标准

序号	评价项目	分值	得分
1	小组准备和组织能力	20 分	
2	团队合作	20 分	
3	沟通技巧	20 分	
4	批判性思维	10 分	
5	结论和建议	30 分	

任务二　旅行社风险管理概述

学习目标

知识目标

1. 掌握风险管理的流程；
2. 理解风险管理的策略；
3. 了解风险管理组织机构和风险培训的内容。

能力目标

1. 能够根据旅行社的不同情况制定风险管理策略；
2. 能够搭建风险管理的组织架构。

素质目标

1. 树立风险意识；
2. 增强抗挫折能力。

任务描述

现在大家明白了影响旅行社风险的因素，也认识到风险管理的重要性。如果不进行风险管理，可能会让大家的辛勤努力和付出化为泡影。那么如何进行风险管理呢？你决定再做一个PPT，为大家讲述风险管理的流程和策略，以及如何推动风险管理落到实处。最后你和创业团队一起制定了××旅行社风险管理方案。

知识准备

一、风险管理的流程

（一）风险识别

风险识别是找出风险所在和引起风险的主要来源，涉及对可能影响旅行社运营和目标实现的潜在威胁和不确定性进行全面、系统的查找和分析。任何风险事故的发生都有前兆，俗话说，每1起严重事故的背后都隐藏着1 000起事故隐患。风险识别就是设置一系列能反映风险事故发生的信号与指标，对风险事故进行检测。一旦出现有可能导致风险事故发生的信号或指标，分析它们与风险事故发生之间的关联关系，为风险的预测和事故的防范处置提供科学的依据。

管理人员必须分析企业面临哪些风险，并对外部环境的风险因素、内部抗风险能力进行深入的分析。根据旅行社经营方式、经营过程及经营环境的分析，管理人员应能找出风险，对风险进行评估并加以归类，明确风险的来源，厘清风险事故发生的原因。旅行社风险识别表如表7-1所示。

表7-1 旅行社风险识别表

风险编号	风险名称	风险类型	风险描述	风险来源	影响对象	风险影响			
						财务影响	运营影响	法律影响	声誉影响
R001	政治不稳定	外部环境风险	目的地政治局势紧张，可能影响旅行安全和行程安排	目的地政府政策、国际关系变化	旅行团、旅行社声誉、客户安全	可能导致退款和赔偿	行程取消或延误	可能违反合同条款	客户信任度下降
R002	自然灾害	外部环境风险	地震、洪水、台风等自然灾害可能破坏旅游基础设施，影响旅行计划	地质气象条件、气候变化	旅行路线、住宿设施、客户体验	修复受损设施的成本	旅行中断，客户满意度降低	安全责任问题	负面媒体报道

续表

风险编号	风险名称	风险类型	风险描述	风险来源	影响对象	风险影响			
						财务影响	运营影响	法律影响	声誉影响
R003	财务管理漏洞	内部运营风险	不良的财务管理可能导致资金短缺，影响旅行社正常运营	现金流预测错误、投资决策失误	公司财务健康、股东利益、员工福利	直接财务损失	业务中断，信用评级下降	法律诉讼风险	投资者信心减弱

通过风险识别表，旅行社可以更系统地梳理和记录所面临的风险，包括风险的具体内容、来源、触发条件、可能影响的对象和领域等信息。这对于后续的风险评估和制定针对性的风险管理策略非常有帮助。此外，定期更新和审查这张表格，可以帮助旅行社持续监控风险变化，及时调整风险管理计划。

（二）风险评估

风险评估是针对具体的风险问题（如企业财务风险、某个投资项目风险），对所收集的风险材料进行详细分析，估测风险发生的概率和损失幅度；再根据规定的或公认的安全指标衡量风险的程度，以便确定风险是否需要处理和处理的程度，确定是否启动相应的应急预案或者发出预警信息。相关表格如表 7－2、表 7－3 所示。

表 7－2　风险评估

风险编号	风险分析				风险等级	风险趋势
	可能性（低至高）	影响程度（低至高）	紧迫性（低至高）	可控性（低至高）		
R001	中	高	高	中	高	上升
R002	低	高	中	低	中	稳定
R003	高	中	高	高	高	上升

表 7－3　风险等级

量化预测	描述	重要迹象
风险高（很可能发生）	每年都可能发生，或者发生概率高于 25%	3 年内已多次发生，最近半年发生过

续表

量化预测	描述	重要迹象
风险中（有可能发生）	每5年发生一次，或者发生概率低于25%	5年内发生超过1次，历史上发生过
风险低（不太可能发生）	10年内不太可能发生，或者发生的概率低于2%	从来没有发生过，根据已掌握的信息认为不太可能发生

通过上述表格，旅行社可以细致地分析每种风险的特性，包括风险发生的可能性、影响的严重程度、是否需要立即处理、控制风险的难易程度等，这有助于更全面地评估风险的总体危害，帮助管理者快速把握风险的全局状况，为制定优先级和资源分配提供依据，优先处理那些发生概率高且影响大的风险。

（三）风险处理

在风险评估完成后，旅行社应根据风险评估的结果，制定并执行相应的风险处理策略，包括风险规避、风险降低、风险分担、风险承受、风险转移等。具体实施时，旅行社可以遵循以下步骤：

1. 制订风险处理计划

基于风险评估的结果，旅行社要为每种风险制定详细的处理方案，包括责任分配、所需资源、时间表和预期成果。

2. 执行风险处理措施

旅行社要实施计划中规定的风险处理策略，确保所有相关人员了解其职责并采取相应行动。

3. 员工培训与教育

旅行社要对员工进行风险管理培训，提高他们对风险识别和应对的能力，确保全体员工都参与到风险管理中来。

4. 建立风险监控机制

旅行社要设立定期的风险评估和报告流程，确保管理层能够及时了解风险管理的进展和任何新出现的风险。

5. 持续改进

旅行社要定期回顾风险管理流程和策略，根据实际情况进行调整，以确保风险管理措施的持续有效性和适应性。

通过这些步骤，旅行社可以构建一个全面的风险管理系统，有效地控制和减少潜在风险对业务的影响。

（四）危机管理

风险无处不在，交通事故、食物中毒、意外伤害、突发疾病、财物被盗等危及游客人身和财产安全的事故屡屡发生，严重影响了旅行社的日常经营。当风险转化为现实危机时，旅行社必须迅速而有效地采取危机管理措施，以控制损害、恢复运营并保护其声誉。危机管理通常涉及以下几个关键步骤：

1. 立即响应

旅行社要启动危机管理计划，召集危机管理团队，确保所有关键人员就位并清楚自己的职责；迅速确认危机的性质、范围和影响，收集所有相关信息，以便做出准确的评估。

2. 沟通与信息传递

旅行社要与所有相关方保持开放和透明的沟通，包括客户、员工、供应商、保险公司、媒体和监管机构；发布官方声明，提供准确的信息，避免谣言传播，同时表达旅行社正在采取的措施和对受影响者的关心；设立热线电话或在线平台，方便相关人员提问和获取最新信息。

3. 安全优先

旅行社要先保障游客和员工的利益，确保所有人员的安全，根据需要提供紧急援助，如撤离、医疗支持或心理辅导。

4. 危机控制与恢复

旅行社要实施危机控制措施，比如重新安排旅行计划、提供替代方案、协助客户退款或改签；开展危机恢复计划，包括修复受损设施、恢复服务、进行必要的财务调整。

5. 做好记录，保存好票据

一旦发生事故，旅行社要保存所有与危机相关的文件和通信记录，以备日后审核或走法律程序使用；如实记录损失情况，包括游客的医疗费用、财产损失以及处理事故的食宿交通费用。在处理事故时，需要注意以下几个方面：

（1）交通事故。旅行社要向交警及时报案，通过交强险、第三者责任险、承运人责任险、旅行社责任险、旅游意外险，联合车方、地接社等并案处理。

（2）食物中毒。旅行社要及时通知疾控中心，并获取证据证明就餐地点，人数少于 3 人时要和医生沟通，诊断应为食物中毒，因为如个别游客自身肠胃有问题，保险公司会依据医院既往病史的诊断而拒赔。

（3）第三方责任事故。旅行社在景区、宾馆、酒店等经营场所内发生的事故，旅行社要向责任第三方提出索赔。一般情况下，景区、宾馆、酒店会投保公众责任险，保留好第三方责任的证据，以便保险公司赔付完后向第三方追偿。

（4）发生延误。发生旅程延误时及时退票、退房以减少损失。报案时，旅行社要向保险公司列举因延误造成的具体实际损失。

（5）游客责任事故。对于游客自身有病史的案件且不属于旅行社责任的，旅行社应保留好医院等权威部门出具的相关证明材料，保护自身权益。

6. 公关与声誉管理

旅行社要主动管理媒体关系，确保正面和一致的信息传达给公众，监测社交媒体和公共论坛上的讨论，及时回应关切，纠正不实信息。

危机管理的关键在于迅速反应、有效沟通、确保安全和维护声誉。通过上述步骤，旅行社可以最大限度地减少危机的负面影响，并尽快恢复正常运营。

二、风险管理的策略

（一）风险防范

预防风险的发生是风险管理中最理想的状态，旅行社可以通过一系列前瞻性和主动性的措施在日常运营中构建一个强大的风险防御体系。

1. 坚持合规合法的经营原则

旅行社在日常运营中，必须严格遵守《旅行社条例》《旅行社条例实施细则》以及其他相关法律法规。旅行社应依法与游客签订旅游合同、租赁交通工具、与地接社建立合作关系等，确保所有经营活动都在法律框架内进行。通过规范操作，旅行社可以有效地预防和避免那些可能危害游客利益或损害旅行社声誉的事件。

合规经营不仅是一项法律责任，也是旅行社维护自身权益、保护游客安全的重要手段。若旅行社违规操作，可能导致保险公司拒绝赔偿，给旅行社带来不可估量的经济损失和信誉风险。因此，只有严格遵循法律法规，旅行社才能充分利用责任保险机制，为自己提供风险保护，合理规避和转移潜在的经营风险。

旅行社应坚持合规合法的经营原则，以最高的职业道德标准，为游客提供安全、可靠、高质量的旅游服务。旅行社通过不断优化管理流程、提高服务质量，可以构建一个健康、可持续的旅游生态环境，实现与游客的共赢发展。

2. 规范旅游产品开发与采购

在设计和采购旅游线路的过程中，旅游线路设计人员应确保产品的可行性和安全性，始终以保障旅游者的人身和财产安全为最高原则。旅行社推出的每季度旅游产品（线路）必须经过安全小组的严格安全评估，评估标准应严格参照旅游行政主管部门关于旅游项目安全管理的相关规定。只有安全评估合格的旅游产品（线路）

才能推向市场进行销售。

在线路设计时，应遵循以下要求：

（1）严格按照旅游主管部门的指导方针，不得将存在缺陷的旅游资源纳入旅游线路并进行销售。

（2）不推荐那些安全保障不足或安全体系尚未完善的旅游项目。在安排旅游团队活动时，应充分考虑所有可能影响安全的因素，避免组织团队前往疫情地区，合理安排行程，不安排团队前往安全难以保障的地区。对于不符合旅游安全要求或缺乏安全保障的景区、景点和旅游项目，不得纳入旅游线路。同时，在行程中提供详细的注意事项说明和警示，根据不同的产品、项目和目标人群进行考虑，以预防旅游安全问题的发生。

（3）不组织团队前往治安状况差或交通管理混乱的旅游目的地，以及尚未获得旅游行政管理部门许可的出境旅游目的地。

（4）对旅游接待方的资质和能力进行严格筛选，以预防安全事故的发生。在为游客预订住宿时，应选择那些安全设施完备、有充分安全保障的宾馆和酒店；在预订餐饮服务时，应重视餐厅的卫生环境和条件，严格防范食物中毒，确保游客的健康和安全。

（5）对于特殊旅游产品（线路），如漂流、攀岩、滑雪、蹦极、探险、射击等可能存在较高安全风险的活动项目，安全小组必须进行严格的审查和把关，确保所有活动都符合国家和行业的相关规定与标准。只有在评估合格后，才能组织游客前往参与游览和体验。

3. 制订周全的行程计划

旅行社在制订行程计划时要时刻关注容易出现的风险点，某些外来风险事件的发生虽然不是旅行社的直接责任，但对于本来可以避免却因旅行社的疏忽和过失使游客遭受到外来风险事故的侵害，旅行社必须承担责任。为避免事故的发生，旅行社在行程策划中要注意以下几点：

（1）确定与落实连接整个行程的交通工具。特别是对有乘坐飞机、火车等公共交通工具的团队，要安排好时间，提前预计在去飞机场或火车站的路上可能发生的堵车、调流等意外事件，尽可能预留出时间，减少有责延误案件的发生。

（2）时刻关注天气和自然灾害对行程的影响。旅行社在旅游团出发前务必要关注整个行程中所到地区的天气情况和自然灾害情况，如果有大雾，就要考虑轮渡和航班可能延时甚至取消，要及时做好应对准备；如果旅游目的地发生了洪水、泥石流、雪灾等灾害，已不具备旅游条件，旅行社要根据天气情况及时调整行程，避开不可抗力因素对游客的影响。

（3）关注旅游行程动态，及时调整对旅游团安全构成威胁的行程。实时关注最新公告，了解当地是否有政治骚乱和自然灾害，得知信息后务必及时变更旅游团行程内容，不及时做出调整会使旅行社产生很多额外的费用。

4. 加强行程中风险管理

旅行社在日常运营中，必须加强对导游及团队工作人员的安全培训。他们的专业素养和细心程度直接关系到游客的安全。所有领队（导游）在上岗前，应完成旅游安全知识的培训并通过考核，获得相应的资格证书。此外，旅行社应提升业务人员、计调及相关工作人员的风险意识，要求各部门经理监督本部门员工严格执行安全措施，并随时接受检查。领队（导游）在出团时，必须携带并遵守《领队（导游）带团安全注意事项》。

（1）在选择游客时，旅行社须格外谨慎。对于儿童、老人、孕妇等特殊群体的参团，应给予更多关注。部分旅行社代为投保的意外险设有年龄限制，如 65 岁或 70 岁，而团队中若有超龄的老人，若审核不严，可能导致保险无效，旅行社将承担由此产生的损失。对于未成年人，部分意外险规定保额减半，若旅行社不熟悉保险条款，一旦超出保险范围，旅行社需自行承担超出部分的费用。

（2）团队出发前，旅行社应确认游客的健康状况，询问并检查游客有无不适，是否晕车、晕船或恐高。对于有健康问题的乘客，应尽量劝其放弃参团。对于有心脏病、高血压等病史的游客，应给予特别关注。必要的提醒和劝阻可以减轻旅行社的责任。特别要注意，因晕车、晕船导致的人身或财产损失，若游客被诊断为晕动病，旅行社责任险和旅游意外险可能不予赔付，因此必须做好事前提醒。

（3）在旅途中，旅行社工作人员应对儿童、老人、孕妇等特殊群体给予更多照顾和提醒。老人发生意外摔伤的风险较高，特别是在上下楼梯、上下车和进出电梯时，应特别注意提醒和保护；对于儿童，应加强看护，防止打斗和走失。

（4）要时刻注意路面湿滑，尤其是在雨雪天气后，如桥上、湖边等。遇到湿滑的地方，应提醒游客放慢速度，并在必要时选择其他路线。

（5）对于漂流、骑马、滑雪等高风险旅游项目，导游应根据游客的实际情况推荐，不应盲目推销。这些项目通常对年龄和身体状况有特定要求，导游必须事先了解并告知游客。若未进行必要提醒，一旦发生问题，旅行社可能需承担相应责任。

（6）旅行社工作人员在旅途中应经常提醒游客注意财产安全，特别是当游客与行李分离时，应提醒游客随身携带贵重物品。从历史案例来看，宾馆酒店和机场车站是最容易发生盗窃的地方。旅行社工作人员应避免代管游客财物和证件，以免造成不必要的麻烦。

（7）要避免工作人员、游客与当地居民发生冲突。如有小摩擦，应立即劝阻，力求小事化了。打架斗殴可能导致保险拒赔，因此必须理性处理。

（8）领队（导游）在带团过程中，应密切注意车辆和司机的状况，严禁使用无牌、无证的非法营运车辆。熟知车辆事故的处理程序，并及时报警。全陪、领队在车上要保持清醒，做好用车管理。在用车前，必须检查车辆的运营资质和保险情况。车方应投保承运人责任险或车上人员责任险，这是保护车辆运营方的强制保险。旅行社在检查车方保险时，应要求其出具承运人责任险保单，以判断车辆的正规性。

（9）领队（导游）在带团过程中，应记住就餐餐馆的名称和地点，提醒游客避免食用生冷和变质食物，并注意个人卫生安全；在宾馆、酒店住宿时，应注意人身和财物安全，了解防火逃生通道，防止酗酒，并在雨天避免户外活动，以防止雷电、山体滑坡和溺水等意外。

（10）除了旅行社购买的旅游责任保险外，为了更好地保障游客的利益，应建议游客购买团体或个人旅游意外保险。若游客不愿通过旅行社购买，应要求其在自行购买保险的声明上签名，并在出团前一天提交旅行社备案。代游客购买旅游意外保险时，需提供旅客的姓名及身份证号码等信息，并在出团前一天完成购买，获得保险公司的确认后保险方可生效。

（二）风险转移策略

风险转移策略是旅行社为了减轻或消除潜在风险可能带来的负面影响而采取的一系列措施，主要目标是将风险的财务后果从旅行社转移到第三方，通常是保险公司或其他合同方。

1. 购买保险

（1）旅游意外险。

旅游意外险是一种专为旅游活动设计的特殊险种。尽管许多游客可能不会主动向保险公司购买此类保险，但大多数情况下，他们会选择通过旅行社代为办理。这种保险直接为游客提供保护，同时也间接为旅行社提供了风险保障。

1）旅行社应积极建议所有游客投保旅游意外险。虽然此类保险不提供预付赔偿，但它不与其他任何保险产品冲突，且覆盖范围广泛，一旦发生意外事故即在保险责任范围内。索赔流程简便快捷，所需材料不多。旅游意外险作为旅行社责任险的补充，为游客提供了额外的安心。

2）对于大型组团社，建议建立专门的保费账户，将收取的旅游意外险保费统一管理，确保资金的透明分配和合理使用。

3）在选择旅游意外险产品时，应优先考虑保险责任范围广泛的方案。普通的意外险可能只覆盖意外事故，而专业的旅游意外险则应涵盖医疗费用、急性病、住院津贴等更全面的保障，以充分应对旅途中可能遇到的风险。

4）《中华人民共和国保险法》虽然对未成年人有明确的保险要求，但对老年人并无特别规定。然而，为了控制经营风险，保险公司通常会设定年龄限制，如某些市场的最高投保年龄为 80 周岁。对于无法投保旅游意外险的少数游客，旅行社应给予特别的关注和谨慎处理。

5）旅游意外险是国家金融监督管理总局重点规范的保险产品之一。在选择旅游意外险时，必须确保所选方案和投保方式都符合监管机构的要求。同时，应通过正规渠道进行投保，避免因疏忽或侥幸心理而导致不必要的风险。

案例 游客摔伤成残疾，谁之过？

陈某在成都 G 旅行社报名参团，前往泰国游玩，在出海坐快艇的过程中，因为快艇颠簸导致其腰椎压缩性骨折，境外治疗后，又返回国内进行医治，后被评定为 9 级伤残。陈某在成都市锦江区人民法院起诉旅行社，要求旅行社承担 17 万余元的损失。最后经过一审二审，旅行社提供了较为规范的安全风险告知书、协助记录、垫付记录等证据材料，一审、二审均驳回了陈某的所有诉讼请求，旅行社不承担责任。

案例分析：海岛游较为热门，出海乘船更是家常便饭，人伤事故也时有发生。在此前旅行社组织客人出海游玩中，颠簸导致的受伤，旅行社一般都承担了较高的责任（50%以上甚至全责）。但是本案中，旅行社一点责任都不承担，便是基于其提供了一系列完整规范的操作记录及相关证据。规范不仅指做法规范，更要留存相关证据材料，不出事为好，出了事情，这些都是自身的护身符。

（2）旅行社责任保险。

旅行社责任保险是专为旅行社量身定制的保险产品，旨在为旅行社提供全面的法律和财务保护。在保险合同期限内，倘若旅行社因其自身的疏忽或过失，导致接待的境内外旅游者遭受经济损失，依法应当由旅行社承担的经济赔偿责任将由保险人承担赔偿义务。具体保障范围包括但不限于：

1）人身伤亡的经济损失，涵盖因人身伤亡引发的所有经济损失及费用，确保伤者得到及时妥善的救治与补偿。

2）相关附加费用，包括但不限于医药费、必要时亲属探望的交通与食宿费用、随行儿童或长者的送返费用、旅行社人员及医护人员前往处理的交通与食宿费用，以及补办旅游证件的费用和因行程延迟所导致的相关费用，全面减轻旅行社的财务负担。

3）行李物品损失。对于旅游者行李物品的丢失、损坏或被盗，保险公司亦提供相应赔偿，保障旅游者财物安全。

4）诉讼费用。对于事先获得保险人书面同意的诉讼费用，保险公司同样予以承担，确保旅行社在遭遇法律纠纷时，能够得到有力的财务支持。

值得注意的是，旅行社责任保险聚焦于民事责任中具有财产性质的侵权责任损害赔偿，合同违约责任的损害赔偿则不在承保范围内。根据《旅行社条例》及相关法规，旅行社责任保险已被明确定义为法定保险，其重要性不言而喻。

（3）合同保证保险。

合同保证保险专门针对旅行社在履行合同义务过程中的违约风险提供保障。当旅行社（即被保证人）未能按照合同约定履行其义务，导致合同相对方（即权利人）蒙受经济损失时，保险公司将代替旅行社承担赔偿责任，确保合同的严肃性和旅行社的商业信誉不受损害。

在当今旅游市场中，由旅行社违约责任引发的损害赔偿案件数量远超侵权责任赔偿，这一现象背后的原因值得深思。首先，鉴于旅行社通常通过租赁方式获取交通工具，一旦在旅途中发生人身伤害事故，游客出于获取最大利益的考量，倾向于以违约责任为由向旅行社提起诉讼。在司法实践中，此类案件中旅行社往往处于不利地位，败诉率较高。其次，即便是在旅游景区内发生的游客人身伤害事件，游客同样倾向于采用违约诉讼的方式，向旅行社追责，加剧了旅行社的法律风险。此外，旅行社与其他企业之间的违约诉讼，同样存在较高的败诉可能性。

鉴于上述背景，旅行社投保合同保险显得尤为迫切和必要。若缺乏此类保险的保障，旅行社将不得不独自面对巨大的财务风险和法律挑战，这不仅影响其商业信誉，也可能对其财务状况造成沉重打击。旅行社合同保证保险是旅行社抵御违约风险、维护合同稳定性的有力工具。通过保险公司提供的保障，旅行社得以在合同履行过程中更加专注于提供优质服务，而无须过分担忧违约责任带来的潜在损失。这不仅有利于旅行社的长期发展，也为旅游业的健康发展营造了更加公平、公正的市场环境。

2. 外包服务

旅行社通过外包服务转移风险是一种常见的风险管理策略，这种方法允许旅行社将某些高风险或非核心业务活动转移给专业的第三方服务提供商，如将高风险户外活动、复杂物流运输等的风险转移给更有经验和保险覆盖更全的第三方。

（1）目的地管理公司合作。目的地管理公司是专门负责特定地区或国家旅游服务的公司，旅行社可以将目的地的地面操作、交通、住宿和活动安排外包给它们。

通过与目的地管理公司合作，旅行社可以将本地运营风险转移给更熟悉当地市场和法规的合作伙伴，同时确保服务质量和效率。

（2）活动和体验外包。特殊活动、探险旅行或团队建设活动等高风险项目可以外包给专业运营商，这些运营商通常拥有更好的安全记录和应急处理能力。旅行社可以避免承担与这些活动相关的直接风险，同时为客户提供更专业、更安全的服务。

（3）票务和交通服务外包。机票、火车票、租车服务等可以通过与航空公司、铁路公司或汽车租赁公司合作来提供，这些公司通常有更完善的保险和风险管理体系。通过外包，旅行社可以避免因航班取消、交通延误等问题直接导致的客户投诉和赔偿责任。

（4）客户服务外包。将客户咨询、投诉处理和紧急响应服务外包给专业的呼叫中心，既可以确保每周 7 天，每天 24 小时的客户服务支持，又可以减轻旅行社内部资源的压力。第三方服务商通常有更高效的处理流程和培训有素的客服人员，能够更快地解决问题，减少客户不满和潜在的法律纠纷。

通过外包服务，旅行社可以专注于其核心竞争力，如产品设计、市场营销和客户关系管理，同时减少运营成本和风险。然而，选择外包伙伴时，旅行社应谨慎评估合作伙伴的资质、服务质量和风险管理能力，确保外包服务不会损害旅行社的品牌形象和客户体验。此外，合同中应明确规定双方的责任和义务，包括风险分担条款，以确保在发生问题时有清晰的解决方案。

（三）风险分担策略

通过合同协议或与其他旅行社、供应商的合作来分担风险，可以降低旅行社单独承担的风险水平。

1. 与游客风险共担

在签订游客合同的过程中，旅行社可以通过以下措施来降低风险，确保合同的合法性、公平性和可执行性：

（1）明确合同条款。合同应包含所有必要的细节，如旅游行程、住宿标准、餐饮安排、交通工具、保险覆盖、导游服务、自费项目、购物安排等。合同应清晰界定旅行社和游客双方的权利与义务，特别是取消政策、退款条件、行程变更程序和违约责任。

（2）使用标准化合同。采用经过法律专家审查的标准化合同模板，确保合同语言准确无误，避免模糊条款导致的解释歧义。标准化合同有助于减少法律纠纷，因为它们通常遵循行业惯例和最佳实践。

（3）强调合同的法律约束力。在合同中明确指出合同一旦签署即具有法律效力，双方应严格遵守。强调任何口头协议或未记载于合同中的承诺均无效，除非经过双方书面确认。

（4）制定透明的价格政策。明确列出旅游费用包含的项目和不包含的项目，避免隐藏费用。说明价格调整的条件，如燃油附加费、汇率变动等，并确保游客在价格变化前收到通知。

（5）设定合理的取消和退款政策。规定明确的取消政策，包括取消期限、退款比例和扣除的手续费。为不可抗力因素（如自然灾害、政府禁令）设置特别条款，说明在这种情况下旅行社的义务和游客的权利。

（6）加入不可抗力条款。描述不可抗力事件的定义，包括自然灾害、政治动荡、疫情暴发等。规定在不可抗力事件发生时双方的责任和义务，以及如何处理由此产生的行程变更或取消。

（7）强调安全与健康要求。在合同中加入游客遵守安全指导和健康建议的要求，如佩戴救生衣、使用防晒霜、接种疫苗等。强调游客需提供准确的健康信息，以便旅行社提供适当的支持和安排。

（8）提供旅行保险建议。强烈建议游客购买旅行保险，包括旅游意外险、意外交通伤害险等。解释保险覆盖范围和限制，鼓励游客根据个人需要选择合适的保险产品。

（9）获取充分的客户信息。收集游客的紧急联系信息、健康状况、饮食限制等重要信息，以便在紧急情况下提供及时的帮助。

（10）建立纠纷解决机制。在合同中设立争议解决条款，如调解、仲裁或诉讼的程序，明确解决争议的地点和适用法律。

（11）合同确认与备份。确保游客收到合同副本，并要求游客签字确认已阅读且理解合同内容。旅行社应保留合同副本和所有相关文件的电子和纸质记录，以备后续参考或法律需要。

2. 与供应商风险共担

旅行社与供应商之间的风险共担是建立稳定和长期合作关系的关键，有助于双方共同应对市场波动、需求变化和其他不确定性。以下是一些旅行社与供应商共同分担风险的方法：

（1）签订风险分担合同。在合同中明确风险分担条款，比如在旅游需求下降时，旅行社和供应商可以共同承担减少的预订量带来的损失。设定不可抗力条款，规定在自然灾害、政治动荡等不可预见事件下，双方应如何分担损失。

（2）设立灵活的付款条件。协商延迟付款或分期付款，以减轻现金流压力，尤其是在旅游淡季或经济不稳定时期。引入预付款与信用额度相结合的方式，平衡双方的资金流需求。

(3) 进行共同营销和促销。与供应商合作开展联合营销活动，共同分担营销成本，扩大市场影响力。共享客户数据和市场调研结果，共同制定营销策略，提高投资回报率。

(4) 制定收益共享机制。实施收益分享计划，如根据超额预订量或特定销售目标达成后的利润分成。在特定项目上设定利润分配模型，确保双方都有动力提高服务质量或降低成本。

(5) 建立应急基金。双方共同贡献资金建立应急基金，用于应对突发事件，如航班取消、酒店预订失败等情况。应急基金可用于快速解决客户问题，避免声誉损害和经济损失。

(6) 确保供应商多元化。避免过度依赖单一供应商，建立多元化供应商网络，分散风险。当主要供应商出现问题时，备用供应商可以迅速填补空缺，减少中断时间。

(7) 确保信息共享与提高信息透明度。建立信息共享平台，双方可以实时了解对方的业务状况，包括财务健康、库存水平和运营能力。提高透明度有助于提前预警潜在问题，共同制定应对策略。

(8) 进行定期沟通与评估。设立定期会议，讨论供应链中的挑战和机遇，评估合作效果。开展绩效评估，基于既定的 KPI（关键绩效指标），识别改进空间，共同提升效率。

(9) 投资于培训与发展。投资于供应商的培训和发展，提高其服务质量和技术能力。通过培训，供应商可以更好地应对市场变化，减少操作错误和意外成本。

旅行社和供应商建立更加稳固的合作关系，共同抵御外部冲击，确保供应链的稳定性和持续性。风险共担模式有助于构建更加灵活和响应迅速的供应链生态系统，最终惠及所有参与者。

3. 与中间商风险共担

旅行社与中间商（如组团社、批发商、零售商等）之间的风险分担旨在确保双方能够在不确定的市场环境中共同应对挑战。以下是一些旅行社与中间商分担风险的策略：

(1) 明确合同条款。在合同中明确规定双方的责任和义务，包括服务标准、质量保证、价格条款、违约责任等，以确保风险的合理分配。加入不可抗力条款，定义在特定情况下双方的义务和损失分担比例。

(2) 商定灵活的取消政策。商定灵活的取消和退款政策，允许在预订量减少或取消时，旅行社和中间商能够按比例承担损失。确定合理的提前通知期限，以便双方有足够时间调整计划和减少损失。

（3）实施收益共享和损失共担机制。实施收益共享机制，在业务超出预期时，双方按比例分享额外利润。在业务不佳时，通过调整佣金比率或固定费用等，双方共同承担损失。

（4）共担营销与广告支出。中间商和旅行社可以共同出资进行联合营销活动，共同推广旅游产品，分散市场推广成本，提高市场影响力，增加市场曝光度。

（5）共建应急基金。建立共同的应急基金，用于应对自然灾害、政治动荡导致的旅行取消等突发事件。

（6）建立信息共享机制。建立信息共享机制，共享市场情报和客户数据，以优化营销策略和提高转化率。确保双方能够及时获取市场动态、客户需求等信息，以便快速响应市场变化。

（7）应用数字技术。利用数字化技术，提高运营效率，如在线预订系统、客户关系管理（CRM）系统和数据分析工具等，以提高效率和减少错误，提高服务质量和客户满意度。与中间商分担技术升级的成本，确保双方都能从投资中获益。

（8）协助培训与能力提升。提供培训和支持，帮助中间商提高服务质量，降低投诉率和纠纷。通过培训，增强中间商对市场动态和客户需求的理解，提高应对能力。

三、建立旅行社风险管理组织

随着旅游业的快速增长，旅行社面临风险的种类和复杂性不断增加。为此，旅行社应建立风险管理组织，负责识别、评估、预防和控制风险。风险管理组织对风险管理系统地规划和执行，确保管理活动有序进行，避免因缺乏系统性而导致管理漏洞；通过科学的管理方法，最大限度地减少风险发生的可能性，降低风险带来的损失，提升服务质量和康养满意度，从而提升旅行社的品牌形象和市场竞争力。

（一）企业最高管理者的风险管理责任

鉴于旅行社风险管理重要性和系统性的要求，风险管理组织机构最高协调人应由最高执行官兼任，以确保令行禁止执行到位。风险并不经常发生，人们怀有侥幸心理，而对其不够重视，疏于防范；一旦风险事故发生又惊慌失措，没有及时有效的应对策略，造成重大损失。因此，应由经营管理的最高执行官兼任风险管理协调人，体现对风险管理的高度重视。作为风险管理的第一责任人，其主要职责包括：

（1）全面负责旅行社的安全工作，确保安全管理的法律、法规、规章制度和安全标准的贯彻落实。

（2）负责建立和完善旅行社的安全岗位责任制和安全规章制度。

（3）确保旅行社安全工作所需的人力、财力和物力资源，明确各级责任人员的责任、权利和义务，建立以安全责任制为核心的安全管理机制，确保安全管理机构健全、人员到位、责任落实。

（4）定期牵头组织安全工作会议，听取风险管理人员的工作汇报，及时研究解决重大安全问题。

（5）掌握企业风险管理工作的动态，并通过多种形式（定期与不定期）组织人员进行风险防范检查，发现问题及时解决。

（6）一旦发生重大旅游安全事故，第一时间赶赴事故现场组织抢救工作，并及时向政府有关部门报告事故情况，配合事故调查组开展调查，依法妥善处理伤亡事故的善后工作。

（7）建立健全应急救援通信网络，将公司内部和各相关职能部门的联系电话整理编译并督促公司全体员工熟记会用。

（二）风险管理小组的风险管理责任

风险管理组织机构的直接负责人由各部门负责人组成，负责日常的风险管理，包括制定本部门风险防控预案，对员工进行本部门负责业务风险防控和处理的培训，识别本部门业务负责范围内的风险信息并对重大风险隐患进行上报，制定本部门风险应对方案等。具体职责如下：

（1）制订本部门风险防范工作目标和风险防范工作计划，负责对各项安全规章制度的执行落实情况和风险目标计划的完成情况进行具体的监督检查，并对各级风险防范责任人的风险防范工作开展情况进行考核。

（2）建立健全本部门风险管理档案，制定实施风险防范培训制度，组织开展安全教育培训，增强员工风险意识，提高全体人员安全知识技能。

（3）定期开展风险防控生产检查，对事故隐患及时研究，制定整改措施并限期整改，将隐患消灭在萌芽状态。

（4）采取各种组织和技术措施，防止经营过程中旅游安全事故发生。一旦发生旅游安全事故，立即采取应急措施，依法妥善处理善后事宜，并向有关部门报告。

（5）负责贯彻执行旅行社质量有关安全生产规章制度和安全标准。

（6）每天定时对本部门所有团队进行跟踪检查，对团队中所发现的问题进行处理解决，对旅游者采取完善的安全措施和必要的安全提示，保证旅游者的生命和财产安全，一旦发生旅游安全事故，应积极采取相关补救措施，防止事故进一步扩大，并根据安全事故处理规定及时向旅行社领导及有关部门报告。

（三）行政管理部门的风险管理责任

行政管理部门或办公室配合旅行社安全监督管理领导小组工作，主要协助对旅行社的安全工作进行监督管理，落实上级部门及公司领导对安全工作的要求，以加快实现安全管理的制度化、规范化。

负责建立健全各项安全工作的监督管理机制、规章制度、组织机构。制订安全工作目标和安全工作计划，定期或不定期地开展安全生产检查，具体监督检查各项安全规章制度的执行落实情况和安全目标、计划的完成情况，并对各级安全责任人的安全工作开展情况进行考核。对发现的风险情况，及时研究出整改措施并限期解决，将隐患消灭在萌芽状态。对旅行社的安全问题进行归档整理，制定实施安全培训制度，开展各级管理人员和工作人员安全教育培训，提倡以人为本的安全工作理念，提高员工遵章守纪和安全生产的意识、知识和技能，从根本上杜绝不安全行为。采取各种组织和技术措施，防止经营过程中旅游安全事故的发生，对旅游者采取完善的安全保障措施和必要的安全提示，保证旅游者的生命和财物安全。一旦发生旅游安全事故，应积极采取抢救措施，依法妥善处理善后事宜，并向旅游行政管理部门报告。要经常性地开展安全生产大检查，特别是在节假日和“黄金周”期间，单位负责人要对安全生产的各个方面进行认真检查，发现薄弱环节和事故隐患要及时整改。

（四）导游人员的风险管理责任

导游人员应严格履行接待计划，负责旅游团（者）移动中各个环节的衔接、计划的实施、协调工作。自觉遵章守法，抵制损害国家利益和民族尊严的违法行为，严禁嫖娼、吸毒和赌博活动。应掌握一定的安全知识和防范技能，履行岗位安全责任，保障旅游者的人身、财产安全不受侵犯。熟知旅游团队情况与旅游计划，预见可能发生的安全隐患，应提前向旅游者做出警示，并能采取相应的安全防范措施。接待旅游团队，履行安全责任，不得擅离职守，在游览过程中应经常清点人数，防止旅游者走失和发生意外，切实保障旅游者安全。在游览、食宿、购物时应随时提醒旅游者保管好携带的物品，严防被盗和发生意外事故。督促驾驶员谨慎安全行驶，途经危险路段应提醒旅游者防止磕碰；到站下车应提醒旅游者带好所携物品，对老弱病残者主动协助；停车时应提醒驾驶员锁好门窗。发生意外安全事故、突发事件时，应及时向旅行社汇报实情，妥善处理善后事宜。

四、加强风险意识与风险管理培训

加强旅行社各级员工的安全技术教育、培训工作，提高旅行社员工的安全素质，是旅行社安全生产的技术保障机制，是旅行社整体发展的需要。

（一）建立健全旅行社全员安全教育制度

建立健全旅行社职工全员安全教育制度，明确本单位各级人员在安全生产教育培训中应当承担的职责，严格按照安全教育培训管理制度进行各级员工安全生产教育培训的登记、培训、考核、发证、资料存档等工作，规范旅行社员工的安全教育培训管理工作。

（二）加强主要负责人和安全生产管理人员的培训

旅行社安全生产第一责任人和安全主任必须经中华人民共和国应急管理部考核合格，取得安全资格证书。

（三）加强新入职员工的安全教育培训

行政部门配合安全监督管理领导小组对新入职员工进行全面的安全生产及防火方面的安全培训教育，考核合格方可上岗。

（四）加强全体员工岗位安全教育

对全体员工定期进行安全教育。接受在岗安全教育和培训的时间为一般员工每人每年不得少于 4 小时，单位领导及安全管理人员每人每年不得少于 8 小时。

（五）加强领队及导游培训

所有导游均须持有导游证。旅行社应针对旅游安全问题，依托旅游培训机构对领队及导游进行定期培训，内部定期组织安全学习及内部培训，使导游对其承担的团队运作安全责任清清楚楚，把旅游安全放在第一位。对各线路进行细致的培训，在有条件的情况下组织计划业务员、导游实地考察培训，使导游对当地情况心中有数，提高问题发生的预见性。为防患于未然，导游要随时有针对性地提示游客注意人身安全及财产安全，根据当地旅游线路的特点及情况，向客人提出安全注意事项。对可能危及游客人身、财物安全的项目，导游应向游客做出说明、强调和警示。

（六）加强对业务人员的培训

对门市人员、销售人员进行安全教育培训，对产品中有危险因素的地方必须对客人作充分的说明和警示。此外，在客人参团时引导客人购买旅游意外保险，也能为旅游安全事故发生时提供方便快捷的处理。

案例　旅行社安保义务的界限

某年7月，湖北武汉的刘老师参加了武汉Y旅行社组织的四川稻城亚丁旅游团，旅游产品为“星空稻亚（稻城亚丁）VIP 7日游”，该团的地接旅行社为四川F旅行社。

开始时，刘老师一直跟团正常出游，在行程的倒数第二天，团队回到成都，由四川F旅行社安排游客入住酒店，此后为自由活动，游客可以自行在酒店休息或者在成都市区内闲逛。

这一天，刘老师擅自脱离了团队，与家属及旅行社失去联系。两天后，有人在双流区府河段发现了刘老师的尸体。警方认定其为溺水死亡，排除他杀。

刘老师家属认为旅行社存在责任，要求组团社及地接社承担法律责任，赔偿各项损失45万余元（按照旅行社40%的责任比例主张）。

武汉市江汉区人民法院经过审理认为：本案为旅游服务合同纠纷，审查的重点是旅行社在履行旅游合同过程中是否存在违约行为，该违约行为是否与死亡结果之间存在因果关系。

经审理查明，武汉Y旅行社在本次旅游合同签订过程中没有违约行为，且死者刘老师对于参加旅游团没有异议；再者，旅行社的安全风险提示义务也仅为一般性和通识性的，旅行社在刘老师失踪后积极配合，与刘老师死亡之间没有因果关系。

法院最终认定旅行社在本案中不承担任何责任，驳回了原告的所有诉讼请求。

案例分析：本案中，原告以旅游合同纠纷起诉，实质上法院审查的是合同履行的完整性及违约与否。而侵权责任纠纷，主要审理的是旅行社在整个旅游行程中是否存在过错（作为与不作为），该过错与死亡之间是否有因果关系。

旅游合同纠纷审查的要点在于旅行社是否存在违约，而这一举证责任在原告，仅需要提供一般性的证明材料即可，比如本案中原告提及的授权书签订不规范等问题；若选择侵权责任纠纷，对于原告举证责任更重一些，比如需要提供旅行社存在侵权行为的证据材料。

不管是违约还是侵权，两者都有一个共同点，那就是因果关系。违约行为或者侵权行为与游客的死亡之间是否存在必然的因果关系？比如本案，旅行社签约不规范，难道是导致其死亡的根本原因？显然不是。不存在因果关系，也就不存在任何联系，就不需要承担该结果的责任。

关于旅行社安保义务的界限。对于客观存在的危险，旅行社的安全保障义务即便履行，可能也会导致责任承担，比如前方道路明明存在危险，不能仅仅因为做了提醒就可以免责。这种情况下，旅行社的安全保障义务就较高，比如可以换一条安全的路走。对于一般性的旅游行程或者一般性的危险风险提示，旅行社仅需尽到一般通识性的提醒告知即可，不能苛求旅行社超出预知范围地履行安保义务。比如，正常的走路不需要旅行社尽到更多安保义务，因为正常走路是一般的危险系数极低的行为，若要求旅行社明确告知先迈左腿还是右腿，显然是过分的。

任务实施

教师组织 4～5 人组成风险管理方案策略小组，选出小组组长。组长利用 App 给小组成员讲解风险管理的流程和策略，时间为 5 分钟。随后根据教师提供的旅行社案例，大家进行讨论，分别讲出该旅行社的风险控制策略和措施。最终集中大家的智慧，形成××旅行社风险管理方案，并进行讲解展示。

评分标准

序号	评价项目	分值	得分
1	仪容仪表	10 分	
2	语言表达	10 分	
3	合理性	30 分	
4	可操作性	30 分	
5	全面性	10 分	
6	PPT 制作	10 分	

项目总结

“凡事预则立，不预则废。”对于风险管理来讲，预防管理才能将成本与损失降至最低。本项目培养学生树立风险意识，提高统筹协作、相互配合的能力。风险不是孤立的，它隐藏在企业管理系统之中，而且风险一旦发生，常常会引起连锁反应。了解旅行社风险的危害和可能存在的风险，有助于增强风险识别能力，有意识地去规避风险或者将风险扼杀在萌芽状态。即使风险危害形成，也能从容不迫地应对，积极相互配合。

参考文献

[1] 文旅．数字化跃迁下的文旅新时代有哪些特征？[J]．文旅纵横，2021（07）．

[2] 邹连超．后疫情时代旅行社企业的转型发展［J］．旅游与摄影，2022（07）．

[3] 李娟平．探析新时代旅行社营销管理策略［J］．旅游与摄影，2022（07）．

[4] 冯学钢，梁茹．促进我国在线新文旅市场主体建设的对策建议［J］．旅游学刊，2021（07）．

[5] 王春雷．中小旅行社的经营困境与创新对策研究［J］．学术探索，2004（05）．

[6]《中国旅行社业发展现状与发展对策研究》课题组．中国旅行社业发展现状与发展对策研究［J］．旅游学刊，2002（01）．

[7] 杜江．中国旅行社业发展的回顾与前瞻［J］．旅游学刊，2003（11）．

[8] 吴敏良，魏敏．旅行社经营实务［M］．2版．上海：上海交通大学出版社，2011．

[9] 魏凯，张静．旅行社经营管理［M］．济南：山东大学出版社，2007．

[10] 郭国庆．服务营销管理［M］．3版．北京：中国人民大学出版社，2013．

[11] 吴国清．旅游线路设计［M］．北京：旅游教育出版社，2006．

[12] 于英丽，史敏．旅行社运营实务［M］．长春：东北师范大学出版社，2014．

[13] 齐洪利．旅行社经营管理实务［M］．大连：大连理工大学出版社，2013．

[14] 叶娅丽．旅行社运营与管理［M］．桂林：广西师范大学出版社，2015．

图书在版编目（CIP）数据

旅行社运营实务 / 魏凯，韩国华主编. --2 版.
北京：中国人民大学出版社，2025. 3. --(新编 21 世纪
高等职业教育精品教材). --ISBN 978-7-300-33741-8
Ⅰ. F590. 63
中国国家版本馆 CIP 数据核字第 2025LP1902 号

“十四五”职业教育国家规划教材
山东省“十四五”职业教育规划教材
新编 21 世纪高等职业教育精品教材·旅游大类
旅行社运营实务（第二版）
主　编　魏　凯　韩国华
副主编　王振林　谢　璐　陈　静
Lüxingshe Yunying Shiwu

出版发行　中国人民大学出版社
社　　址　北京中关村大街 31 号　　邮政编码　100080
电　　话　010－62511242（总编室）　　010－62511770（质管部）
　　　　　010－82501766（邮购部）　　010－62514148（门市部）
　　　　　010－62511173（发行公司）　　010－62515275（盗版举报）
网　　址　http://www.crup.com.cn
经　　销　新华书店
印　　刷　天津鑫丰华印务有限公司
开　　本　787 mm×1092 mm　1/16
印　　张　17.25
字　　数　320 000
版　　次　2020 年 2 月第 1 版
　　　　　2025 年 3 月第 2 版
印　　次　2025 年 3 月第 1 次印刷
定　　价　55.00 元